PYTHON PAR LA PRATIQUE

Les bases du langage

Hafed Benteftifa, PhD

Enseignant en informatique

Collège de Bois-de-Boulogne, Montréal, Canada

À la mémoire de mes
parents :

Fatma-Zohra et *Sid'Ahmed*

À mes enfants :

Malia, Moncef

et à ma femme :

Assia

Remerciements

Ce livre a été rendu possible grâce aux nombreuses personnes avec qui j'ai le plaisir de travailler au quotidien au collège de Bois-de-Boulogne.

Je tiens à exprimer ma gratitude envers tous mes collègues et les centaines d'étudiants et étudiantes qui ont contribué à la réalisation de ce livre. Leurs efforts, leur soutien et leurs commentaires ont grandement enrichi cet ouvrage.

Je souhaite tout particulièrement remercier Mme Halia Ferhat, collègue de longue date, pour sa confiance sans faille. Sa détermination dans l'initiation et l'élaboration de projets pédagogiques novateurs au collège a été une source d'inspiration constante.

Je remercie aussi Mme Sabine Boufenara, conseillère pédagogique au collège de Bois-de-Boulogne, pour son enthousiasme, son dévouement et sa persévérance. Ils ont été essentiels pour mener à bien cette entreprise complexe.

Mes remerciements aussi à Mme Soraya Ferdenache, Mr Sabri Benferhat ainsi que Mr Hacine Benchoubane. Leurs encouragements, leurs discussions stimulantes et leur intérêt pour ce projet ont été d'une valeur inestimable.

Finalement, ma sincère reconnaissance envers toutes les personnes dont Mr Simon Delamarre, directeur de la formation continue au collège de Bois-de-Boulogne, qui, de près ou de loin, ont contribué à la réalisation de ce livre. Leur collaboration et leur engagement ont été essentiels pour faire de ce projet une réalité.

Contenu en Bref

Table des matières

Liste des figures

12 Projet d'intégration

13 Débogage avec pycharm

Liste des tables

AVANT-PROPOS

Pourquoi ce livre ?

Depuis de nombreuses années, je donne deux cours d'introduction au langage Python.
Le premier, d'une durée de 24 heures, cible une clientèle étudiante en programmation.
Les étudiants et étudiantes, pour la plupart, ont terminé un cours d'algorithmie comme
préalable. Le deuxième cours de 14 heures cible les personnes ayant déjà une expérience
avec un autre langage de programmation tel que Java ou C++.

Python est un langage de programmation polyvalent et facile à apprendre, ce qui en fait
un excellent choix pour les débutants. Il est largement utilisé dans divers domaines tels
que le développement Web, l'analyse de données, l'intelligence artificielle, l'internet des
objets et bien plus encore. Avec une syntaxe claire et concise, Python permet d'écrire
du code lisible et compréhensible, favorisant ainsi une approche pédagogique efficace.

Sur cette base, le contenu de ce livre a été adapté afin de vous permettre d'acquérir les
compétences de base en programmation Python quelque soit votre niveau de programmation actuel. Vous constaterez que chaque notion introduite est accompagnée d'au
moins un exemple de démonstration simple.

Le contenu du livre peut être adapté pour être utilisé dans le cadre d'une formation d'une
durée réduite de 3 ou 4 jours tout en présentant un nombre important de concepts du
langage Python. Les exemples fournis sont des exemples pédagogiques et ne constituent
pas des références pour des cas réels à mettre en production.

Dans le cadre de ce livre, un choix délibéré a été fait dans la matière abordée ainsi que
la structure dans laquelle elle est présentée. Tout d'abord, une approche procédurale est
utilisée dans les premiers chapitres. Le but ici est d'engager l'apprenant avec la syntaxe
de base de Python. Ensuite, une introduction à la programmation orienté objet est faite
de manière progressive afin de se familiariser avec le concept de collaboration d'objets
dans la réalisation d'un besoin. L'exposé pourrait apparaître très simple pour ceux qui
ont déjà pratiqué cette approche de programmation dans un autre langage. Les notions
plus avancées seront abordées dans un autre volume de cette série.

Il existe un grand nombre de très bons livres portant sur la programmation Python sur le marché. Par contre, il en existe très peu qui sont en français et qui incluent aussi des exercices de pratique. C'est ce vide que ce livre espère combler, en proposant un certain nombre d'exercices de programmation. Les réponses à un grand nombre de ces exercices sont fournies en annexe et aussi sur le référentiel GitHub du livre. Un livre complément portant sur plus de 100 exercices avec des réponses détaillées est aussi disponible.

Python est un langage plaisant et cela a été un réel plaisir de rédiger ce livre. J'espère qu'il vous donnera autant de plaisir.

Ce qui est couvert dans ce livre

Chapitre 1
Ce chapitre présente les versions de Python que l'on retrouve sur le marché. Les différents paradigmes de programmation pouvant être utilisés avec Python sont aussi présentés. La procédure d'installation de l'environnement de développement **pycharm** est décrite dans ce chapitre.

Chapitre 2
Ce chapitre couvre la syntaxe de base de Python et introduit les types de données de base que sont les entiers, les réels, chaîne de caractères et booléennes. On passe aussi en revue les différents types d'opérateurs.

Chapitre 3
On introduit ici les structures de contrôle qui peuvent modifier le flux séquentiel d'exécution d'un programme. Les structures **if**, **if-else**, **if-elif-else** sont illustrées avec des exemples.

Chapitre 4
De la même manière que le chapitre 3, on introduit ici les structures de boucle qui peuvent modifier aussi le flux séquentiel d'exécution d'un programme. Les structures **while** et **for** sont illustrées avec des exemples.

Chapitre 5
Ce chapitre introduit la notion d'unités de programme ou fonctions. On verra ainsi comment construire des fonctions à partir d'un ensemble d'instructions. On introduira aussi la notion de variable locale et variable globale.

Chapitre 6
Dans ce chapitre, on couvre les structures de données ou collections de base de Python, à savoir les `list`, `tuple`, `set` et `dict`.

Chapitre 7
On introduit ici le concept de l'orienté objet avec la notion de classes et d'objets. On explore la structure de base d'une classe du point de vue de Python avec l'initialisateur, le constructeur et les méthodes.

Chapitre 8
On continue ici avec l'orienté objet en introduisant l'héritage dans la conception de classes parents et enfants et l'utilisation de la généralisation et spécialisation.

Chapitre 9
Étant donné que l'on manipule les données en entrée et en sortie d'un programme, on introduit dans ce chapitre la lecture et écriture à partir de fichiers texte et binaire.

Chapitre 10
Afin de rendre robuste les scripts et programmes Python, il est important d'introduire une gestion des exceptions. Ce chapitre montre comment intégrer une gestion efficace des exceptions dans un code Python.

Chapitre 11
On passe en revue ici les techniques de base de réalisation d'interfaces graphiques en Python. On utilisera le module natif `tkinter` disponible au niveau de la librairie standard de Python.

Chapitre 12
Un laboratoire pratique de réalisation d'un programme complet en python en plusieurs étapes est proposé dans ce chapitre.

Chapitre 13
Dans ce chapitre, on apprend à déboguer un code de base avec un exemple typique d'utilisation des fonctionnalités de débogage de l'environnement de développement utilisé dans ce livre.

Annexe A
Cette annexe présente plus en détail les règles de précédence des opérateurs, qu'ils soient logiques, relationnels ou arithmétiques.

Annexe B
Cette annexe comprend les solutions pour les quiz proposés à la fin de chaque chapitre.

Annexe C
Les solutions pour certains des exercices de chaque chapitre sont proposés dans cette annexe.

Ce qui est nécessaire pour faire les exercices

Tous les exemples, exercices et problèmes proposés dans ce livre ont été réalisés avec la version 3.11 de Python. L'environnement de développement utilisé est pycharm, offert par Jetbrains, la version spécifique est pycharm 2022. D'autres environnements tel que Eclipse pydev, visual studio code, jupyter anaconda et autres peuvent être utilisés pour pratiquer les exemples de ce livre.

Audience pour ce livre

Ce livre a été conçu spécialement pour les personnes désirant acquérir les notions de bases du langage Python. Si vous avez déjà programmé dans un langage informatique tel que Java, C++ ou autre, certaines notions seront familières. Par contre, si vous êtes nouveau dans la programmation, ce livre vous amènera à comprendre la syntaxe de base de Python et vous fournira une introduction à la programmation structurée ou procédurale et orientée objet.

Conventions

Dans ce livre, un certain nombre de styles de texte ont été adoptés pour vous alerter sur l'importance d'un mot ou d'une phrase. Les conventions sont les suivantes :

Code Python
Tout ce qui se rattache à des instructions, variables, fonctions, classes ou autres éléments d'un code Python sera sous la forme :

```
#Code python
print('Un exemple')
```

Dans un texte explicatif, comme ici `tkinter`, on a utilisé la police de caractères `COURIER` pour indiquer une syntaxe propre au langage Python. Tout ce qui est défini en dehors de la syntaxe de base sera en gras comme **Employe** qui est une classe définie dans un code Python.

De plus, des explications supplémentaires sont illustrées par une série de pictogrammes.

Alerte
Celle-ci sera utilisée pour attirer votre attention sur un problème potentiel qui pourrait se produire.

Alerte

Votre attention est attirée ici.

Information
Celle-ci sera utilisée pour fournir des informations supplémentaires pour ceux qui veulent aller plus loin.

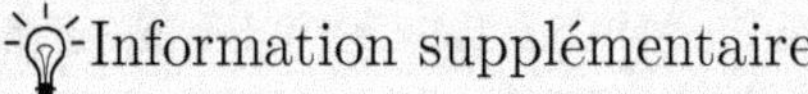Information supplémentaire

Une information complémentaire en relation avec la section est présentée ici.

Code source

Tous les solutionnaires des exercices du livre peuvent être téléchargés sur le site web compagnon `https://www.github.com/degenio/livre_python`.

Le pictogramme au niveau d'un exercice indique que la solution de l'exercice est disponible sur le site web compagnon.

Errata

Toutes les précautions nécessaires ont été prises afin de valider l'exactitude du contenu de ce livre. Le code source a été vérifié avec la version la plus récente de Python.

Si malgré tout, vous avec trouvé des erreurs dans le contenu ou le code source, veuillez envoyer un courrier à info@degenio.com en indiquant le détail de l'erreur (numéro de page, section et l'erreur).

Une fois validée, nous mettrons à jour la section errata du livre sur `https://www.github .com/degenio/livre_python/errata`

Questions et feedback

Pour toutes questions en relation avec ce livre, prière de communiquer avec nous sur info@degenio.com

Chapitre 1

Introduction

Contenu de ce chapitre

Ce chapitre présente ce qu'est :

- ○ Un flux de développement
- ○ Un langage procédural
- ○ Un langage orienté objet
- ○ La notion d'objet
- ○ La notion de classe

1.1 Origine de Python

Python est un langage de programmation développé par Guido Van Rossum à la fin du 20ième siècle. La version 0.9.0 a été livrée en 1991. Sur le marché, on peut trouver deux versions principales, soient la version 2.X et la version 3.X. La version Python 2.0 a été livrée en 2000 et la dernière mise à jour est sortie fin 2019. Énormément de code a été développé avec cette version et celle-ci reste assez populaire dans certaines industries.

En 2008 est apparu la version 3 de Python. Celle-ci constitue une révision majeure et peut même être considérée comme étant une refonte du langage.

Il faut noter que les versions 2.X et 3.X ne sont pas directement compatibles.

La philosophie principale derrière Python est que le code doit être lu comme de la prose et que le développement avec Python doit être le plus facile possible. De plus, la programmation et l'exécution de code Python peut se faire sur n'importe quel système d'exploitation, que ce soit Linux, Windows, Unix, macOS, etc.

1.2 Python comme langage

Python est utile dans un grand nombre de scénarios. Selon les besoins, on peut :

— Développer de petits programmes permettant la réalisation d'une fonctionnalité précise. Dans ce cas, on parlera de développement de script Python. Un exemple de script sera la récupération de données à partir d'un fichier texte téléchargé d'internet.
— Développer un programme complet permettant la réalisation d'un certain nombre de fonctionnalités. Dans ce cas, on parlera de développement d'applications Python. Un exemple sera une application multimédia comme un lecteur de musique.

Avant de commencer à développer en Python, on passe en revue l'approche à suivre dans le développement de scripts ou de programmes selon les besoins.

1.3 Flux de développement

Pour simplifier, le développement d'un script ou programme suit les étapes suivantes.

1.3.1 Étape 1 : Pourquoi un programme ?

Pour développer un programme, il est nécessaire de procéder à l'analyse des besoins. Pour simplifier, on devra identifier les données en entrée et les données en sortie. Le but sera de développer un ou des traitements sur les données en entrée et d'obtenir un résultat matérialisé dans les données en sortie.

En conclusion, cette étape se résume dans les points suivants :

— Il y'a un besoin
— Le programme utilise des données et il leur applique un traitement donné
— Un résultat spécifique est attendu

1.3.2 Étape 2 : Créer l'algorithme

Dans cette étape, on développe l'algorithme nécessaire pour arriver au résultat demandé. Pour cela, on identifie la série d'instructions à suivre en utilisant ce que l'on appelle le pseudo-code. Celui-ci peut être une notation pour exprimer ces instructions, comme cela peut être un flowchart basé sur des pictogrammes représentant les instructions de base.

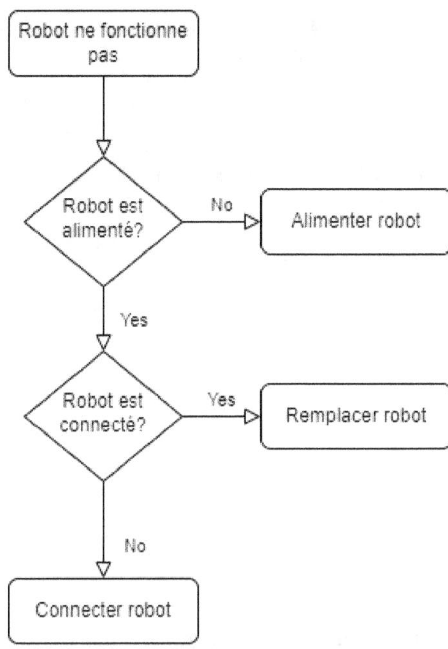

FIGURE 1.1 – Algorithme sous forme de flowchart.

En conclusion, cette étape se résume dans les points suivants :

— Identifier les données nécessaires
— Savoir le résultat à atteindre
— Connaître un moyen de passer des données vers le résultat : ce moyen est un algorithme

1.3.3 Étape 3 : Utiliser un langage de programmation pour créer le programme

Dans la pratique, l'algorithme en lui-même ne permet pas une exécution directe sur une unité de traitement telle qu'un ordinateur ou un micro-contrôleur. Pour cela, on a besoin de traduire l'algorithme en une unité exécutable.

De ce fait, on devra choisir un langage de programmation qui est dans notre cas le langage Python. Avec les instructions disponibles dans Python, on sera capable d'exprimer l'algorithme en un code qui pourra être exécuté.

En conclusion, cette étape se résume dans les points suivants :

— Choisir le langage de programmation.

— Exprimer l'algorithme sous la forme compréhensible par le développeur et surtout par la machine qui va l'éxécuter.

1.4   Étapes de production du logiciel

Dans le développement du logiciel, on parle de cycle de vie. Celui-ci indique les étapes suivies pour parvenir à un livrable qui est dans notre cas un script ou programme. De manière générale, les étapes sont les suivantes.

— Analyse
— Conception
— Codage
— Compilation
— Test
— Mise en service
— Maintenance

Avant de procéder à la codification d'un programme, on devra procéder au choix de l'approche de programmation. On parle ici de paradigme de programmation.Trois approches sont populaires parmi les développeurs :

— Approche procédurale
— Approche orienté objet
— Approche fonctionnelle

La bonne nouvelle est que l'on peut utiliser ces trois approches pour développer du code Python.

Dans ce qui suit, on passe en revue les approches procédurale et orienté objet et on identifie les langages populaires sur le marché par rapport à ces approches.

1.5   Langages procéduraux

Un programme procédural est composé de plusieurs unités de traitement appelées procédures et/ou fonctions qui :

— Effectuent un traitement sur des données (procédure)
— Effectuent un traitement sur des données et retournent une valeur après leur invocation (fonction). La figure 1.2 montrent des traitements qui sont appliqués à des données.

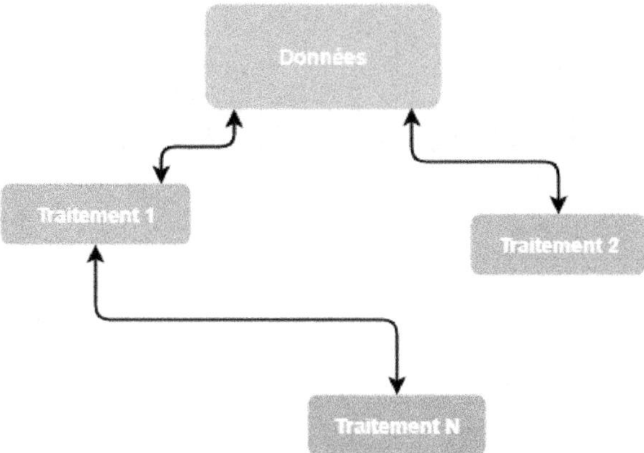

FIGURE 1.2 – Approche procédurale.

Comme exemples de langages qu'on peut utiliser avec cette approche, on a les langages Fortran, Python et C.

1.6 Langages Orienté objet

Comme le montre la figure 1.3, un programme orienté objet utilise plusieurs objets qui contiennent des :

— données "internes"
— traitements permettant la manipulation de ces données internes ou d'autres données

Les interactions entre les objets est l'essence même du programme. Les données d'un objet sont stockées dans ses attributs et les traitements sont ses méthodes (ou opérations).

Comme exemples de langages qu'on peut utiliser avec cette approche, on peut citer Java, C++ et Python.

1.6.1 Notion d'objet

Dans une approche procédurale, on se pose généralement la question suivante : "Que doit faire mon programme ?"

Par contre, dans une approche orientée objet, la question que l'on se pose est : "De quoi doit être composé mon programme ?"

En prenant comme exemple le magasin informatique décrit dans la figure 1.4, on constate

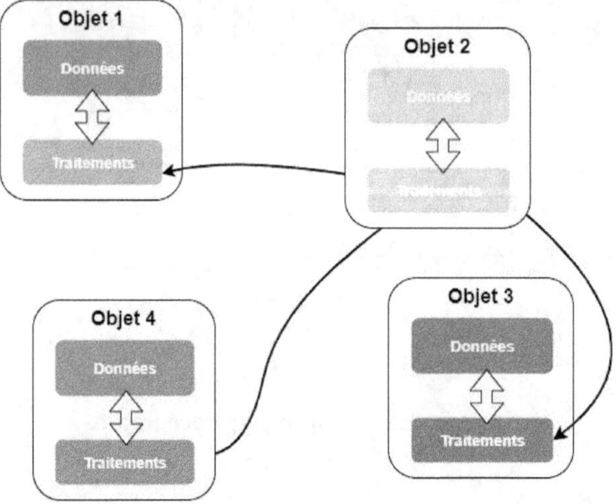

FIGURE 1.3 – Approche orientée objet.

que l'on peut identifier des éléments ou objets qui peuvent être similaires ou différents selon le rôle qu'on leur affecte.

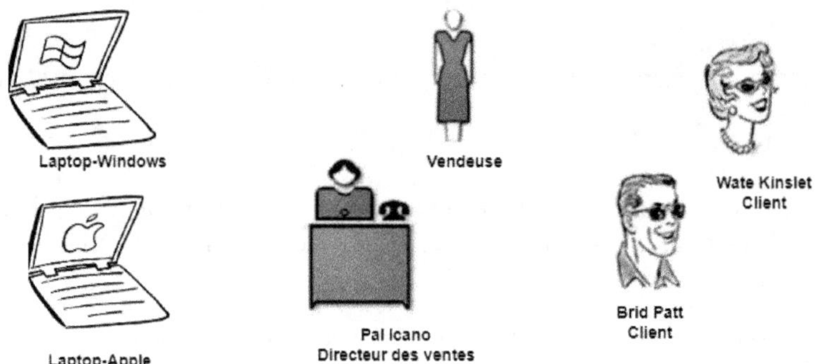

FIGURE 1.4 – Objets dans un programme.

1.6.2   Notion de classe

En se basant sur l'exemple de la figure 1.4, des objets similaires peuvent être décrits par une même abstraction que l'on va appeler une classe.

Celle-ci contiendra des structures pour le stockage de données et des opérations ou méthodes.

La figure 1.5 montre les classes possibles que l'on peut isoler, soient les classes **Acheteur**, **Employe** et **Laptop**.

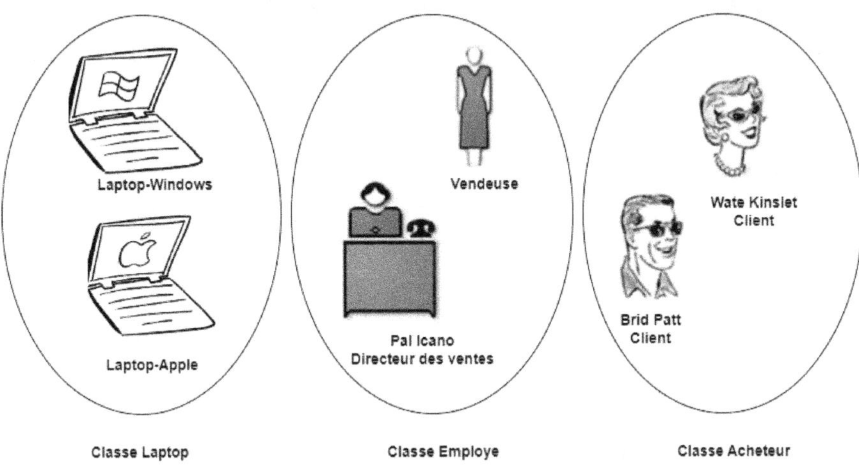

FIGURE 1.5 – Classes de représentation

Pour chaque objet issu d'une classe, on aura à spécifier les données spécifiques à cet objet.

1.6.3 Membres d'une classe

Une classe est composée de plusieurs membres dont chacun est soit :

— un attribut : variable typée
— une méthode (ou opération) : ensemble d'instructions de traitement

Le chapitre 7 aborde en détail le concept de classes et objets dans le contexte de la programmation orientée objet.

1.7 Phases de développement en Python

Le langage Python fait partie de la catégorie des langages interprétés. De ce fait, les instructions présentes dans le script ou programme que l'on développe seront traduites en langage machine à mesure qu'elles sont lues par l'interpréteur Python. Cette approche est à contraster avec les langages faisant partie des langages compilés dans le sens que ces derniers sont transformés en un exécutable par un compilateur.

Dans la figure 1.6, on montre la différence entre Python, langage interprété, par rapport à Java, langage compilé.

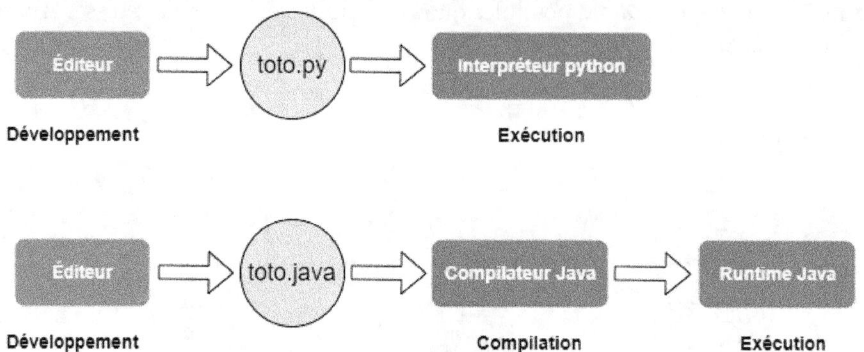

FIGURE 1.6 – Production d'un code Python vs Java.

En ce qui concerne les avantages et inconvénients de Python en tant que langage interprété, on peut citer la portabilité comme avantage, bien que celle-ci soit aussi présente avec d'autres langages comme Java. Comme inconvénient, un langage interprété peut se révéler plus lent qu'un langage compilé vu que les instructions sont interprétées au fur et à mesure de leur lecture.

Tache	Outil	Sortie
Édition	Outil texte (notepad) ou IDLE ou IDE tel que pycharm	Fichier avec extension *.py
Exécution	Interpréteur Python	Sortie

TABLE 1.1 – Outils utilisés.

Parmi les outils d'édition utilisés du tableau 1.1, on a cité pycharm de JetBrains ainsi que IDLE qui est fourni avec python. Il existe d'autres outils tel que Visual studio de Microsoft avec les extensions de Python ainsi que pydev sur Eclipse. Dans ce livre, on a adopté pycharm pour sa facilité d'utilisation. Néanmoins, vous pouvez utiliser d'autres IDE[1] adaptés à votre situation.

---

1. IDE : Environnement de développement intégré.

1.8 Instructions de lecture et d'écriture

Pour se familiariser avec le langage Python, on commence par utiliser les instructions de lecture et d'écriture de base. Pour cela, on considère que notre programme reçoit une donnée en entrée à travers un système de lecture, effectue un traitement et envoie la sortie du traitement vers un système d'écriture.

Le schéma de la figure 1.7 reprend ce concept de manière visuelle.

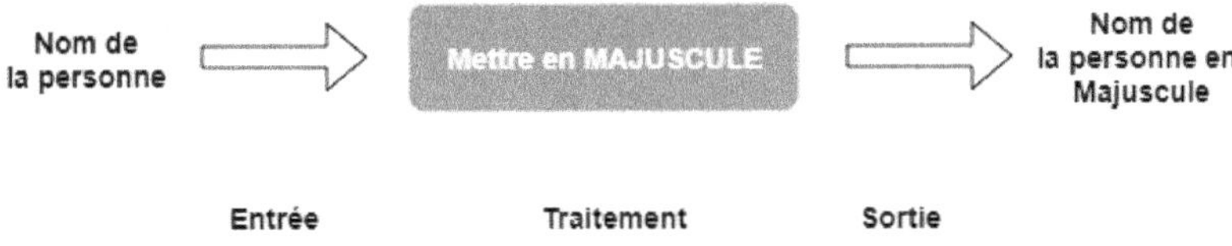

FIGURE 1.7 – Instructions de traitment avec Python.

Dans ce cas, on voit que l'on reçoit la donnée qui est le nom de la personne. Cette étape constitue la lecture de données qui seront l'entrée. Le traitement effectué est la transformation en majuscule de la donnée reçue. C'est l'étape de traitement.

Finalement, la dernière étape est l'écriture du résultat du traitement sur un système de sortie. Dans ce cas, on parle de la sortie des données.

Pour une grande majorité des exercices de ce livre, on a adopté les systèmes de lecture et d'écriture du tableau 1.2. Au niveau de Python, on a ce qu'on appelle des fonctions prêtes à l'emploi ou **built-in** qui vont permettre de réaliser ces opérations.

Le tableau 1.2 donne les systèmes et les fonctions utilisées.

Système	Opération	Fonction Python
Lecture	Clavier	`input()`
Écriture	Écran-console de sortie	`print()`

TABLE 1.2 – Opérations de lecture et écriture.

L'espace intermédiaire de stockage des données sera en relation avec des variables à définir. Celles-ci seront vues dans le chapitre 2.

Le code utilisé pour réaliser l'opération de lecture est décrit dans le listing 1.1.

```
Listing 1.1 – Lecture et écriture de données
```

```
nom = input ('S.V.P, saisir votre nom:')
print('Votre nom est:', nom)
```

La sortie, une fois que la valeur du nom est saisie est :

```
Sortie en mode exécution
```

```
S.V.P, saisir votre nom:Flouflou
Votre nom est: Flouflou
```

1.9 Quiz

Répondre aux questions suivantes sachant qu'il peut y avoir une ou plusieurs bonnes réponses.

1. Python est un langage interprété :
   (a) Vrai
   (b) Faux

2. Parmi les approches de programmation qu'on peut utiliser en Python, on a l'approche :
   (a) Déclarative
   (b) Orienté objet
   (c) Procédurale
   (d) Fonctionnelle

3. Certaines des étapes utilisées dans la production de logiciels sont :
   (a) Analyse
   (b) Développement
   (c) Dessin
   (d) Test

4. Pour indiquer une certaine structure de code dans un script ou programme, Python utilise l'indentation :
   (a) Vrai
   (b) Faux

5. Si un script développé avec la version 3 de Python nécessite l'utilisation d'un module qui n'existe que dans la version 2 de Python, on pourra l'intégrer directement dans le script :
   (a) Vrai
   (b) Faux

6. Si un script Python est développé sur une machine Windows, il pourra aussi être exécuté sur une machine Linux :
   (a) Vrai
   (b) Faux

7. Python peut être utilisé dans plusieurs domaines dont :
   (a) Les sciences
   (b) La visualisation de données
   (c) L'intelligence artificielle
   (d) Toutes les réponses ci-dessus

8. IDLE est un éditeur de code intégré et fourni avec Python :
   (a) Vrai
   (b) Faux

9. On peut programmer et exécuter du code Python sur les systèmes d'exploitation suivants :
   (a) Linux
   (b) Windows
   (c) MacOS
   (d) Toutes les réponses ci-dessus

10. Un programme développé selon une approche procédurale utilise des objets et des appels de méthodes :
    (a) Vrai
    (b) Faux

1.10　Laboratoire : Mise en place de l'environnement de développement

Manipulations

— Manipulation 1 : Installation de Python
— Manipulation 2 : Installation de l'IDE pycharm
— Manipulation 3 : Prise en main de l'IDE pycharm
— Manipulation 4 : Modification d'instructions de sortie
— Manipulation 5 : Modification d'instructions d'affichage

1.10.1   Manipulation 1 : Installation de Python

Objectif

Installer Python.

Contexte

Accès disponible à Internet pour télécharger l'installateur de Python.

Démarche

Python est disponible pour un grand nombre de plateformes dont Windows, Mac et Linux. Le site principal pour le téléchargement est `https://www.python.org`

Le lien de téléchargement est accessible à travers le menu principal comme le montre la figure 1.8. Dans ce qui suit, on montre la procédure d'installation pour Windows.

FIGURE 1.8 – Lien de téléchargement de Python.

— Cliquer sur le bouton (ou lien) indiqué. La version montrée est celle disponible en décembre 2022, soit la version 3.11. Il est possible qu'au moment de votre visite sur le lien, une nouvelle version soit disponible. Dans ce cas, les étapes d'installation devraient être les mêmes.
— Une fois le programme d'installation téléchargé, procéder à son lancement. L'écran d'installation est similaire à celui montré dans la figure 1.9. Vous aurez un chemin différent d'installation dans votre cas.
  Le chemin d'installation dans la figure 1.9 est pour l'utilisateur nommé degenio2020.

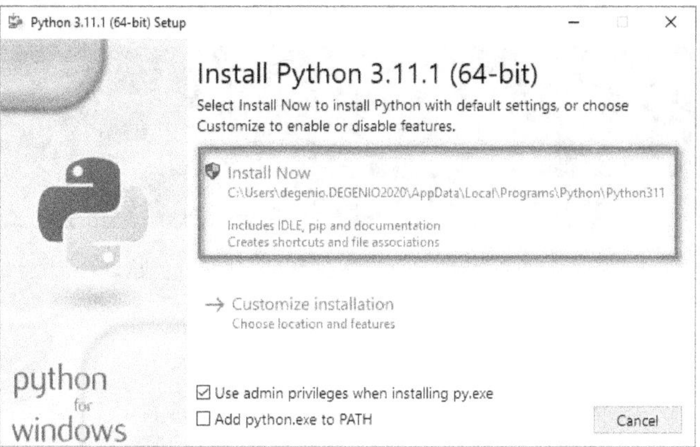

FIGURE 1.9 – Écran d'installation de Python.

— Cliquer sur l'option **Install Now**. S'il y'a un prompt concernant le contrôle d'utilisateur, cliquer sur **Yes** pour continuer l'installation.

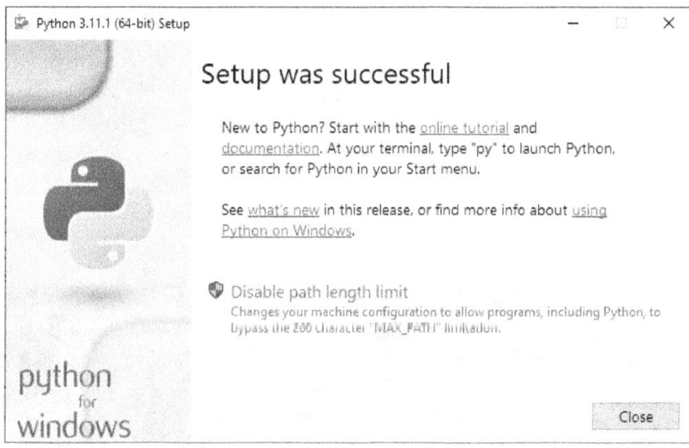

FIGURE 1.10 – Confirmation de l'installation de Python.

L'installation prendra quelques minutes et un écran de confirmation apparaîtra à la fin comme le montre la figure 1.10.

— On va vérifier maintenant la version de Python installée sur votre votre machine. Ouvrez une fenêtre DOS. Celle-ci peut être lancée en utilisant la commande **CMD** dans la zone de recherche de Windows. Lancer ensuite la commande **python – version** comme indiquée dans la figure 1.11. Elle devrait vous afficher la version actuelle de Python que vous venez d'installer.

— Pour valider l'installation, on va lancer une commande d'affichage à travers Python. C'est le fameux **Hello World** de la programmation. En premier, lancer l'interpréteur Python en tapant la commande **python** suivi de la touche **Entrée**.

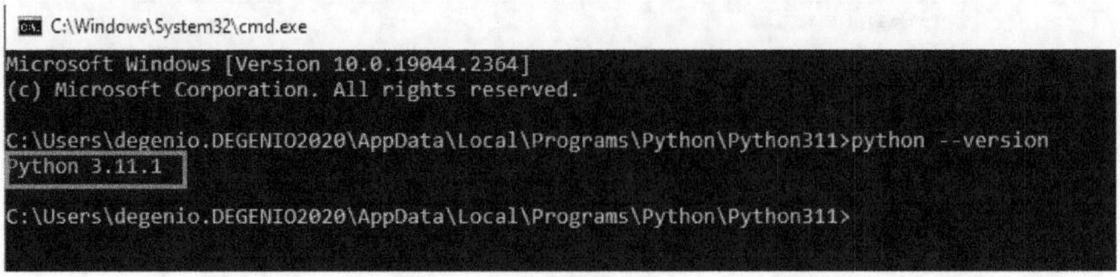

FIGURE 1.11 – Confirmation de la version installée de Python.

On verra apparaître le prompt »> comme le montre la figure 1.12.

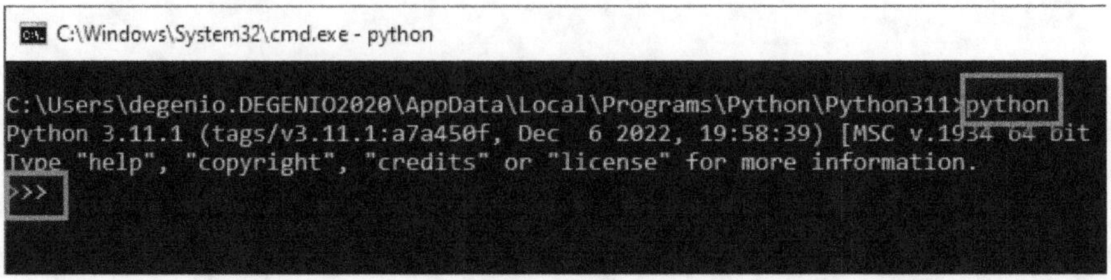

FIGURE 1.12 – Lancement de l'interpréteur de python.

— Saisir la commande d'affichage. Celle-ci fait appel à la fonction `print()`. On indiquera aussi la chaîne de caractères à afficher. On encadre la chaîne avec les apostrophes doubles ou simples. Appuyer sur **Entrée** pour exécuter la commande. Cela donne le résultat de la figure 1.13.

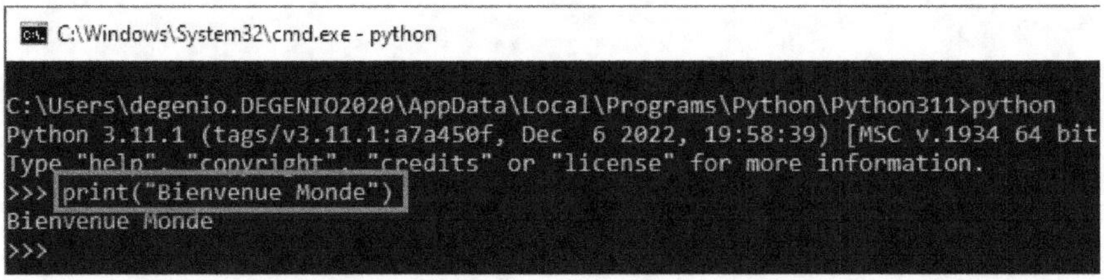

FIGURE 1.13 – Exécution d'une instruction de base.

— Pour sortir de l'interpréteur, appuyer sur les touches **CTRL** et **Z** et appuyer ensuite sur **Entrée**. Sinon, vous pouvez toujours taper la commande `exit()` pour sortir.

1.10.2 Manipulation 2 : Installation de l'IDE pycharm

Objectif

Installer l'IDE pycharm.

Contexte

Accès disponible à Internet pour télécharger l'installateur de l'IDE pycharm.

Démarche

L'environnement de développement intégré (IDE) pycharm est édité par la société Jet-Brains. Celle-ci a mis sur le marché un bon nombre d'environnements de développement dont IntelliJ et AndroidStudio. Dans le cas de Python, elle offre l'environnement **pycharm**. Celui-ci est décliné en deux versions, soit la version professionnelle et la version community.

Une différence majeure entre les deux versions est le support pour le développement d'applications web avec Python qui est offert nativement sur la version professionnelle. Dans ce livre, on utilisera la version community. Celle-ci est mise à jour fréquemment et vous ne devriez pas voir de différences importantes au moment d'installer votre version.

Le lien de téléchargement se trouve sur le lien `https://www.jetbrains.com/pycharm/download/` comme le montre la figure 1.14.

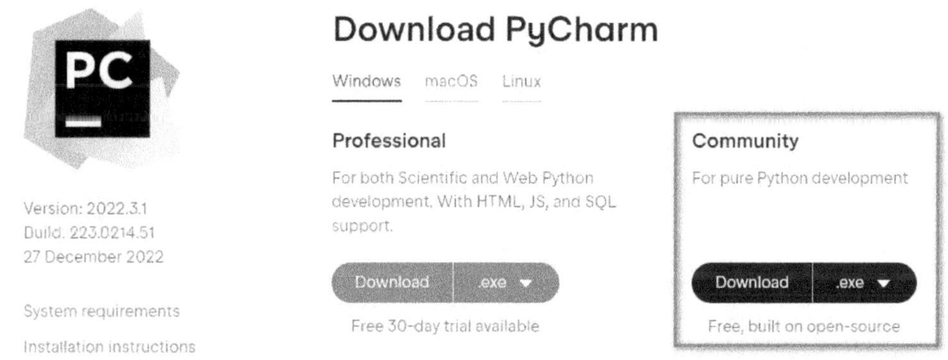

FIGURE 1.14 – Lien de téléchargement de l'IDE pycharm.

Dans ce qui suit, on montre la procédure d'installation pour Windows.

— Cliquer sur le bouton (ou lien) indiqué. La version montrée est celle disponible en décembre 2022, soit la version 2022.3.1. Il est possible que dans votre cas, une nouvelle version soit disponible. Cela ne devrait pas être très différent et les étapes d'installation devraient être les mêmes.

FIGURE 1.15 – Écran d'installation de pycharm.

— Une fois le programme d'installation de pycharm téléchargé, procéder à son lancement. L'écran d'installation est similaire à celui montré dans la figure 1.15.

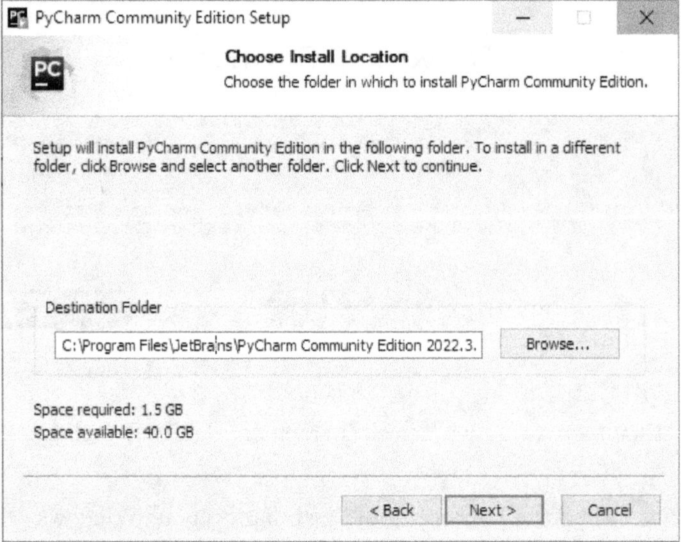

FIGURE 1.16 – Écran d'installation de pycharm, choix du répertoire d'installation.

— Sur l'écran suivant, vous aurez à vérifier et choisir le chemin d'installation.

Le chemin dans la figure 1.16 est pour l'utilisateur qui est administrateur de la machine. Si vous n'êtes pas l'administrateur, il vous proposera d'installer pycharm sur votre profil personnel.

— Cliquer sur le bouton **Next**.

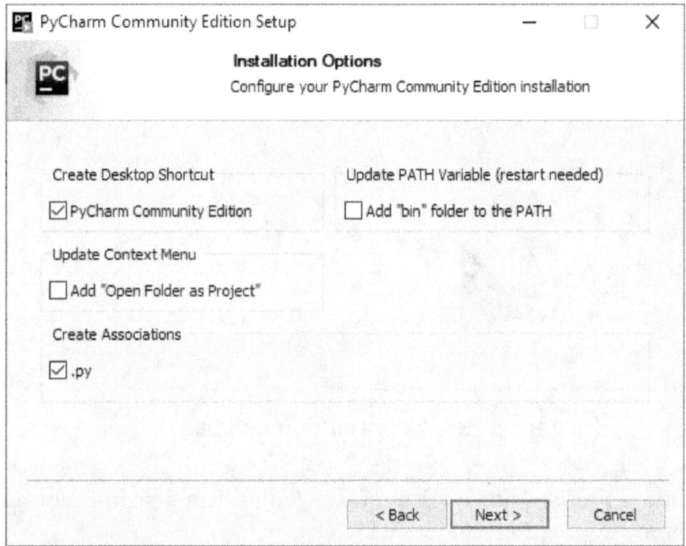

FIGURE 1.17 – Association de l'extension py avec les fichiers Python.

— Comme le montre la figure 1.17, vous pouvez associer l'extension *.py* avec les fichiers python.
— Sur l'écran suivant, laisser les options par défaut et cliquer sur le bouton **install**.

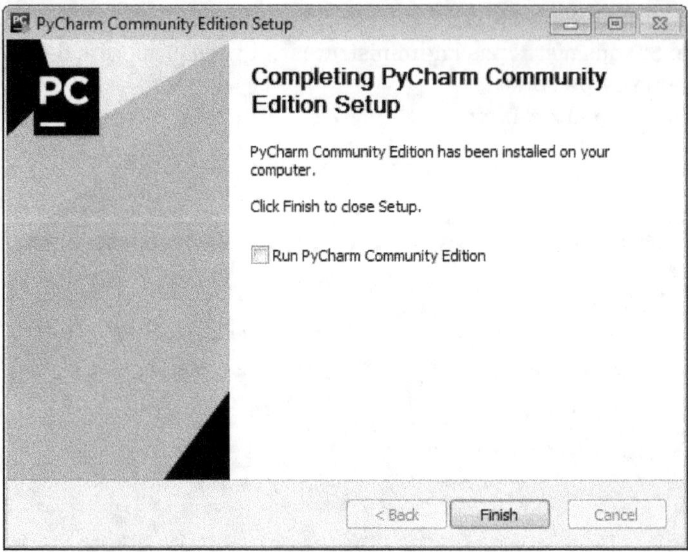

FIGURE 1.18 – Confirmation de l'installation.

— L'installation prendra quelques minutes et un écran de confirmation apparaîtra à la fin comme le montre la figure 1.18.

1.10.3 Manipulation 3 : Prise en main de l'IDE pycharm

Objectif

Écrire et exécuter un programme simple.

Contexte

Disponibilité de l'IDE pycharm et de Python 3.X.

Démarche

Suivre les instructions suivantes pour créer un projet pour ce laboratoire.

— Créer un nouveau projet comme le montre l'écran suivant. Noter que la forme de l'écran peut être différente dans votre cas. Ce qui est important est de trouver le bouton **New project** ou **nouveau projet**.

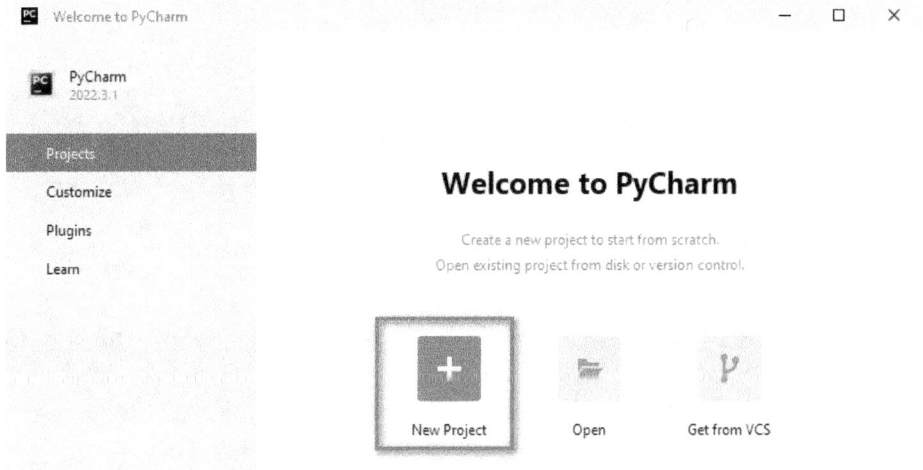

FIGURE 1.19 – Création de projet

— On indiquera l'emplacement du projet et l'interpréteur qui sera utilisé pour le projet. Il faut noter que l'on va utiliser la version 3.11 de Python (ou plus récente). Nommer le projet **lab1_partie1**.
— Un projet dans Python et dans pycharm contiendra des modules ou fichiers. On utilise des packages ou répertoires pour organiser le code source. Pour le moment, on ne procède pas à la création de package.
— Créer votre premier module Python. Avec la touche droite de la souris, sélectionner l'option de création de module python comme le montre la figure 1.21.

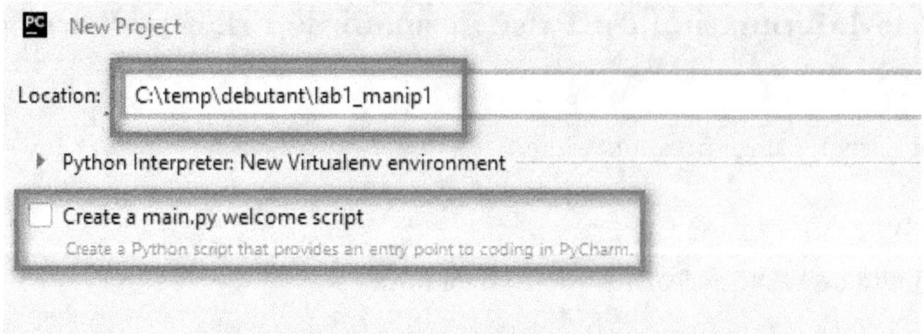

FIGURE 1.20 – Emplacement du projet

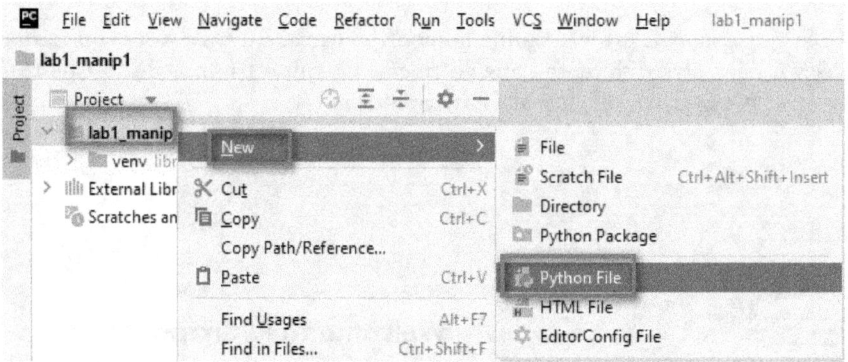

FIGURE 1.21 – Création de module dans pycharm.

— Une bonne convention à adopter est de préfixer les modules avec **mod_**. Cela évitera des références circulaires (lors des opérations d'import). Le module sera nommé **mod_monde.py**

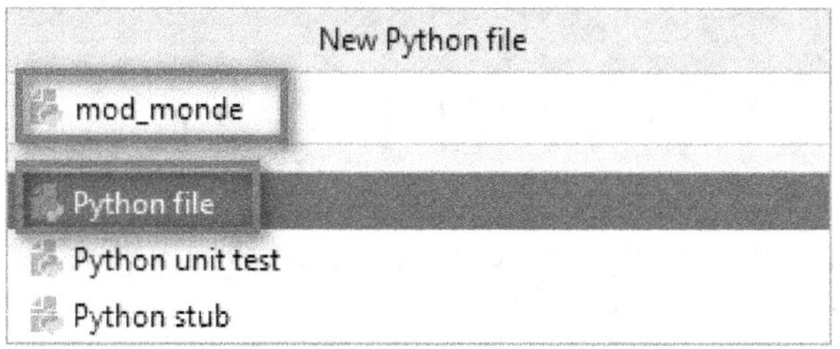

FIGURE 1.22 – Nom du module

— La structure finale du projet dans pycharm devrait ressembler à la figure 1.23. Le répertoire **venv** est l'environnement virtuel ou répertoire qui sera utilisé pour les librairies et autre modules que vous pourriez importer dans votre projet. Pour le moment, vous n'avez pas à vous inquiéter pour cet environnement.

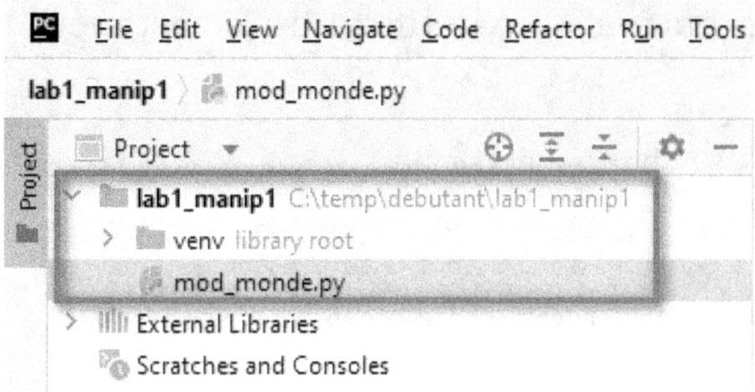

FIGURE 1.23 – Structure du projet

— Écrire le code indiqué dans la figure 1.24 tel quel. Celui-ci permet d'afficher la chaîne de caractères au niveau de la console.

FIGURE 1.24 – Code Bienvenue monde

— Exécuter votre programme en cliquant sur **Run** au niveau du menu ou avec les touches **CTRL+SHIFT+F10**.
— Si vous n'avez aucune erreur, vous obtenez au niveau de la console la sortie indiquée par la figure 1.25.

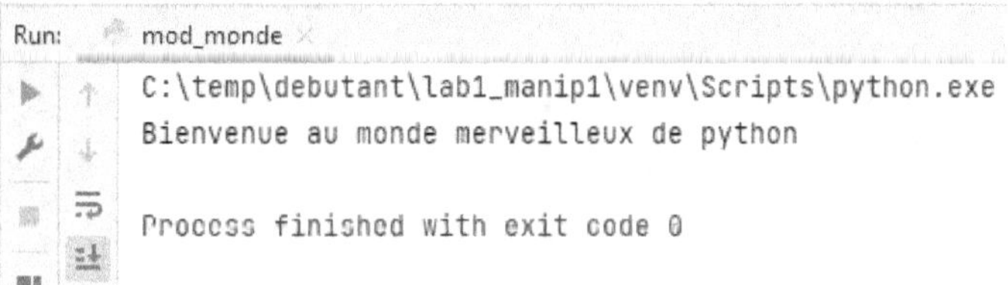

FIGURE 1.25 – Sortie sur console

— Modifier votre code afin d'ajouter une ligne qui affiche en plus le message **Au revoir et à bientôt**. Exécuter votre programme.

Remettre l'interface de pycharm à son état initial

Si jamais votre IDE n'a plus la même apparence que celle que vous aviez au tout début, vous pouvez la réinitialiser en cliquant sur l'option Window-Restore Default Layout *au niveau de la barre de menu.*

1.10.4　Manipulation 4 : Modification d'instructions de sortie

Objectif

Modifier et exécuter un programme simple.

Contexte

Disponibilité de l'IDE pycharm et de Python 3.X.

Démarche

— À partir de l'IDE pycharm, créer un nouveau projet. On ne va pas utiliser la chaîne directement dans le `print()`, comme dans le code du listing 1.2 :

Listing 1.2 – Instruction print de base

```python
print('Bienvenue au monde merveilleux de Python')
```

— On va intégrer une variable comme indiqué dans le listing 1.3, soit :

Listing 1.3 – Code utilisant une variable

```python
message = 'Bienvenue au monde merveilleux de Python'
print(message)
```

— Exécuter votre programme. Noter les messages que vous obtenez au niveau de l'onglet de sortie.
— Qu'est ce que vous remarquez ?

Chapitre 2

Syntaxe de base

Contenu de ce chapitre

Dans ce chapitre, vous allez :

O Comprendre la structure d'un programme Python
O Comprendre ce qu'est une variable
O Identifier les types de données en Python
O Identifier les opérateurs en Python
O Comprendre comment faire une conversion de type de données

2.1 Programme Python

Le code source d'un programme Python est contenu dans un ou plusieurs fichiers dont l'extension est **.py**. Idéalement, le nom du fichier devrait être en minuscule afin d'éviter des problèmes de casse lors de l'exécution du code sur des machines qui font la différence de casse comme Linux. Le fichier peut contenir des instructions, des fonctions, des classes ou autres constructions écrites en Python.

Du point de vue de la terminologie Python, un fichier correspond à un module.

2.1.1 Commentaires

Un commentaire est un texte qu'on peut ajouter dans le code afin d'expliquer une ligne ou un ensemble de lignes de code. Les commentaires seront ainsi inclus pour faciliter la lecture du code dans le futur. Il faut noter qu'un commentaire sera ignoré par l'interpréteur de Python lors de l'exécution.

Si l'on veut mettre une ligne en commentaire, on mettra au début de la ligne le symbole #.

Par contre, si l'on veut avoir plusieurs lignes en commentaire, on utilisera la notation ''' que l'on fermera aussi par '''.

Listing 2.1 – Exemple de commentaires dans un script Python

```python
'''Mes commentaires sur
plusieurs lignes'''
# Commentaire sur une seule ligne par Alain Flouclair


def main():
    print('Bonjour Monde')
```

2.1.2 Déclaration ou affectation de variables

Généralement, le programme aura besoin de recevoir des données, de les stocker en mémoire mais surtout d'être capable d'effectuer des opérations et traitements dessus. De ce fait, le programme aura besoin de variables pour accéder à ces données stockées en mémoire.

La variable sera pour nous la référence vers la valeur stockée en mémoire. Cette variable consiste en un nom et un type. Ce dernier désigne la nature de la valeur.

Une variable peut contenir par exemple :

— Un numérique
— Un objet ou fonction
— Une chaîne de caractères

Le nom de la variable peut être composé de lettres majuscule, minuscule (A-Z, a-z), de nombres (0-9) et du symbole _. Le nom ne peut pas commencer par un nombre et Python tient compte de la casse. Ainsi, **Nom**, **nom** et **NOM** ne désignent pas la même variable.

À la différence d'autres langages, Python n'impose pas une déclaration du type de données à stocker dans la variable. Pour créer une variable dans Python, on procède par l'affectation d'une donnée à cette variable.

Listing 2.2 – Affectation d'une valeur à une variable

```python
# Affectation
nom = 'Alain Flouflou'
```

Suite à cette affectation, une variable **nom** sera créée et va référencer la valeur 'Alain Flouflou'

Chaque variable aura un identifiant unique appelé **id** et un **type** associés. On peut les obtenir en utilisant les fonctions id() et type() comme le montre le code suivant :

Listing 2.3 – Identification d'une variable

```python
nom = 'Alain  Flouflou'
#Afficher le type
print(type(nom))
#Afficher l'identité ou id
print(id(nom))
```

Noter que le **id** obtenu à votre niveau sera très probablement différent de celui montré dans le listing 2.4.

Listing 2.4 – Sortie du programme

```
<class 'str'>
12993504
```

2.1.3   Déclaration de constante

Le programme peut nécessiter de faire appel à des variables dont les valeurs ne changent pas durant l'exécution. Pour accéder à ces données, on aura besoin d'utiliser ce qu'on appelle des constantes. À la différence d'autres langages, Python ne dispose pas de la notion de constante en tant que tel. De ce fait, on utilise une variable qui fera office de pseudo-constante. Il sera alors de la responsabilité du programmeur de maintenir la valeur fixe durant l'exécution du code. Le nom de la constante sera en majuscule par convention.

Initialisation d'une constante

```python
NOM_CONSTANTE = valeur1
```

Exemple

```python
TAUX_INTERET = 0.12
```

2.2 Types de données

Au niveau de Python, on peut utiliser des variables de type numérique, chaînes de caractères, nombres complexes, date, etc.

Python dispose d'un ensemble de types de données fournis par défaut. Il n'y a pas de module à importer pour utiliser ces types de base.

2.2.1   Type de donnée – Booleene

Une variable de type booléenne ou `bool` peut prendre une des deux valeurs possibles soit `True` ou `False`.

> ⚡Origine du mot Booléen
>
> *Au dix neuvième siècle, le mathématicien anglais George Boole inventa le concept de* **Vrai** *(`True`) et* **Faux** *(`False`) dans les calculs mathématiques.*

L'intérêt de cette représentation sera plus clair dans le contexte des structures de boucle et de test. Dans ce cas, on aura à utiliser des expressions ou des variables qui vont préciser si une condition existe ou pas. Ce qui nous intéressera alors sera soit la valeur `True` donc l'occurrence d'un évènement par exemple ou son contraire, soit `False` donc la non occurrence de l'évènement d'intérêt.

Dans le code 2.5, on détermine si l'étudiant a réussi son passage ou pas en utilisant la limite qui est 60.

Listing 2.5 – Utilisation d'une booléenne

```python
if note_finale >= 60:
    resultat = True
else:
    resultat = False
```

La variable témoin qui est **resultat** peut maintenant être utilisée pour prendre une décision, par exemple afficher un message de félicitations comme le montre le code 2.6.

Listing 2.6 – Utilisation d'une variable témoin booléenne

```python
if resultat:
    print('Félicitation, vous avez réussi le cours!')
```

Dans le code du listing 2.6, on n'a pas besoin de comparer la valeur de **resultat** à `True`.

2.2.2 Type de donnée – None

Le type `None` est un type spécial qui signifie :

— n'existe pas
— inconnu
— vide (empty)

```
Listing 2.7 – Type None
```
```python
def fun():
    pass
print (fun())
```

Celui-ci est utile dans des situations ou une fonction ne retourne aucune valeur.

2.2.3 Type de donnée – Numérique

C'est un type de données qui peut représenter des :

— nombres entiers
— nombres réels
— nombres complexes

```
Listing 2.8 – Type numérique entier
```
```python
val1 = 11
val2 = 34
## total
total = val1 + val2
# Afficher le résultat
print ('Total:', total)
```

```
Listing 2.9 – Sortie du programme
```
```
Total: 45
```

Les nombres sont représentés différemment en mémoire selon leur nature. Le type est déterminé selon les règles suivantes :

— Si le numérique est écrit sans la décimale, il sera considéré comme étant du type `int`. Les nombres 11, 300 et 2456 sont considérés comme `int` .
— Si le numérique est écrit avec une décimale, il sera considéré comme étant du type `float`. Il est important que la représentation décimale est celle qui implique l'utilisation du point comme séparateur. Les nombres 11.5, 300.24 et 2456.17

sont considérés comme `float`.

— Si la variable est initialisée sous la forme `2+5j` par exemple, incluant de ce fait une partie réelle et une partie imaginaire, alors on considère que l'on a défini un nombre complexe.

2.2.4   Type de donnée `str`

C'est un type pour représenter des données textuelles ou chaînes de caractères. On peut créer des variables de type `str` en utilisant les symboles suivants :

— `'`

— `"`

— chaîne sur plusieurs lignes : `'''`

Le listing 2.10 montre les différentes manières de déclarer une chaîne de caractères.

Listing 2.10   Chaînes de caractères

```
a = "Alain flouflou"
b = 'Flouclair'
c = ''' Son nom
est Abdel Flouclair
'''
```

2.3   L'essentiel de Python

Dans cette section, on aborde les éléments essentiels du langage Python comme les conventions de nommage, les différents opérateurs qu'on peut utiliser et d'autres éléments intéressants.

2.3.1   Convention de nommage

Il est important d'adopter une convention de nommage des variables et des constantes afin de maintenir un standard commun à travers tout le script ou programme,. Plus loin, on verra aussi que des conventions s'appliquent à d'autres constructions dans notre programme, telles que les fonctions, classes, packages, etc.

Dans la plupart des langages, on peut choisir une des trois approches suivantes

— **CamelCase** : La première lettre est en minuscule et chacun des mots suivants aura la première lettre en majuscule.
    — Exemple : `monTauxInteret`

— **SnakeCase** : Tous les mots sont en minuscule et sont séparés par le symbole `_`.

    — Exemple : `mon_taux_interet`

— **PascalCase** : La première lettre est en majuscule et chacun des mots suivants aura la première lettre en majuscule.
    — Exemple : `FinanceSpeciale`

Les spécifications du langage Python incluent une référence précise sur les conventions de nommage. Ce document s'appelle le `PEP` 8[1]. Celui-ci suggère les conventions à adopter pour les différents éléments du programme.

En ce qui concerne les noms de variables, il est suggéré d'adopter la convention snake-case. Par contre, lorsqu'on abordera la programmation orientée objet, les conventions CamelCase et PascalCase seront adoptées.

2.3.2 Instructions Python

Le code Python est constitué d'une suite d'instructions. Celles-ci peuvent être sur une ou plusieurs lignes.

Listing 2.11 – Bloc d'instructions

```python
import time

heure_courante=time.time()
#secondes
total_secondes=int(heure_courante)
print('Total:',total_secondes)
```

Sortie en mode exécution

```
Total: 1586011389
```

2.3.3 Concaténation de chaînes de caractères

On peut procéder de différentes façons pour la concaténation de chaînes de caractères comme le montre le listing suivant :

Listing 2.12 – Concaténation de chaînes de caractères

```python
resultat = 'pomme ' * 3
print(resultat)
```

---

1. https://www.python.org/dev/peps/pep-0008/

```
resultat ='Pomme ' 'MacIntosh'
print(resultat)
resultat = 'Pomme ' + 'Mc ' + 'Intosh'
print(resultat)
```

Sortie en mode exécution

```
pomme pomme pomme
Pomme MacIntosh
Pomme Mc Intosh
```

2.3.4 Bloc d'Instructions et indentation

Un bloc d'instructions sera délimité en utilisant une indentation. L'accroissement de l'indentation se fait après certaines instructions tel que `if`. Cela signifie que l'on est dans une portée ou scope. Le décroissement de l'indentation signifie la fin du bloc courant ou sortie du scope. Dans Python, quatre espaces sont recommandés pour l'indentation. Généralement, votre IDE vous permet de configurer le nombre d'espaces d'indentation.

Listing 2.13 – Indentation dans une structure de test

```
if age > 18:
    print ('Personne adulte')
```

2.3.5 Délimiteurs

Ce sont des marqueurs d'un ou plusieurs caractères pour spécifier la limite ou frontière entre plusieurs régions dans du texte ou autre structure. Les délimiteurs suivants sont très utilisés dans Python.

```
( ) [ ] { }
,  :  .  `  =  ;
+=  -=  *=  /=  //=  %=
<=  |=  ^=  >>=  <<=  **=
'  "  \  @
```

Ils sont utiles dans la construction d'expressions, chaîne de caractères, dictionnaires, liste, etc.

2.3.6 Mots clés de Python

Comme tous les langages, Python dispose des mots-clés suivants (version 3.11) :

False	**await**	else	import	**pass**
None	break	except	in	raise
True	class	**finally**	is	return
and	continue	for	lambda	try
as	def	from	**nonlocal**	while
assert	del	global	not	with
async	elif	if	or	yield

Il faut noter que l'on ne peut pas les utiliser dans le code comme nom de variable par exemple.

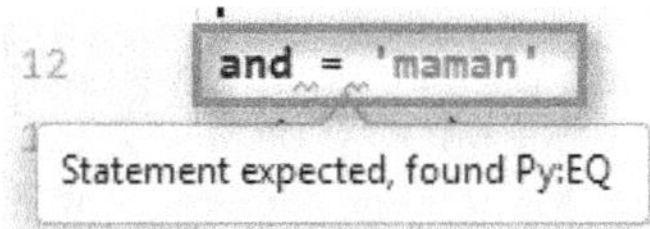

FIGURE 2.1 – Utilisation non autorisée de mot clé comme nom de variable.

-♡-Comment trouver les mots clés de votre interpréteur Python ?

*Dans pycharm, exécuter **help('keywords')** pour afficher la liste de mots clés correspondants à votre version de Python.*

2.3.7   Expressions Python et opérateurs

Le langage Python dispose de nombreux opérateurs permettant des opérations arithmétiques et des opérations de comparaison entre autres.

Un opérateur sera utilisé pour effectuer une opération sur un ou des opérandes. Un opérande peut être une valeur telle que le numérique 5, la chaîne `'Flouflou'` ou une variable référençant une valeur en mémoire.

```
a = 12
b = 15
resultat = a + b
```

Dans l'exemple précédent, on a utilisé l'opérateur addition arithmétique, l'opérateur d'affectation ainsi que deux opérandes.

L'opérateur d'affectation en Python est le symbole = et il faut retenir que la destination peut être une variable, plusieurs variables ou constantes. L'expression à droite de l'affectation peut être une variable, une constante ou une composition de variables et constantes reliés par des opérateurs.

2.4 Opérateurs

Un opérateur est un symbole utilisé pour effectuer une action sur une certaine valeur. L'opérateur peut être unaire, binaire ou ternaire.

— **Unaire** : l'opération porte sur un seul opérande
— **Binaire** : l'opération porte sur deux opérandes
— **Ternaire** : l'opération porte sur trois opérandes

2.4.1 Opérateurs arithmétiques

Les opérateurs arithmétiques disponibles au niveau de Python sont ceux que l'on retrouve dans les opérations mathématiques habituelles. Par contre, il faut faire attention à la division entière dont le fonctionnement est différent de la division usuelle.

```
Listing 2.14 – Les opérateurs Python
a = 15
b = 2
#Addition
resa = a + b
#Soustraction
ress = a - b
#Multiplication
resm = a * b
#Exponentiation
rese = a ** b
#Division
resd = a / b
#Division entière
resde = a // b
#Modulo
resmo = a % b
```

Si l'on devait afficher les résultats des opérations précédentes, on ajoutera l'appel à la fonction `print()` pour chacune des variables de sortie.

Sortie en mode exécution
17
13
30
225
7.5
7
1

Les différents opérateurs arithmétiques disponibles sont donnés dans la table 2.1.

Opérateur	Opération	Exemple
+	Addition	`a + b`
–	Soustraction	`a - b`
*	Multiplication	`a * b`
**	Exponentiation	`a ** b`
/	Division	`a / b`
//	Division entière : quotient arrondi à la plus petite proche valeur entière	`a // b`
%	Modulo : reste de la division	`a % b`

TABLE 2.1 – Les opérateurs arithmétiques

2.4.2 Opérateurs arithmétiques-précédence

La table 2.2 donne l'ordre de précédence des opérateurs arithmétiques. Dans le cas d'ambiguïté dans l'ordre d'évaluation, il sera préférable de recourir aux parenthèses et de regrouper ensemble les opérations nécessaires. L'annexe A donne plus de détails sur l'utilisation de la précédence d'opérateurs.

2.4.3 Opérateurs relationnels-comparaison

Ce type d'opérateur permet de comparer deux opérandes. Le résultat est une valeur booléenne qui peut être `True` ou `False`.

Ces opérateurs seront utiles dans les structures de test et de boucle que l'on verra plus loin.

Opérateur	Opération	Ordre d'évaluation
( )	Permet des regroupements	Gauche - droite
*, /, //, %	Multiplication, division, division entière, modulo	Gauche - droite
+, -	Addition, soustraction	Gauche - droite
=	affectation	Droite - gauche

TABLE 2.2 – Précédence des opérateurs.

Listing 2.15 – Opérateurs relationnels

```
a = 15
b = 2
#égal à
print(a == b)
#différent de
print(a != b)
#inférieur à
print(a < b)
#supérieur à
print(a > b )
#inférieur ou égal à
print(a <= b)
#supérieur ou égal à
print(a >= b)
```

Si l'on devait afficher les résultats des opérations précédentes, on aurait :

Sortie en mode exécution

```
False
True
False
True
False
True
```

Les différents opérateurs relationnels disponibles sont donnés dans la table 2.3.

Opérateur	Opération	Exemple
==	égal à	a == b
!=	différent de	a != b
<	inférieur à	a < b
>	supérieur à	a > b
<=	inférieur ou égal à	a <= b
>=	supérieur ou égal à	a >= b

TABLE 2.3 – Opérateurs relationnels

2.4.4 Opérateurs logiques

Imaginons qu'on a la possibilité que deux phénomènes **a** et **b** puissent se réaliser. De plus, si le phénomène se réalise, on lui attache la valeur `True`. Dans le cas contraire, on lui attache la valeur `False`.

Si l'on s'intéresse à évaluer l'occurrence simultanée des deux phénomènes **a** et **b**, on utilisera l'opérateur `and` pour connecter les expressions **a** et **b**.

On devra ainsi évaluer l'expression composée **a** `and` **b**.

Maintenant, si l'on s'intéresse à l'occurrence d'un des deux phénomènes **a** et **b**, on utilisera l'opérateur `or` pour connecter les expressions **a** et **b**.

Opérateur	Opération	Exemple
not	`True` si l'opérande est `False`. `False` si l'opérande est `True`	not **a**
and	`True` si les deux opérandes sont à `True`. `False` si l'un des deux opérandes est à `False`	**a** and **b**
or	`True` si l'un des deux opérandes est à `True`. `False` si les deux opérandes sont à `False`	**a** or **b**

TABLE 2.4 – Opérateurs logiques

Dans ce cas, on devra ainsi évaluer l'expression composée **a** `or` **b**.

Par contre, si l'on s'intéresse à la non occurrence d'un évènement, on utilisera l'opérateur unaire `not`. Par exemple, la non-occurrence du phénomène **a** sera évaluée par l'expression `not` **a**.

Ces opérateurs seront utiles dans les structures de test et de boucle que l'on verra plus loin.

Table de vérité

Lorsqu'on travaille avec les opérateurs logiques, on utilise ce qu'on appelle la table de vérité. Celle-ci répertorie les expressions montrant toutes les combinaisons possibles de `True` et `False` liées à l'opérateur logique.

Opérateur `not`

Avec cet opérateur, Le résultat en sortie est l'inverse de ce qu'on reçoit en entrée.

a	Valeur de l'expression
True	False
False	True

TABLE 2.5 – Opérateur `not`

Le listing 2.16 montre l'effet de l'opérateur `not` sur les variables **a** et **b**.

```
Listing 2.16 – Opérateur logique not
a = True
#not a
print(not a)
b = False
#not b
print(not b)
```

Si l'on devait afficher les résultats des opérations précédentes, on aurait :

```
Sortie en mode exécution
False
True
```

Opérateur `and`

Pour cet opérateur, la sortie est à `True` que si les deux opérandes sont à `True`. De plus, si le premier opérande, soit **a** est à `False`, la sortie est automatiquement à `False` et dans ce cas, on n'a même pas besoin d'évaluer l'opérande **b**.

a	b	Valeur de l'expression
True	False	False
False	True	False
False	False	False
True	True	True

TABLE 2.6 – Opérateur and

Un exemple d'utilisation de l'opérateur and est montré dans le listing 2.17.

Listing 2.17 – Opérateur logique and

```
a = True
b = False
#and
print(a and b)
```

Si l'on devait afficher le résultat de l'opération précédente, on aurait :

Sortie en mode exécution

```
False
```

Opérateur or

La sortie pour l'opérateur or est à True lorsque l'un des deux opérandes est à True. De plus, si le premier opérande, soit **a** est à True, la sortie est automatiquement à True et dans ce cas, on n'a même pas besoin d'évaluer l'opérande **b**. La sortie est à False lorsque les deux opérandes sont à False.

a	b	Valeur de l'expression
True	False	True
False	True	True
False	False	False
True	True	True

TABLE 2.7 – Opérateur or

Un exemple d'utilisation de l'opérateur or est montré dans le listing 2.18.

Listing 2.18 – Opérateur logique or

```python
a = True
b = False
#or
print(a or b)
```

Si l'on devait afficher le résultat de l'opération précédente, on aurait :

Sortie en mode exécution

```
True
```

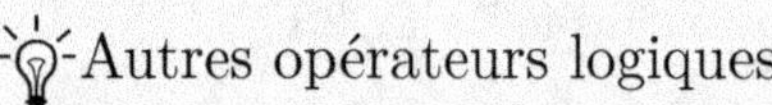-Autres opérateurs logiques

Le langage Python dispose aussi des opérateurs Bitwise OR, Bitwise XOR et du Bitwise AND.

2.5 Conversion explicite

Lorsqu'on a besoin de convertir une donnée d'un type à un autre type, on va utiliser la conversion explicite. La syntaxe Python pour cette conversion est sous la forme suivante :

```python
Type (expression)
```

où **Type** est un type spécifique de Python comme `int` par exemple.

Listing 2.19 – Conversion explicite

```python
import time
heure_courante=time.time()
#secondes
total_secondes=int(heure_courante)
print(total_secondes)
```

Sortie en mode exécution

```
1586012219
```

2.6 Autres notations utiles en Python

Dans le cas d'une opération d'affectation où une variable apparaît des cotés droit et gauche de l'opérateur =, comme dans l'exemple suivant :

```
a = 15
a = a + 13
```

alors, on peut recourir à une notation beaucoup plus courte mais qui est équivalente soit :

```
a = 15
a += 13
```

Évidemment, si l'expression à droite du symbole d'affectation est plus complexe, en faisant par exemple référence à d'autres variables, en plus de la variable se trouvant du coté gauche de l'affectation, on peut toujours recourir à la même notation.

```
b = 7
a = 15
a = a + b + 13
a += b + 13#version plus courte
```

Cette technique s'applique à d'autres opérateurs comme le résume la table 2.8 .

Exemple	Opérateur	Équivalence
x += 5	+=	x = x + 5
x -= 5	-=	x = x - 5
x *= 5	*=	x = x * 5
x /= 5	/=	x = x / 5
x %= 5	%=	x = x % 5

TABLE 2.8 – Opérateur augmenté et équivalence

2.6.1 Fonctions

Une fonction Python regroupe un certain nombre d'instructions pour réaliser une fonctionnalité donnée. On utilise le mot clé `def` pour déclarer une fonction. Plus loin dans le chapitre 5, on passera en revue les différents manières pour déclarer et utiliser des fonctions.

Par la suite, on verra la notion de méthode qui est similaire à une fonction sauf qu'une méthode est définie au niveau d'une classe. Une méthode peut avoir des paramètres comme pour une fonction et ceux-ci obéissent aux mêmes règles de nommage.

Par convention, le nom d'une fonction ou méthode commence toujours par une minuscule.

Listing 2.20 – Fonction en python

```python
import tkinter as tk
def afficher_message(message):
    # interface GUI de base
    root = tk.Tk()   #créer la fenetre container
    #label avec notre message
    labelo = tk.Label(root, text=message)
    labelo.pack()
    root.mainloop()
```

L'appel de la fonction sera fait en utilisant son nom, soit :

```python
afficher_message('Bienvenue')
```

L'exemple suivant définit une fonction permettant d'afficher une fenêtre graphique. L'appel de fonction est fait en passant la chaîne de caractères qui sera utilisée au niveau du label.

Listing 2.21 – Appel de fonction

```python
import tkinter as tk
def afficher_message(message):
    # interface GUI de base
    root = tk.Tk()   #créer la fenetre container
    #label avec notre message
    labelo = tk.Label(root, text=message)
    labelo.pack()
    root.mainloop()

afficher_message('Bienvenue')
```

Sortie en mode exécution

2.7 Résumé rapide

- Un programme Python peut être composé d'un ou plusieurs modules.
- Une variable est utilisée pour stocker une donnée.

- Python dispose d'un certain nombre de types de données.
- Python dispose d'opérateurs arithmétiques, relationnels et logiques.
- On peut créer et utiliser des fonctions en Python.
- On peut utiliser des classes et objets en Python.

2.8 Quiz

Répondre aux questions suivantes sachant qu'il peut y avoir une ou plusieurs bonnes réponses.

1. Les noms de variables en Python sont sensibles à la casse :
   (a) Vrai
   (b) Faux

2. On utilise des variables pour :
   (a) Stocker des données
   (b) Indiquer une action
   (c) Effectuer des opérations

3. Pour utiliser des chaînes de caractères dans du code python, on a besoin d'une variable de type :
   (a) String
   (b) str
   (c) Chaine

4. Python dispose de variables spéciales appelées constantes :
   (a) Vrai
   (b) Faux

5. Dans Python on doit déclarer explicitement les variables avant de commencer à les utiliser :
   (a) Vrai
   (b) Faux

6. Le code suivant :

```python
compteur = 1
print(compteur++)
```

conduit au résultat :
   (a) 1
   (b) 2
   (c) Erreur

7. L'opérateur // permet de réaliser une :
    (a) Division réelle
    (b) Division entière
    (c) Opération modulo

8. Le code suivant :

```
a = True
b = 0
print(a or b)
```

nous donne :
    (a) Erreur
    (b) 0
    (c) True

9. Le code suivant :

```
a = True
b = 0
print(a and b)
```

nous donne :
    (a) Erreur
    (b) 0
    (c) False

10. Le code suivant :

```
a = 5
b = 2
print(a % b)
```

nous donne :
    (a) 2
    (b) 1
    (c) 0

2.9   Exercices de pratique

EXERCICE 2.1

Concaténer les deux chaînes de caractères 'Allo' et 'Flouflou'

```python
valx='Allo'
valy=' Flouflou'
print(valx + valy)
```

EXERCICE 2.2

Affecter la chaîne de caractères **Bienvenue au collège en espérant une bonne session.** en faisant en sorte qu'elle soit enregistrée comme :

```
Bienvenue au college
en espérant une bonne
session.
```

De ce fait, elle sera sur trois lignes.

```python
valx='''Bienvenue au college
en espérant une bonne
session. '''
print(valx)
```

EXERCICE 2.3

Reprendre l'exercice 2.2 mais en utilisant les apostrophes doubles pour la chaîne de caractères.

```python
valx="""Bienvenue au college
en espérant une bonne
session. """
print(valx)
```

EXERCICE 2.4

Afficher la longueur de la chaîne de caractères **Allo Alain flouflou** en utilisant la fonction pré-définie `len()`.

```
#longueur de chaîne
ma_str='Allo Alain flouflou'
print(len(ma_str))
```

EXERCICE 2.5

Soit la chaîne **Allo Alain flouflou** :

— Obtenir le caractère qui se trouve à la position 4 de la chaîne.
— Obtenir le caractère qui se trouve à la position 4 à partir de la fin de la chaîne .
— Obtenir la sous-chaîne qui se trouve entre les positions 6 et 8 inclusivement de la chaîne .

```
#Indexation et slicing de chaîne
ma_str='Allo Alain flouflou'
print(ma_str[3])
print(ma_str[-4])
print(ma_str[5:8])
```

EXERCICE 2.6

Vérifier si la chaîne **Alain** est présente dans la chaîne **Allo Alain flouflou**.

```
#Substring de chaine
ma_str='Allo Alain flouflou'
print('Alain' in ma_str)
```

EXERCICE 2.7

Formatter la sortie affichée de de telle sorte que si la valeur de la variable **nom** est **Alain** et la valeur de la variable **age** est 12, on a :
Ce gars Alain a un age 12

```
#Formatter une string pour affichage en utilisant %s et %d
age = 12
prenom = 'Alain'
print('Ce gars %s a un age %d'%(prenom,age))#2.X
print('Ce gars {} a un age {}'.format(prenom,age))#3.X
```

2.10   Exercices de programmation

EXERCICE 2.8

Solution fournie en annexe

Demander à l'utilisateur son nom et afficher le résultat sous le format suivant :

Bonjour `nom_utilisateur`

sachant que `nom_utilisateur` est celui saisi par l'utilisateur.

— Exemple : si l'utilisateur saisit **Flouflou**

On affichera : Bonjour Flouflou

EXERCICE 2.9

Solution fournie en annexe

Demander à l'utilisateur son salaire et lui ajouter 500. Afficher le résultat sous le format suivant :

Votre nouveau salaire est `nouveau_salaire`

sachant que `nouveau_salaire` est la valeur finale du salaire.

— Exemple : si l'utilisateur saisit 1200

On affichera : Votre nouveau salaire est 1700.00

EXERCICE 2.10

Solution fournie en annexe

Saisir le nom d'un étudiant, ses notes d'examen intra et final et afficher le résultat sous la forme suivante :

nom étudiant : `nom_etudiant` Moyenne : `moyenne_etudiant`

La moyenne est égale à .4 * `examen_intra` + .6 * `examen_final`

Ici, `nom_etudiant` est le nom de l'étudiant, `examen_intra` et `examen_final` sont les notes de l'examen intra et final

— Exemple : si l'utilisateur saisit **Flouflou**, 65 et 70, On affichera :

Nom étudiant : Flouflou Moyenne : 68

EXERCICE 2.11

Solution fournie en annexe

On veut identifier le type d'une variable.

— Soient les valeurs suivantes : 10, 1000000000000, -10, 10.10, '10', True
— Identifier les types de chacune de ces valeurs (en affectant en premier la valeur à une variable). On utilisera pour déterminer le type de la variable la fonction `type()`.

EXERCICE 2.12

Solution fournie en annexe

Utiliser la fonction `isinstance(votre_variable, type)` pour vérifier si la variable **var_1** dont la valeur est `48.5` est du type spécifique `float`.

On utilisera `isinstance(var_1, float)`.

EXERCICE 2.13

On veut étudier les résultats des opérateurs division, division entière et modulo.

— On utilisera les variables **var1** et **var2** et on affectera les valeurs initiales **20** et **8**.
— On utilisera les variables **div**, **reste** et **div_entiere** pour stocker les résultats de la division, modulo et division entière.
— Écrire le code qui donne la division de **var1** par **var2**, le reste de la division et la division entière de **var1** par **var2**. Ajouter les instructions pour afficher les valeurs de **var1**, **var2** et les résultats de la division, modulo et division entière.
— Exécuter votre programme. Noter les messages que vous obtenez au niveau de l'onglet de sortie.
— Qu'est ce que vous remarquez ?

EXERCICE 2.14

On utilisera la conversion explicite de variable lors de calcul arithmétique.

— Demander à l'utilisateur deux valeurs numériques en utilisant la fonction `input()`.
— Afin de réaliser la somme des deux valeurs, effectuer la conversion des valeurs obtenues en utilisant `float()` et afficher le résultat obtenu.

Chapitre 3

Structures de test

Dans ce chapitre, vous allez :

- ○ Apprendre à utiliser une expression conditionnelle
- ○ Apprendre à intégrer des opérateurs relationnels et logiques dans les expressions conditionnelles
- ○ Développer des structures de test if, if-else et if-elif
- ○ Utiliser l'opérateur ternaire de test conditionnel

3.1 Introduction

Un grand nombre de langages dont Python permettent deux types d'exécution. Le premier type permet une exécution **séquentielle simple**. Celle-ci fait en sorte que le programme s'exécute du début jusqu'à la fin de manière linéaire, une instruction à la fois.

Si par exemple, on avait la première instruction à la ligne 1 et la dernière ligne à la ligne 100, l'exécution se ferait de l'instruction 1 à l'instruction 100.

Le deuxième type est basé sur le concept **d'exécution par sélection**. Celui-ci introduit la possibilité d'un choix d'exécution qui n'est pas nécessairement linéaire de la première instruction jusqu'à la dernière. Dans ce cas, on pourrait introduire des expressions qui conditionnent le passage par une série d'instructions au lieu d'une autre série.

En reprenant l'exemple des instructions de 1 à 100, l'exécution pourrait se faire de 1 à 14 puis ensuite continuer de 53 à 100.

La structure conditionnelle ou test permet un choix des traitements à appliquer selon certaines conditions pré-établies. On peut par exemple faire l'analogie avec l'aiguillage des trains au niveau des voies selon la congestion du trafic.

Bien que simple dans son énoncé, la structure conditionnelle est une instruction très utilisée car les problèmes que l'on aura à résoudre sont sujets à des règles qui font qu'un traitement ne s'applique que dans certains cas par exemple.

Les structures de test en Python sont les suivantes :

— if
— if-else
— if-elif-else
— opérateur ternaire de test conditionnel

-ϙ-Est ce que Python dispose de la structure switch ?

La structure switch que l'on retrouve dans d'autres langages n'est pas disponible dans Python.

3.2 Structure simple if (une voie ou one-way)

Une structure **if à une voie** ou **if one-way** sera utilisée lorsqu'on veut tester une condition, que ce soit une variable ou une expression conditionnelle. Lorsque le résultat du test se réduit à True, un traitement sera effectué. Dans le cas d'un test simple, on utilise la structure conditionnelle suivante :

```
if  condition :
   bloc à executer quand la condition est True
```

La structure if a la syntaxe montrée dans la figure 3.1.

On voit que dans Python, le mot réservé pour commencer une structure de test **if à une voie** est le mot-clé if. La condition est une expression booléenne qui sera utilisée pour déterminer si le bloc sera exécuté ou pas.

— Si la condition est True, le bloc d'instructions qui suit est exécuté.
— Si la condition est False, le bloc d'instructions qui suit ne sera pas exécuté.

On utilise le marqueur : pour signaler le début du scope pour la partie True.

Le bloc d'instructions peut contenir une ou plusieurs instructions. Celles-ci seront in-

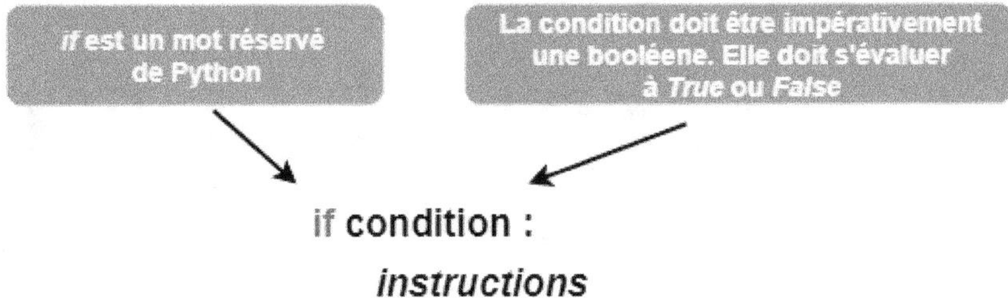

FIGURE 3.1 – Structure if simple one-way.

dentées le même nombre d'espaces à partir de la gauche, par rapport au début de l'instruction **if**.

Le nombre d'espaces utilisé pour indiquer un bloc est généralement de 4. Ce nombre peut être ajusté dans votre IDE. Il est par contre important de ne pas mélanger les tabulations et les espaces dans le même code.

3.2.1 Logique de la structure if simple ou à une voie

Au niveau du **if à une voie**, l'expression conditionnelle sera évaluée pour être comparée à True ou False. Celle-ci sera une variable ou une expression logique. Dans les deux cas, la valeur obtenue se réduira soit à True ou False.

Si l'expression s'évalue à True, la série d'instructions sera exécutée. Par contre, si l'expression s'évalue à False, la série d'instructions ne sera pas exécutée.

Dans l'exemple 3.1, on teste si la valeur saisie par l'usager dépasse la valeur de MAX. Dans le où c'est vrai, on affiche un message.

Par contre, si c'est faux, on n'a pas prévu de faire quoi que ce soit.

Étape 1 : la condition est évaluée

— Si la condition est true, l'exécution de la fonction print() est effectuée
— Si la condition est false, l'exécution de la fonction print() n'est pas effectuée

Listing 3.1 – Utilisation de la structure if à une voie ou one-way

```
MAX = 20
total = int(input('S.V.P, saisir le total:'))
if  total > MAX :
   print  ('Vous avez dépassé le maximum!!')
```

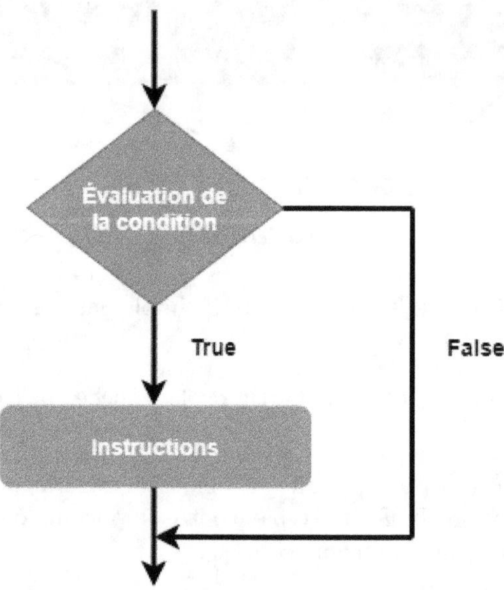

FIGURE 3.2 – Logique de la structure if simple one-way.

```
Sortie du programme lorsque le total dépasse le maximum

S.V.P, saisir le total:25
Vous avez dépassé le maximum!!
```

3.3   Structure if-else (deux voies ou two-way)

Dans un certain nombre de cas, la structure **if** est suffisante pour couvrir les cas d'utilisation. Par contre, il est fort possible que dans certaines situations, on désire exécuter des instructions dans le cas où la condition n'est pas réalisée ou plus exactement, la condition n'est pas à `True`. Dans ce cas, une clause **else** peut être ajoutée à la structure **if** existante pour en faire une structure **if-else**.

```
if  condition :
    instructions 1 pour condition True
else:
    instructions 2 pour condition False
```

De ce fait, on a deux chemins mutuellement exclusifs et on va exécuter les opérations selon la valeur de la condition.

Si la condition est `True`, instruction 1 ou bloc `True` est exécutée ; Si la condition est `False`, instruction 2 ou bloc `False` est exécutée.

Ainsi, un seul des blocs d'instructions est exécuté mais pas les deux. Les mots réservés pour une structure de test **if-else** sont les mot-clés : `if` et `else`.

— La condition est une expression booléenne qui sera utilisée pour déterminer lequel des deux blocs sera exécuté.
— Si la condition est `True`, le bloc d'instructions qui suit `if` est exécuté.
— Si la condition est `False`, le bloc d'instructions qui suit `else` sera exécuté.

Le mot clé **else** commence la deuxième partie du **if**. On utilisera le symbole : pour dénoter le début de ce scope. Le bloc d'instructions pour la partie **if** ou **else** peut contenir une ou plusieurs instructions. Celles-ci seront indentées le même nombre d'espaces à partir de la gauche, par rapport au début de l'instruction **if** ou **else**.

Le bloc doit contenir au moins une instruction Python valide. Il faut noter qu'un commentaire n'est pas considéré comme instruction. Si l'on n'a pas encore défini le code, on peut utiliser le mot clé `pass` pour que le bloc soit valide.

3.3.1 Logique de la structure if-else

Au niveau du **if à deux voies ou two-way**, l'expression conditionnelle sera évaluée pour être comparée à `True` ou `False`.

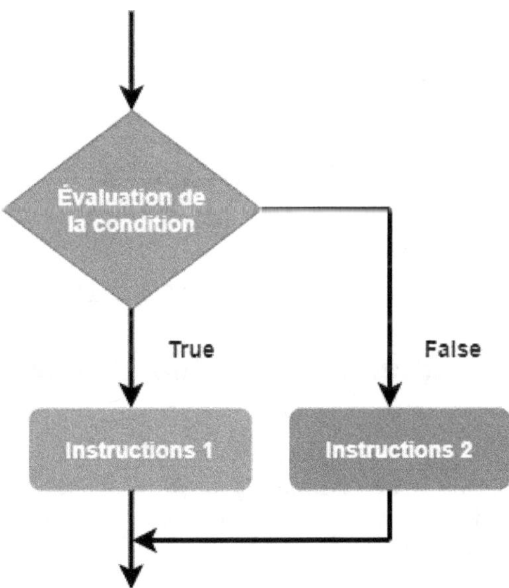

FIGURE 3.3 – Logique de la structure if two-way.

Comme dans le cas du **if à une voie ou one-way**, celle-ci sera une variable ou une expression logique. Dans les deux cas, la valeur obtenue se réduira soit à `True` ou `False`.

Si l'expression s'évalue à `True`, la série d'instructions 1 sera exécutée. Par contre, si l'expression s'évalue à `False`, la série d'instructions 2 sera exécutée.

Bloc d'instructions

Il n'est pas requis d'avoir une seule instruction et on peut utiliser des blocs délimités par des indentations

Dans l'exemple du listing 3.2, on teste si la valeur saisie par l'usager dépasse la valeur de `MAX`. Dans le où c'est vrai, on affiche un message. Par contre, si c'est faux, on affiche deux messages.

Listing 3.2 – Utilisation de la structure if à deux voies ou two-way

```python
MAX = 20
total = int(input('S.V.P, saisir le total:'))
if  total > MAX :
   print  ('Vous avez dépassé le maximum!!')
else:
    print  ('Total: ' , total)
    print('Vous n'avez pas dépassé le maximum')
```

Sortie du programme lorsque le total dépasse le maximum

```
S.V.P, saisir le total:25
Vous avez dépassé le maximum!!
```

Sortie du programme lorsque le total ne dépasse pas le maximum

```
S.V.P, saisir le total:14
Total:   14
Vous n'avez pas dépassé le maximum
```

3.4   Structure complexe if–elif–else (plusieurs voies ou multi-way)

Dans le cas où l'on a plusieurs chemins mutuellement exclusifs et qu'on voudrait exécuter les opérations selon la catégorie, on fera appel à la structure complexe **if-elif-else**. Cette structure aura la forme suivante :

```
if condition :
    instruction 1
elif condition :
    instruction 3
else:
    instruction 2
```

Cette structure est adaptée dans le cas où l'on veut sélectionner des instructions à exécuter à partir d'un certain nombre d'options. Le mot clé `if` est obligatoire dans cette structure alors que le mot clé `else` est optionnel. On peut inclure autant de `elif` que l'on veut dans cette structure.

3.5 Opérateur conditionnel

Le langage Python dispose d'un opérateur conditionnel ternaire qui utilise une condition booléenne pour choisir laquelle des 2 expressions (cas `True` ou `False`) est évaluée et affectée possiblement à une variable. Par exemple, considérons la structure conditionnelle à deux voies ou two-way avec affectation, similaire à la forme suivante :

```
if condition :
    val= expr1
else:
    val= expr2
```

Dans ce cas, une alternative plus simple est sous la forme d'une expression conditionnelle qui aura la structure suivante :

```
val = expr1 if condition else expr2
```

Si la condition est `True`, **expr1** est évaluée ; Si `False`, **expr2** est évaluée La valeur retournée est la valeur de l'expression sélectionnée et sera affectée à la variable **val**.

Exemple

```
ma_var = num1 if num1 > num2 else num2
```

Si **num1** est plus grand que **num2**, alors **num1** est affecté à **ma_var** sinon, **num2** est affecté à **ma_var**.

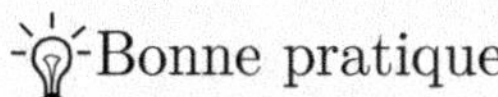Bonne pratique

Bien qu'il soit utile pour remplacer une opération d'affectation, l'opérateur conditionnel ternaire devrait être utilisé avec précaution.

3.6   Résumé rapide

- Les structures de test sont basées sur le concept d'exécution par sélection.
- On peut intégrer des opérateurs relationnels et logiques dans les expressions conditionnelles.
- On peut utiliser des structures de test if, if-else et if-elif.
- L'opérateur ternaire de test conditionnel est intéressant dans certaines situations pour remplacer une structure if-else.

3.7 Quiz

Répondre aux questions suivantes sachant qu'il peut y avoir une ou plusieurs bonnes réponses.

1. Les structures de test en python qu'on peut utiliser sont :
   (a) if
   (b) if-elif
   (c) switch

2. Une structure de test if à une voie peut contenir une structure else :
   (a) Vrai
   (b) Faux

3. Une structure de test if à deux voies contient une structure else :
   (a) Vrai
   (b) Faux

4. Les deux structures suivantes donne le même résultat et sont donc équivalentes :

```python
valeur = int(input("Saisir une valeur:")
if valeur < 20:
        print("La valeur est inférieure à 20")
elif valeur < 30:
    print("La valeur est supérieure ou égale à 20 et inférieure à
    ↪   30")
else:
    print("La valeur est supérieure ou égale à 30")
```

et

```python
valeur = int(input("Saisir une valeur:")
if valeur < 20:
        print("La valeur est inférieure à 20")
if valeur < 30:
    print("La valeur est inférieure à 30")
else:
    print("La valeur est supérieure ou égale à 30")
```

donnent le même résultat.
   (a) Vrai
   (b) Faux

5. L'exécution du code suivant :

```python
age = 10
if age > 20:
    print('Vous etes un adulte')
print('Merci')
```

donne le résultat :
   (a) Vous etes un adulte
   (b) Vous etes un adulte
       Merci
   (c) Merci

6. Pour représenter une opération logique OR, on utilise :
   (a) OR
   (b) or
   (c) ||

7. Si l'on veut que le message "Vous avez dix ans" s'affiche, on doit remplacer ? par :

```python
age = 10
if age ? 10:
    print('Vous avez dix ans')
```

   (a) =
   (b) ==
   (c) equals

8. Quel est le résultat affiché par le code suivant ?

```python
age = 10
message = "adulte" if age > 18 else "enfant"
print(message)
```

   (a) adulte
   (b) enfant
   (c) erreur

9. On considère l'opérateur logique and. Quelles sont les affirmations suivantes qui
   sont vraies ?
   (a) Le résultat est True si les deux opérandes sont True
   (b) Le résultat est True si l'un des deux opérandes est True
   (c) Le résultat est False si l'un des deux opérandes est False

10. Soit le code suivant :

```
age = 10
if age = 20 :
    print('Vous avez vingt ans')
```

Quel est le résultat obtenu ?
(a) Erreur
(b) La variable **age** reçoit la valeur 20
(c) Le message ”Vous avez vingt ans” est affiché.

3.8   Exercices de pratique

EXERCICE 3.1

Demander à l'utilisateur un nombre entier. Celui-ci sera stocké dans la variable **val_a**.
Afficher si le nombre est pair.

```python
#trouver si nombre est pair
val_a=int(input('Saisir un nombre entier:'))
if val_a % 2 ==0:
    print('val_a: {} est pair'.format(val_a))
```

Sortie

```
Saisir un nombre entier:12
val_a: 12 est pair
```

Note : Le code nous permet seulement de dire si la valeur saisie est paire. Par contre, il
n'indique pas si la valeur est impaire.

EXERCICE 3.2

Reprendre l'exercice 3.1. Développer le code qui permet d'afficher si le nombre est pair
ou impair.

```python
#trouver si nombre est pair
val_a=int(input('Saisir un nombre entier:'))
if val_a % 2 ==0:
    print('val_a: {} est pair'.format(val_a))
else:
    print('val_a: {} est impair'.format(val_a))
```

Sortie

Dans le cas de la saisie d'un nombre pair, on aura :

```
Saisir un nombre entier:12
val_a: 12 est pair
```

Sinon, dans le cas de la saisie d'un nombre impair, on aura :

```
Saisir un nombre entier:51
val_a: 51 est impair
```

EXERCICE 3.3

Demander à l'utilisateur un nombre entier. Celui-ci sera stocké dans la variable **val_a**. Afficher si le nombre est inférieur ou égal à 20, supérieur à 20 mais inférieur ou égal à 50, sinon s'il est supérieur à 50.

```python
#trouver si nombre est dans un intervalle donné
val_a=int(input('Saisir un nombre entier:'))
if val_a <=20:
    print('inférieur ou égal à 20')
elif val_a <= 50:
    print('inférieur ou égal à 50')
else:
    print('supérieur à 50')
```

Sortie

```
Saisir un nombre entier:75
supérieur à 50
```

Note : On a montré la sortie pour une valeur supérieure à 50. On peut améliorer le code de plusieurs façons ici mais l'essentiel est de voir la structure de test utilisée.

3.9 Exercices de programmation

EXERCICE 3.4

Solution fournie en annexe

Demander à l'utilisateur trois nombres entiers. Ceux-ci seront stockés dans les variables **a**, **b** et **c**. Trouver le maximum et le minimum.

EXERCICE 3.5

Solution fournie en annexe

Dans certains pays dont le Canada, certains mesurent les distances en pieds alors qu'officiellement les mesures devraient être en mètres. Afin d'aider ces personnes, développer un programme qui permet de faire la conversion de mètres vers pieds sachant qu'un pied équivaut à 30.48 cm environ.

Modifier votre code pour faire la conversion inverse. Ajouter un prompt au début afin de demander le type de conversion désirée.

EXERCICE 3.6

Une chaîne de distribution alimentaire internationale propose ses produits en kilogramme pour la majorité de ses clients. Afin d'aider ses clients qui utilisent le système impérial, elle désire leur fournir la même information mais en livre (ou pound). Développer le programme qui permet de faire la conversion de kilogramme vers livre sachant qu'un kilogramme équivaut à 2.2 livres.

Modifier votre code pour faire la conversion inverse. Ajouter un prompt au début afin de demander le type de conversion désirée.

EXERCICE 3.7

Développer un programme qui demande à l'utilisateur un nombre correspondant à un mois de l'année puis affiche le nom du mois associé avec le nombre saisi. Dans le cas où le nombre saisi ne correspond pas à un mois valide, on affichera un message d'erreur et on arrête le programme.

EXERCICE 3.8

Pour les besoins du calcul d'imposition, on classe les salariés en catégories de salaire.

Pour les plus de 100 000\$, le taux est 45%, ceux entre 70 000\$ et moins de 100 000\$ le taux est de 32%, pour ceux entre 40 000\$ et moins de 70 000\$ le taux est de 18% alors que ceux qui gagnent moins de 40 000\$ sont imposés à hauteur de 10%.

Développer le programme qui demande à l'utilisateur son salaire et lui affiche ensuite ce qu'il doit payer.

EXERCICE 3.9

Développer un programme qui demande à l'utilisateur deux nombres, les stocke dans deux variables préalablement définies puis affiche : la somme, le produit et la différence des deux nombres.

On fournira à l'utilisateur un menu simple similaire au suivant :

— Addition
— Soustraction
— Multiplication
— Quitter

On utilisera une structure de test appropriée.

— Si l'utilisateur choisit l'option 1,2,3 on demande la saisie des 2 nombres et on effectue l'opération. Finalement, on affiche le résultat et le message de sortie.
— Si l'utilisateur choisit l'option 4, on affiche le message **Merci d'avoir utilisé notre application** et on termine l'application

EXERCICE 3.10

Développer un programme qui prépare le relevé mensuel des clients pour la compagnie MasterPop International, une banque qui délivre des cartes de crédit à travers le pays.

Données

Le programme a comme entrée le solde précédent du compte, le versement effectué par le client et le montant total des charges additionnelles (Achats) durant le mois. Le solde courant est le solde précédent moins le versement effectué par le client. Le programme devra calculer l'intérêt dû pour le mois, le nouveau solde total (solde courant plus les charges additionnelles plus l'intérêt) et le minimum à payer. La règle d'affaire utilisée par MasterPop International pour le calcul de l'intérêt est basée sur le solde courant. Ainsi, si le solde courant est 0 alors l'intérêt appliqué pour le mois courant est 0% mais si le solde courant était supérieur à 0 alors l'intérêt appliqué est de 5% sur le total actuel (solde courant plus charges additionnelles).

Besoins

Le programme devra calculer le minimum à payer. La règle d'affaire pour le calcul du minimum à payer est basée sur le nouveau solde. Ainsi, si le nouveau solde est de moins de 50$ alors le minimum à payer sera le montant du nouveau solde. Si le nouveau solde est entre 50$ et 295$ alors le minimum à payer est de 50$. Si le nouveau solde dépasse 295$ alors le minimum à payer est de 25% du nouveau solde.

Format d'affichage

La sortie de votre programme devra avoir la forme suivante :

MasterPop International
Relevé mensuel des charges
Solde précédent : XXXX.XX $
Versement : XXXX.XX $
Solde courant : XXXX.XX $
Frais d'intérêt : XXXX.XX $
Achats : XXXX.XX $
Nouveau solde : XXXX.XX $
Minimum exigé : XXXX.XX $

Chapitre 4

Structures de boucle

Dans ce chapitre, vous allez :

○ Développer des structures de boucle while
○ Développer des structure de boucle for
○ Apprendre à choisir entre les types de boucle selon le besoin

4.1 Introduction

Dans le chapitre précédent, on a a mentionné les deux types d'exécution à savoir le mode séquentiel et le mode avec sélection. Cela nous a permis d'introduire les structures de test. Il reste un troisième type d'exécution dans lequel on peut définir une série d'instructions qui peuvent se répéter sous condition.

Dans ce chapitre, on passera en revue les structures répétitives. Celles-ci jouent un rôle très important car elles permettent une interactivité avec l'utilisateur, comme dans l'attente de sa réponse pour continuer ou arrêter un traitement, ainsi que le lancement d'une série d'instructions en se basant sur des expressions dont la valeur est une booléenne.

Une structure répétitive, plus communément appelée boucle, est une série d'actions qui se répète dans un ordre précis, un nombre déterminé de fois selon une condition.

On a ainsi besoin de définir la suite d'instructions à effectuer ainsi que le nombre de répétitions. Étant donné que dans un certain nombre de cas, on ne connaît pas le nombre de répétitions, on précisera alors l'événement qui doit mettre un terme à la répétition et permettre ainsi de sortir de la boucle.

Le langage Python dispose des structure répétitives suivantes :

— Boucle **while** : celle-ci utilise une condition qui s'évalue soit à `True` ou `False` afin de contrôler le nombre de répétitions.
— Boucle **for** : celle-ci utilise un compteur afin de se répéter un nombre spécifique de fois.

4.2 Structure -while-

La boucle **while** permet la répétition de l'exécution d'une série d'instructions tant qu'une condition est `True`.

Syntaxe

```
while <condition> :
    bloc d'instructions
```

Si la condition est `True`, le bloc d'instructions est exécuté. La condition est évaluée de nouveau et si elle est toujours à `True`, le bloc d'instructions est exécutée une nouvelle fois. Le bloc sera exécuté jusqu'à ce que la condition devienne `False`.

4.2.1 Logique de la boucle - while -

La boucle **while** est basée sur la structure algorithmique

```
TantQue ... Faire
    bloc d'instructions
Fin TantQue
```

On aura donc à considérer les deux composantes suivantes que sont la condition qui doit être testée pour la valeur `True` ou `False` et la série d'instructions qui devront être répétées tant que la condition s'évalue à `True`. La figure 4.1 montre la logique de la boucle **while**.

Dans celle-ci, le losange représente la condition et le rectangle représente la série d'instructions. Quand la boucle est exécutée, la condition est évaluée. Si celle-ci est égale à la valeur `True`, la série d'instructions est exécutée. Une fois cette exécution de la série d'instructions terminée, on est ramené au début de la boucle comme le montre la figure 4.1. La condition est évaluée de nouveau. Si elle est à `False`, on sort de la

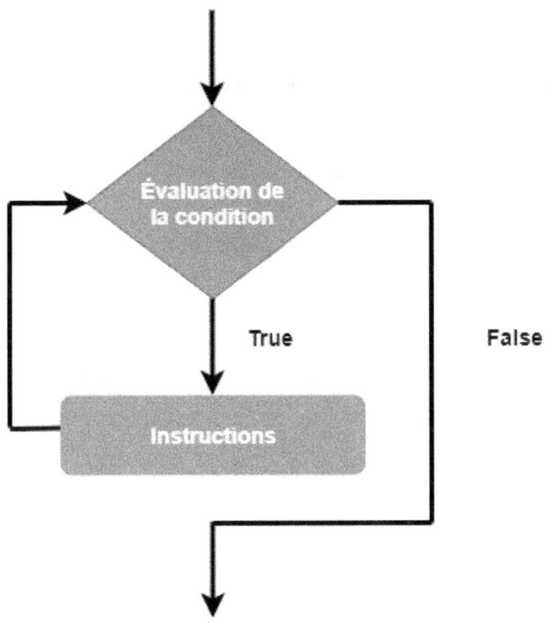

FIGURE 4.1 – Structure while.

boucle. Évidement, si elle s'est évaluée à True, on aurait exécuté la série d'instructions de nouveau.

Le listing 4.1 montre une structure de boucle **while** simple. Il faut noter qu'avant de rentrer dans la boucle, on a initialisé la variable **compteur**. En même temps, il est important que cette variable soit incrémentée dans la boucle. Si ce n'est pas le cas, on aura une boucle infinie étant donné que la condition sera toujours à True.

Listing 4.1 – Boucle de comptage simple

```python
compteur = 1
while  compteur <= 5 :
    print (compteur)
    compteur += 1
```

Sortie en mode exécution

```
1
2
3
4
5
```

4.3 Boucle –for–

La boucle **for** permet la répétition de l'exécution d'une série d'instructions un nombre spécifique de fois.

Syntaxe

```
for tmp in [valeur1, aleur2, ..., valeurN] :
    instructions
```

La boucle **for** est conçue pour itérer à travers une séquence d'éléments. À l'exécution, la boucle va passer à travers chaque élément dans la séquence. On utilise une variable pour garder temporairement un élément de la séquence.

De ce fait, lorsque l'instruction **for** est exécutée, le premier élément de la séquence est affecté à **tmp** et la série d'instructions est exécutée en prenant en compte la valeur actuelle de **tmp**.

Le processus va se répéter pour chaque élément de la séquence, avec à chaque fois, la valeur de l'élément qui est affectée à la variable **tmp**. Le processus se poursuivra jusqu'a ce que la dernière valeur qui est dans la séquence soit affectée à **tmp**.

Listing 4.2 – Boucle for utilisant un itérable

```
for tmp in [0,1,2,3,4,5]:
    print (tmp)
```

Listing 4.3 – Sortie du programme

```
0
1
2
3
4
5
```

Dans l'exemple précédent, on a utilisé une séquence de 6 nombres consécutifs en commençant par 0 et avec le dernier élément comme valeur 5. Il est important de savoir que la séquence de nombres peut être quelconque et donc les valeurs ne sont pas nécessairement consécutives. Il est même possible que les éléments soit autres que des numériques comme le montre l'exemple suivant.

Listing 4.4 – séquence d'itération quelconque

```python
for tmp in ['toto','dodo']:
    print (tmp)
```

Sortie en mode exécution

```
toto
dodo
```

4.3.1 Fonction range()

Dans le cas où l'on désire développer une boucle **for** avec un itérable contenant des valeurs numériques, on peut utiliser la fonction range(). Celle-ci permet de générer un itérable contenant une séquence de valeurs sur lesquels on peut itérer.

La forme générale est range(debut, fin, pas) qui nous permet d'obtenir une séquence de nombres en commençant par **debut** jusqu'à la valeur **fin** sans que celle-ci soit incluse dans la séquence. La valeur de **pas** sera utilisée pour passer d'un élément de la séquence au suivant.

L'exemple suivant permet de générer l'itérable de valeurs de 1 à 5 avec un pas de 2.

Listing 4.5 – Utilisation de la fonction range

```python
for tmp in range(1,6,2):
    print (tmp)
```

Sortie en mode exécution

```
1
3
5
```

Si le pas est égal à 1, on peut l'omettre et cela donne la forme suivante.

Listing 4.6 – Fonction range avec pas de 1

```python
for tmp in range(1,6):
    print (tmp)
```

Sortie en mode exécution

```
1
2
3
4
5
```

Dans certaines situations, on peut indiquer juste le dernier chiffre de l'itérable et dans ce cas, on va omettre le début qui sera automatiquement la valeur 0.

Listing 4.7 – Utilisation de la fonction range

```python
for tmp in range(6):
    print (tmp)
```

Sortie en mode exécution

```
0
1
2
3
4
5
```

Finalement, si l'on veut que la séquence de nombres de l'itérable soit d'un nombre plus grand à un nombre plus petit, alors on utilisera un pas négatif comme le montre le code suivant.

Listing 4.8 – Utilisation d'un pas négatif

```python
for tmp in range(5,0,-1):
    print (tmp)
```

Sortie en mode exécution

```
5
4
3
2
1
```

4.4 Transfert de contrôle

Le langage Python offre la possibilité d'introduire un transfert inconditionnel du flux d'exécution de notre programme en utilisant soit l'instruction **break** ou **continue**.

Syntaxe du break

L'instruction **break** peut être utilisée à l'intérieur de la boucle pour une sortie immédiate et complète de la boucle. Lorsque **break** est atteinte, la séquence d'exécution est transférée en dehors de la boucle. Évidemment, l'expression conditionnelle ou la variable ne seront plus évaluées étant donné qu'on est sorti complètement du contexte de la boucle.

Comme exemple, prenons le listing 4.9. Dans celui-ci, on désire sortir de la boucle lorsque le nombre rencontré dans l'itérable est égal à 4.

Listing 4.9 – Utilisation de break

```python
for count in range(1, 6):
    if count == 4:
        break
    print (count)

print('sortie après break')
```

Sortie en mode exécution

```
1
2
3
sortie après break
```

Syntaxe du continue

L'instruction **continue** peut être utilisée dans une boucle pour éviter l'exécution d'une série d'instructions qui suit immédiatement l'instruction **continue**. Lorsque celle-ci est atteinte, le reste des instructions n'est pas exécutée et la séquence d'exécution est transférée à l'expression conditionnelle ou variable pour évaluation. Évidemment, si l'expression conditionnelle ou la variable s'évaluent à `True`, la boucle continue de s'exécuter.

Listing 4.10 – Utilisation de continue

```python
for count in range(1, 6):
    if count == 4:
        continue
    print (count)
```

On voit qu'en sortie, tous les nombres ont été parcourus à l'exception du nombre 4 car celui-ci fait en sorte que l'instruction **continue** s'exécute et donc le reste des instructions, dans notre cas la fonction `print()`, n'est pas prise en compte.

Sortie en mode exécution

```
1
2
3
5
```

Il est important de noter que l'instruction **continue** garde le flux d'exécution à l'intérieur de la boucle alors que l'instruction **break** le fait sortir à l'extérieur de la boucle.

4.5   Résumé rapide

- Une structure répétitive est une série d'actions qui se répète dans un ordre précis, un nombre déterminé de fois selon une condition.
- Une structure de boucle **while** utilise une condition qui s'évalue soit à `True` ou `False`. afin de contrôler le nombre de répétitions.
- Une structure de boucle **for** utilise un compteur afin de se répéter un nombre spécifique de fois.

4.6 Quiz

Répondre aux questions suivantes sachant qu'il peut y avoir une ou plusieurs bonnes
réponses.

1. Les structures de boucle en Python sont :
   (a) while
   (b) do-while
   (c) for

2. Une boucle **for** peut être transformée en boucle **while** :
   (a) Vrai
   (b) Faux

3. Dans une boucle, on peut utiliser les mots-clés **continue** et **break** :
   (a) Vrai
   (b) Faux

4. La boucle **for** suivante :

```python
for compteur in range(0,5):
        print(compteur)
```

peut être transformée en la boucle **while** suivante :

```python
compteur = 0
while compteur < 5:
    print(compteur)
    compteur += 1
```

   (a) Vrai
   (b) Faux

5. Soit le code suivant :

```python
compteur = 0
while compteur < 5:
    compteur +=1
    if compteur == 3:
        continue
    print(compteur)
```

La sortie obtenue est :
  (a) 1 2 3 4
  (b) 1 2 4
  (c) 1 2 4 5

6. Afin de produire la sortie suivante : 10 20 30
   Quelle serait la condition à utiliser à la place de ? dans le code suivant :

```python
compteur = 10
while  ? :
      print(compteur)
      compteur += 10
```

  (a) compteur < 30
  (b) compteur < 40
  (c) compteur < 20

7. Soit le code suivant :

```python
compteur = 0
while compteur < 0:
      print(compteur)
      compteur += 10
print(compteur)
```

La sortie obtenue est :
  (a) 1
  (b) 0
  (c) Erreur

8. On considère les boucles imbriquées suivantes :

```python
i = 0
while i < 5:
    j = 0
    while j < 4:
        print("i:{}, j:{}".format(i,j))
        j += 1
    i += 1
```

Le nombre de lignes affichées sera de :
  (a) 19
  (b) 5
  (c) 25

(d) 20

9. On considère les boucles imbriquées suivantes :

```python
i = 0
while i < 5:
    j = 0
    while j < i:
        print("i:{}, j:{}".format(i,j))
        j += 1
    i += 1
```

Le nombre de lignes affichées sera de :
   (a) 9
   (b) 10
   (c) 11
   (d) 25

10. On dispose d'une boucle **while** dans laquelle on voudrait sous une certaine condition l'arrêt de l'exécution des instructions et de revenir à l'évaluation de la condition de la boucle. On devra donc utiliser :
   (a) break
   (b) continue
   (c) goto
   (d) return

4.7   Exercices de pratique

EXERCICE 4.1

En utilisant une boucle **while**, développer le code qui affiche les nombres de 1 à 7.

```python
compteur = 1
while compteur <= 7:
    print(compteur)
    compteur += 1
```

Sortie

```
1
2
3
4
5
6
7
```

EXERCICE 4.2

En utilisant une boucle **for** et la fonction range(), développer le code qui affiche les nombres de 1 à 7.

```python
for compteur in range(1,8):
    print(compteur)
```

Sortie

```
1
2
3
4
5
6
7
```

EXERCICE 4.3

Demander à l'utilisateur de saisir une chaîne de caractères. Afficher ensuite tous les caractères qui sont dans cette chaîne.

```python
#boucle avec iterator de chaine
phrase =input('Saisir une chaine de caractères:')
for index in phrase:
    print(index)
```

Sortie

```
Saisir une chaine de caractères:Renard
R
e
n
a
r
d
```

EXERCICE 4.4

Demander à l'utilisateur de saisir le caractère O pour continuer l'exécution. Tout autre caractère qui sera saisi fait que le script ou programme s'arrête.

```python
reponse = 'O'
while reponse == 'O':
    reponse=input("Voulez-vous continuer?O pour continuer:")

print("Merci d'avoir utilisé notre logiciel")
```

Sortie

```
Voulez-vous continuer?O pour continuer:O
Voulez-vous continuer?O pour continuer:N
Merci d'avoir utilisé notre logiciel
```

Note : Le code ne donne pas le résultat demandé si la saisie se fait en minuscule.

EXERCICE 4.5

Demander à l'utilisateur de saisir le caractère O pour continuer l'exécution. Tout autre caractère qui sera saisi fait que le script ou programme s'arrête. On prendra en compte que l'utilisateur peut saisir les caractères en majuscule ou en minuscule.

```python
reponse = 'o'
while reponse.lower() == 'o':# utiliser la méthode lower() de str
    reponse=input("Voulez-vous continuer?O pour continuer:")

print("Merci d'avoir utilisé notre logiciel")
```

Sortie

```
Voulez-vous continuer?O pour continuer:o
Voulez-vous continuer?O pour continuer:O
Voulez-vous continuer?O pour continuer:n
Merci d'avoir utilisé notre logiciel
```

Note : Le code donne le résultat demandé que la saisie se fait en minuscule ou en majuscule.

4.8 Exercices de programmation

EXERCICE 4.6

Solution fournie en annexe

On se propose de réaliser un programme permettant à un usager de deviner un nombre entier compris entre 1 et 100. Ce nombre secret sera généré aléatoirement. On veillera à respecter les points suivants :

— On affichera un message à l'usager lui demandant de saisir un nombre
— On indiquera à l'usager si son nombre est plus grand ou plus petit que le nombre secret
— Si l'usager devine correctement le nombre secret, on lui affichera 'Bravo' et on lui donne le nombre d'essais qu'il a fait.

EXERCICE 4.7

Soit l'itérable suivant [10,12,14,16,18,20]. En utilisant une boucle **for**, faire en sorte que la séquence de nombres affichée en sortie soit 13 15 17 19 21 23. 

Modifier votre code afin d'obtenir le même résultat mais en utilisant cette fois la fonction `range` au lieu de la séquence.

EXERCICE 4.8

Solution fournie en annexe

Demander à l'utilisateur un nombre entier. Développer un programme qui nous donne le total de nombres pairs (en commençant par 2) qui doivent être utilisés pour que leur somme soit égale ou supérieure à ce nombre. Afficher ces nombres.

Exemple : si la somme considérée est 8, on devra utiliser 2, 4, 6 donc 3 nombres. On ne peut pas utiliser 2 et 4 seulement car leur total est 6 donc inférieur à 8.

EXERCICE 4.9

Développer un programme qui permet de saisir un nombre non déterminé de nombres entiers. La saisie devra s'arrêter lorsque l'utilisateur aura saisi le nombre 999. On affichera  ensuite la somme et la moyenne des nombre saisis.

Modifier le code pour afficher aussi le total des nombres qui sont positifs ainsi que le nombre de fois où le nombre zéro a été saisi.

EXERCICE 4.10

Développer un programme qui demande à l'utilisateur 2 nombres, les stocke dans 2 variables préalablement définies puis affiche : la somme, le produit et la différence des 2 nombres.

— Addition
— Soustraction
— Multiplication
— Quitter

— Si l'utilisateur ne saisit pas une option du menu, on affiche de nouveau le menu
— Si l'utilisateur choisit l'option 1, 2, 3 on demande la saisie des 2 nombres et on effectue l'opération. Finalement, on affiche le résultat.
— Si l'utilisateur choisit l'option 4, on affiche le message **Merci d'avoir utilisé notre application** et on termine l'application.

EXERCICE 4.11

Développer un programme qui demande à l'utilisateur une phrase puis lui donne le nombre de caractères qui la composent. Par exemple, si l'utilisateur saisit **Je veux aller sur Andromède**, le programme devra afficher **Nombre de caractères : 27**. On demandera à l'usager la phrase à manipuler. Modifier le programme afin de donner le nombre de fois que la lettre 'a' se retrouve dans la phrase. Par exemple, dans le cas de l'exemple de la phrase précédente, on affichera **La lettre –a- est utilisée 1 fois**. Noter que l'on ne prend en compte que les minuscules.

Modifier votre programme afin de prendre en compte les majuscules et minuscule. Par exemple, dans le cas précédent, On affichera **La lettre –a ou A- est utilisée 2 fois**.

EXERCICE 4.12

Développer un programme qui nous informe des activités possibles à faire selon la météo. On demandera la température à l'usager puis on lui propose l'activité la plus adéquate selon la règle d'affaire.

— Si la température est supérieure ou égale à 25C, l'activité proposée est la natation. Par contre, si la température est supérieure ou égale à 18C et inférieure à 25C, on proposera aux clients de faire du tennis. Si la température est inférieure à 18C mais supérieure ou égale à 2C, on conseillera une randonnée dans les bois. Finalement, si la température est inférieure à 2C, l'activité proposée sera le ski.

EXERCICE 4.13

Un étudiant à l'université paye 2500$ comme frais de scolarité pour la première année. Le registrariat lui a indiqué qu'en raison de l'inflation, celle-ci augmentera de 3.5% chaque année.

Développer le code qui lui permettra d'obtenir le montant total payé à la fin de ses études, sachant que celles-ci peuvent durer 4 ans.

EXERCICE 4.14

Développer un programme qui donne les coupures de billets à rendre aux clients lors de leurs achats.

Les caissiers ou caissières vont saisir le total à payer et le montant remis par le client (cash). Le système doit afficher ce qu'il faut rendre aux clients.

On fera les hypothèses suivantes :

— Le montant total est toujours un entier
— Les billets disponibles sont 1$, 5$, 10$ et 20$ seulement

EXERCICE 4.15

Développer le code qui demande à l'utilisateur de saisir un entier. Celui-ci sera stocké dans une variable appelée **repetition**.

On affichera en sortie la figure suivante (le cas montré est pour une valeur de **repetition** égale à 4) :
repetition =1
*#
repetition =2
##
repetition =3
##*#
repetition =4
##*#*#

EXERCICE 4.16

Développer un programme qui permet de générer un nombre arbitraire de nombres aléatoires entiers dont la valeur est entre 0 et 100. On demandera à l'utilisateur le nombre de valeurs souhaitées et on lui affichera en sortie les statistiques suivantes :

— Le nombre de valeurs impaires générées
— Les valeurs minimum et maximum générées
— L'étendue qui est définie par la différence entre la valeur maximum et minimum

Chapitre 5

Fonctions

Contenu de ce chapitre

Dans ce chapitre, vous allez :

○ Découvrir ce qu'est une fonction
○ Comprendre comment déclarer des fonctions
○ Faire des appels de fonction
○ Utiliser des mots-clés dans la signature d'une fonction

5.1   Introduction

Lors de la conception d'un algorithme pour résoudre un problème, il est nécessaire de décomposer le problème en sous-problèmes moins complexes à résoudre.

Ceci nous amène à isoler les différents traitements nécessaires et d'essayer d'implémenter des unités de programmes séparées, chacune effectuant une tâche bien précise.

Généralement, cela se traduit par la mise en place de blocs d'instructions qui seront appelés procédures ou fonctions. Nous sommes déjà familier avec cette notion et on peut la retrouver par exemple au niveau des calculatrices. En effet, lorsqu'on appuie sur la touche **SIN**, on fait appel en réalité à une fonction qui calcule le sinus.

Il faut noter que dans Python, on définit ces unités d'instructions comme fonctions ou méthodes selon le cas de déclaration.

Pour concevoir une fonction, deux notions fondamentales doivent être maîtrisées :

— Comment définir la fonction ?
— Comment consommer ou appeler cette fonction ?

Le développement d'une fonction nécessite d'écrire le code ainsi que les paramètres pour les données que la fonction va utiliser.

Par contre, au moment de l'utilisation de la fonction, on associera de véritables valeurs à ces paramètres grâce au passage de données vers la fonction. Ces valeurs seront appelées arguments. La figure montre le passage des valeurs présentes dans **a** et **b** vers les paramètres **A** et **B** de la fonction.

Il existe un passage de messages, en réalité des données, qui donnera son intérêt au découpage modulaire que nous avons cité en introduction.

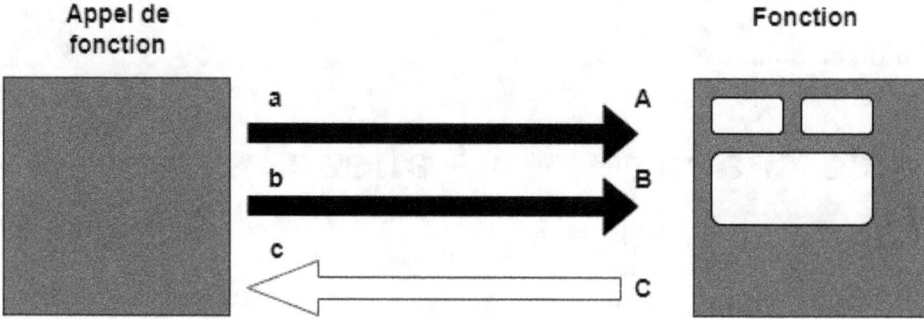

FIGURE 5.1 – Appel de fonction avec retour de valeur.

5.1.1   Pourquoi doit-on utiliser des fonctions ?

On est amené à intégrer les fonctions dans nos scripts et programmes car cela permet la réutilisation de code. On minimise aussi la redondance ou répétition de code à travers le script. De plus, cela permet la réduction du nombre de bogues potentielles puisqu'on réduit la surface de code (moins de redondance). Finalement, on est aussi amené à décomposer le problème en sous-problèmes plus faciles à gérer.

5.1.2   Définition

Une fonction est une suite d'instructions pour un traitement donné, réutilisable autant de fois que c'est nécessaire, et qui retourne une valeur dont le type est spécifié dans la déclaration de la fonction.

Une fonction peut retourner une ou plusieurs valeurs en Python.

Entrée et sortie

Une fonction

— reçoit des données en entrée
— produit des données en sortie

Qualités d'une fonction

Une fonction doit être cohérente. De ce fait, une fonction ne devrait faire qu'une seule tâche. Elle doit être concise dans le sens que le code ou suite d'instructions doit être facilement compris ni trop long.

5.1.3 Syntaxe

La définition d'une fonction commence avec le mot clé `def` dans l'entête de la fonction. On a ensuite le nom de la fonction. Il est conseillé de nommer la fonction selon le traitement qu'elle va effectuer. Généralement, on utilise un verbe suivi d'un descripteur. Par exemple, une fonction de calcul de taxe sera nommée **calculer_taxe()**.

```
def <nom fonction>(param1, param2, ..., paramn):
    <bloc d'instructions légales>
    return <valeur>   # optionnel
```

Les paramètres de la fonction seront encadrés par les parenthèse (). Il peut y avoir des fonctions avec paramètres comme il peut ne pas y avoir de paramètres.

Finalement, on utilise le symbole : pour indiquer le début de la fonction, ou en d'autres termes la portée ou scope. Pour ceux venant d'un autre langage tel que Java ou C++, on n'utilise pas {} pour la portée.

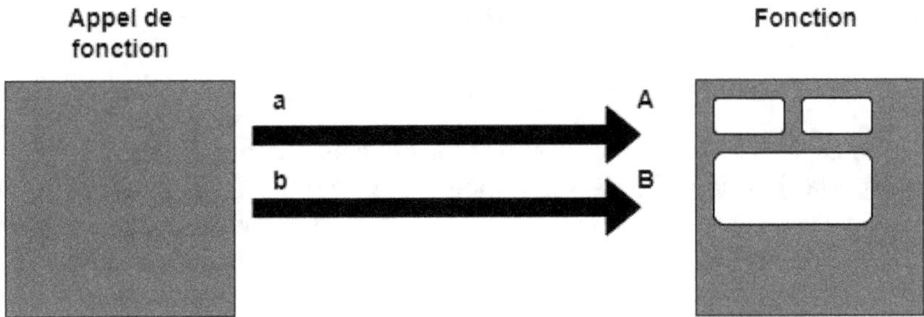

FIGURE 5.2 – Appel de fonction sans retour de valeurs

Par contre, les instructions dans la portée de la fonction vont être indentées. L'indentation est de quatre espaces par défaut mais celle-ci est ajustable selon l'éditeur de développement.

La définition de la fonction peut être faite n'importe où dans le module mais la définition doit se faire avant l'appel. On peut omettre le mot clé `return`. Dans ce cas, la fonction retourne `None`.

On peut considérer que la fonction se comporte ainsi comme une procédure. La figure 5.2 montre un appel de fonction sans retour de valeurs.

Le code du listing 5.1 montre trois fonctions différentes.

Listing 5.1 – Définitions de fonctions

```python
def afficher_ligne():
    print('='*50)


def calculer_taxe(montant, taux_taxe):
    return montant * taux_taxe


def retourner_activite(temperature):
    if temperature < 10:
        activite = 'Ski'
    else:
        activite = 'Marche'

    return activite
```

La première fonction n'a pas de paramètres et elle affiche le symbole = cinquante fois. Elle retourne `None`. En algorithmie, **afficher_ligne()** est considérée comme une procédure.

La fonction **calculer_taxe()** utilise deux paramètres qui sont nommés **montant** et **taux_taxe**. Cette fonction est constituée d'une seule instruction et retourne une valeur.

La troisième fonction **retourner_activite()** utilise un seul paramètre mais dispose de plusieurs instructions. Il faut remarquer que l'on a utilisé la variable locale **activite** pour le calcul intermédiaire et la valeur dans cette variable est retournée à la fin.

Il manque dans le listing 5.1 des commentaires mais surtout un texte donnant une description de la fonction. Celui-ci est appelé **docstrings**. Avec pycharm, il suffit de suivre les étapes suivantes pour inclure un modèle de **docstrings** dans une fonction.

— Se positionner après le symbole :
— Appuyer sur la touche **Entrée**
— Taper trois fois sur le symbole '
— Appuyer sur la touche **Entrée**.

Il reste ensuite à remplir les informations nécessaires pour la fonction.

Le listing 5.2 montre la **docstrings** pour la fonction **calculer_taxe()**.

```python
Listing 5.2 - Documentation docstring d'une fonction
def calculer_taxe(montant, taux_taxe):
    '''
    Calcul de la taxe d'achat selon le montant payé
    :param montant: montant total de l'achat
    :param taux_taxe: taxe en vigueur
    :return: montant de la taxe à payer
    '''
    return montant * taux_taxe
```

Maintenant, on sera capable d'afficher une aide au moment de l'appel de cette fonction simplement en appuyant sur les touches **CTL + Q** dans pycharm en maintenant le curseur sur le nom de la fonction.

5.1.4   Appel d'une fonction

L'utilisation de la fonction se fait en spécifiant le nom de la fonction suivi des parenthèses. Selon que la fonction utilise ou non des paramètres, on inclut les valeurs correspondants à ses paramètres. L'ordre des paramètres doit être respecté au moment de l'appel. Plus loin, on verra des techniques qui permettent de ne pas tenir compte de cet ordre.

Paramètres vs arguments.

Un paramètre est une variable définie entre les parenthèses d'une fonction. Un argument est la valeur envoyée vers un paramètre de la fonction au moment de l'appel.

Il est important de voir que les variables utilisées au moment de l'appel et les paramètres de la fonction n'ont pas à être nommées de la même façon.

Reprenons comme exemple les fonction du listing 5.1 et effectuons les appels comme indiqué dans le listing 5.3.

Listing 5.3 – Appel de fonction

```python
#Appels de fonctions
afficher_ligne()
mont = 89.5
taux_tx = 0.07
taxe = calculer_taxe(mont, taux_tx)
print('Montant taxe à payer:{0:5.2f}'.format(taxe))
activite = retourner_activite(14)
print('Activité à faire: {0:20s}'.format(activite))
afficher_ligne()
```

La sortie obtenue sera :

Sortie en mode exécution

```
========================================================
Montant taxe à payer: 6.27
Activité à faire: Marche
========================================================
```

L'appel de la fonction **afficher_ligne()** se fait sans lui passer de valeurs étant donné qu'elle a été définie sans paramètres. De plus, puisqu'elle ne retourne aucune valeur, on n'a pas fait d'affectation à une variable.

Pour la fonction **calculer_taxe()**, on a passé les valeurs 89.5 et 0.07 comme arguments. Les variables utilisées ici, **mont** et **taux_tx** n'ont pas le même nom que les paramètres de la fonction. Étant donné que celle-ci fait un retour de valeur, qui est dans notre cas la taxe à payer, on fait une affectation de cette valeur retournée à la variable **taxe**.

Finalement, pour la fonction **retourner_activite()**, on a passé une seule valeur puisque la fonction n'accepte qu'un seul paramètre. En même temps, on fait une affectation de la valeur retournée, qui est l'activité à faire, à la variable **activite**.

5.2   Portée d'une variable

5.2.1   Variable locale

Pour réaliser sa tache, une fonction aura besoin de variables de stockage de données. Ces variables peuvent être locales à la fonction comme elles peuvent être globales, c'est à dire définies en dehors de la fonction.

Une variable locale est définie à l'intérieur d'une fonction. Les paramètres de la fonction sont aussi considérées comme variables locales.

Il est important de noter que les variables locales existent uniquement pendant l'exécution de la fonction.

💡 Fonction imbriquée et variable locale.

Sachant que dans Python, une fonction peut englober une autre fonction, la fonction interne récupère toutes les variables de la fonction qui l'englobe.

Considérons le code du listing 5.4.

Listing 5.4 – Variables locales

```python
def calcul_exponent(oper1, oper2):
    resultat = oper1 ** oper2
    return resultat
```

Les variables que l'on utilise dans la fonction, soit **resultat**, **oper1** et **oper2** sont des variables locales. Une fois que le retour de fonction est effectué, ces variables ne seront plus disponibles.

💡 Expression et retour.

Dans le code du listing 5.4, on n'a pas vraiment besoin d'utiliser `resultat`. *Le corps de la méthode peut se réduire à* `return oper1 ** oper2`.

5.2.2   Variable globale

Dans Python, on a la possibilité d'utiliser des variables définies en dehors de fonctions ou de classes. Elles sont disponibles à toutes les fonctions présentes dans le module. De manière générale, on devrait les éviter si l'on a le choix !

Dans le listing 5.5, **biais** est considérée comme une variable globale car elle est définie à l'extérieur de la fonction.

Listing 5.5 – Variables globales

```python
biais = 5
def calcul_exponent(oper1, oper2):
    return oper1 ** oper2 + biais
```

Il faut noter que la fonction **calcul_exponent()** elle même est une variable globale. En effet, les fonctions sont considérées comme objets dans Python. Par contre, **oper1** et **oper2** sont des variables locales.

5.3 Utilisation des paramètres

5.3.1 Fonction avec mot-clé

Le passage de valeurs ou d'arguments au niveau de la fonction se fait selon la position dans l'entête. Ceci peut ne pas être intuitif dans certains cas car on peut ne pas avoir à passer de valeurs pour certains paramètres car ils ont des valeurs par défaut.

Au niveau du listing 5.6, on a le premier appel à **calcul_exponent**() qui se fait par le passage ordonné de paramètres alors que dans le deuxième appel, on indique spécifiquement le nom des paramètres.

Listing 5.6 – Utilisation des noms de paramètres

```python
def calcul_exponent(oper1, oper2):
    return oper1 ** oper2


#Appel avec passage ordonné de paramètres
print(calcul_exponent(2,3))
#Approche avec mot clé
print(calcul_exponent(oper2=2,oper1=55))
print(calcul_exponent(oper1=55,oper2=2))
```

On voit donc que l'on peut changer l'ordre de passage des paramètres mais à condition d'utiliser le nom du paramètre. Cette propriété couplée avec l'utilisation de valeurs par défaut, que l'on va voir dans la prochaine section, fait vraiment la force de Python.

5.3.2 Valeurs par défaut

Si l'on reprend la fonction **calcul_exponent**(), on peut supposer que cette fonction peut être utilisée pour le calcul du carré de **oper1**. Si c'est le cas, la valeur 2 que l'on doit passer à **oper2** pourrait être considérée comme valeur par défaut de ce paramètre. On peut donc passer juste la valeur de **oper1** au moment de l'appel.

La fonction **calcul_exponent**() avec la valeur par défaut de **oper2** est indiquée dans le listing 5.7.

Listing 5.7 – Valeur par défaut

```python
def calcul_exponent(oper1, oper2=2):
    return oper1 ** oper2

print(calcul_exponent(2,3))
print(calcul_exponent(5))
```

Le premier appel calcule le cube de 2 alors que le deuxième calcule le carré de 5.

Jusqu'à présent, on a vu les paramètres normaux et les paramètres par défaut. Dans Python, l'ordre des paramètres dans une fonction est le suivant :

— paramètres normaux
— paramètres avec valeurs par défaut
— paramètre de forme * (tuple)
— paramètre de forme ** (dictionnaire)

Même si l'on a pas encore passé en revue les tuples et les dictionnaires, il suffit de savoir que ce sont des structures pouvant contenir des données sous un certain format. Elles seront introduites dans le chapitre 6.

5.3.3 Forme * dans le header

La forme * permet de collecter dans un tuple un certain nombre de valeurs au moment d'un appel de fonction. Cette stratégie sera intéressante si l'on ne connaît pas au moment du développement le nombre de valeurs ou d'arguments que la fonction va recevoir.

Listing 5.8 – Forme * comme paramètre

```python
def calcul_somme_serie(*oper):
    resultat = 0
    for index in oper:
        resultat +=index
    return resultat
```

Appel

Listing 5.9 – Appel avec paramètre tuple

```python
print(calcul_somme_serie(1,5,6,9))
```

5.3.4 Forme ** dans le header

La forme ** permet de collecter dans un dictionnaire un certain nombre de valeurs au moment d'un appel de fonction. Ces valeurs sont sous la forme de paire clé-valeur. Cette stratégie est similaire à celle du passage d'un tuple mais dans ce cas la fonction va recevoir un dictionnaire d'arguments,

ᐧϙᐧDocstrings

*Dans la documentation Python et spécialement dans la docstrings, il est courant d'utiliser *args et kwargs pour les paramètres tuple et dict respectivement.*

Dans le code du listing 5.10, la fonction a comme paramètre un dictionnaire. Au moment de l'appel, on a passé deux paires au niveau du dictionnaire.

Listing 5.10 – Forme ** comme paramètre

```python
def afficher_detail(**oper):
    for k,v in oper.items():
        print(k,v)
```

Appel

Listing 5.11 – Appel avec paramètre dictionnaire

```python
afficher_detail(nom='flouflou',prenom='Alain')
```

5.4 Typage de paramètres

Python n'exige pas le typage explicite des fonctions et des variables. Par contre, des outils de dévelopement peuvent utiliser les annotations explicites afin de fournir une aide contextuelle aux développeurs.

On reprend le code du listing 5.1 comme exemple et on introduit le typage optionnel au niveau des définitions des trois fonctions.

Listing 5.12 – Définitions de fonctions avec typage

```python
def afficher_ligne()->None:
    '''


    Affichage d'une ligne de 50 *
    :return:None
    '''

    print('='*50)

def calculer_taxe(montant:float, taux_taxe:float)->float:
    '''


    Calcul du montant de taxe à payer
    :param montant: montant total
    :param taux_taxe: pourcentage de taxe
    :return: montant de taxe à payer
    '''

    return montant * taux_taxe
```

```python
def retourner_activite(temperature:int)->str:
    '''

    Détermine l'activité à faire selon la température
    :param temperature: Valeur de la température
    :return: activité à faire
    '''
    if temperature < 10:
        activite = 'Ski'
    else:
        activite = 'Marche'

    return activite
```

Les appels de fonctions restent les mêmes et on les reprend dans le listing 5.13.

Listing 5.13 – Appel de fonction

```python
#Appels de fonctions
afficher_ligne()
mont = 89.5
taux_tx = 0.07
taxe = calculer_taxe(mont, taux_tx)
print('Montant taxe à payer:{0:5.2f}'.format(taxe))
activite = retourner_activite(14)
print('Activité à faire: {0:20s}'.format(activite))
afficher_ligne()
```

La sortie obtenue sera :

Sortie en mode exécution

```
=======================================================
Montant taxe à payer: 6.27
Activité à faire: Marche
=======================================================
```

Si l'on se positionne sur une des fonctions, par exemple **calculer_taxe()** et on appuie sur les touches **CTL** et **Q**, on verra apparaître la docstring complète.

```
mod_ex
def calculer_taxe(montant: float,
                  taux_taxe: float) -> float
Calcul du montant de taxe à payer
Params: montant - montant total
        taux_taxe - pourcentage de taxe
Returns:montant de taxe à payer
```

5.5 Résumé rapide

- Une fonction est une unité de programme contenant un certain nombre d'instructions.
- Une fonction ne devrait faire qu'une tache et une seule.
- La définition d'une fonction commence avec le mot clé `def`.
- Une fonction peut ne pas retourner de valeurs.
- Une fonction peut ne pas avoir de paramètres.
- Au moment de l'appel de fonction, on peut passer les valeurs aux paramètres en utilisant les noms de ces paramètres.
- On peut affecter des valeurs par défaut aux paramètres d'une fonction.
- Le mot clé `global` est utilisé dans une fonction pour indiquer qu'une variable a une portée globale.
- Une fonction peut utiliser des paramètres de type `tuple` et `dict`.

5.6 Quiz

Répondre aux questions suivantes sachant qu'il peut y avoir une ou plusieurs bonnes
réponses.

1. On utilise des fonctions pour :
   (a) Minimiser la redondance de code
   (b) Augmenter le nombre de lignes de code
   (c) Décomposer un problème en sous-problèmes

2. La définition d'une fonction commence avec le mot-clé :
   (a) function
   (b) def
   (c) fonction

3. Une fonction doit avoir des paramètres :
   (a) Vrai
   (b) Faux

4. Pour indiquer qu'un paramètre **param** d'une fonction peut avoir une valeur par
   défaut égale à **3**, on utilise la notation :
   (a) param=3
   (b) param :3
   (c) param->3

5. Si l'on appelle la fonction suivante :

```
def calcul_simple(a):
        return a ** 3
```

   avec la valeur 5, on obtient :
   (a) 15
   (b) 125
   (c) 225

6. Lorsqu'on définit une fonction, on doit obligatoirement ajouter un `return` comme
   dernière instruction :
   (a) Vrai
   (b) Faux

7. Soit le code suivant :

```python
def calcul_simple(a, b=12):
    return a + b


res = calcul_simple(5)
print(res)
```

Une fois la fonction appelée, la valeur affichée est :
   (a) 5
   (b) 12
   (c) 17
   (d) erreur

8. Soit le code suivant :

```python
var_a = 10
def calcul_simple(a):
        global var_a
        var_a = 20
        return a ** 3 + var_a

res = calcul_simple(5)
print(res)
print(var_a)
```

Une fois la fonction appelée, les valeurs affichées seront :
   (a) 145 et 20
   (b) 145 et 10
   (c) 135 et 20
   (d) 135 et 10

9. Soit le code suivant :

```python
var_a = 10
def calcul_simple(a):
        var_a = 20
        return a ** 3 + var_a

res = calcul_simple(5)
print(res)
print(var_a)
```

Une fois la fonction appelée, les valeurs affichées seront :

(a) 145 et 20
(b) 145 et 10
(c) 135 et 20
(d) 135 et 10

10. Soit le code suivant :

```python
def calcul_simple(b, *a):
    return a[0] + b

res = calcul_simple(7, 5, 2)
print(res)
```

Une fois la fonction appelée, la valeur affichée est :

(a) 5
(b) 12
(c) 14
(d) erreur

5.7   Exercices de pratique

5.7.1   Déclaration et appel de fonction

EXERCICE 5.1

Développer la fonction qui permet le calcul du carré. Effectuer un appel vers cette
fonction en passant la valeur 12.

```python
def calcul_carre(x):
    return x*x

#appel de fonction
valx=calcul_carre(12)
print(valx)
```

EXERCICE 5.2

Définir une variable en dehors de la fonction ayant comme nom **x** et lui affecter la
valeur 0. Utiliser la fonction de calcul du carré développée dans l'exercice 5.1 mais en
faisant en sorte que le nom du paramètre soit **x**. Effectuer un appel vers cette fonction
en passant la valeur 12. Afficher la valeur de **x** avant et après l'appel de fonction. Que
constatez-vous ?

```python
#variable en dehors de la fonction
x=0
def calcul_carre(x):
    #x est local ici
    return x*x

#appel de fonction
print('Avant appel, x=',x)
valy=12
valx=calcul_carre(valy)
print('Après appel, x=',x)
print('Le carré de:',valy,' est:',valx)
```

Sortie

```
Avant appel, x= 0
Après appel, x= 0
Le carré de: 12   est: 144
#La valeur de x ne change pas
```

5.7.2   Modification d'une variable globale dans une fonction, utilisation de global

EXERCICE 5.3

Reprendre l'exercice 5.2 et définir une variable en dehors de la fonction ayant comme nom **y** et lui affecter la valeur 10. Utiliser la fonction de calcul du carré développée dans cet exercice mais en faisant en sorte que **y** soit déclaré global dans la fonction **calcul_carre()**. Ajouter une expression pour ajouter la valeur 3 à **y**. Effectuer un appel vers cette fonction en passant la valeur 12. Afficher la valeur de **x** et **y** avant et après l'appel de fonction. Que constatez-vous ?

```python
#variable globale
x=0
y=10
def calcul_carre(x):
    #x est local ici
    x=20
    global y
    y +=3
    return x*x

#appel de fonction
print('Avant appel, x=',x)
print('Avant appel, y=',y)
valy=12
valx=calcul_carre(valy)
print('Après appel, x=',x)
print('Après appel, y=',y)
print('Le carré de:',valy,' est:',valx)
```

Sortie

```
Avant appel, x= 0
Avant appel, y= 10
Après appel, x= 0
Après appel, y= 13
Le carré de: 12  est: 400
#La valeur de x ne change pas
#La valeur de y change
```

EXERCICE 5.4

Développer la fonction qui permet le calcul de puissance en prenant comme base le
paramètre **x** et comme puissance **y**. Effectuer un appel vers cette fonction en passant la
valeur 2 et 3 pour **x** et **y**, respectivement. Faire un appel à cette fonction.

Sortie appel de base

```python
def calcul_puissance(x,y):
    return x**y

#appel de fonction
valx=2
valy=3
resultat=calcul_puissance(valx,valy)
print(valx,' puissance ',valy,' est:',resultat)
```

EXERCICE 5.5

Reprendre l'exercice 5.4 mais cette fois-ci, en utilisant les mots-clés. Essayer de faire un
appel sans respecter l'ordre de passage des paramètres.

```python
def calcul_puissance(x,y):
    return x**y

#appel de fonction
valx=2
valy=3
resultat=calcul_puissance(x=valx,y=valy)
print(valx,' puissance ',valy,' est:',resultat)
```

version 2

```python
def calcul_puissance(x,y):
    return x**y

#appel de fonction
valx=2
valy=3
resultat=calcul_puissance(valx,y=valy)
print(valx,' puissance ',valy,' est:',resultat)
```

version 3 : sans respecter l'ordre des paramètres

```python
def calcul_puissance(x,y):
    return x**y

#appel de fonction
valx=2
valy=3
resultat=calcul_puissance(y=valy,x=valx)
print(valx,' puissance ',valy,' est:',resultat)
```

EXERCICE 5.6

Reprendre l'exercice 5.5 mais cette fois-ci donner une valeur par défaut égale à 2 pour le paramètre **y**. Faire un appel sans donner de valeur à **y**.

```python
def calcul_puissance(x,y=2):
    return x**y

#appel de fonction
valx=2
valy=3
resultat=calcul_puissance(x=valx)
print(valx,' puissance 2',' est:',resultat)
```

5.8 Exercices de programmation

EXERCICE 5.7

Solution fournie en annexe

Développer une fonction qui affiche un message et lit ensuite la valeur introduite par l'utilisateur. La valeur sera retournée à la méthode appelante.

EXERCICE 5.8

Solution fournie en annexe

Développer une fonction qui permet de convertir un nombre de secondes en l'équivalent d'heures, minutes et secondes. Effectuer un appel vers cette fonction et afficher le résultat selon le format `Heures: 2`, `Minutes: 32`, `Secondes: 11` par exemple.

EXERCICE 5.9

Développer une fonction qui retourne le change à rendre aux clients lors de leurs achats. Les caissiers ou caissières vont entrer le total à payer et le montant remis par le client (cash). Effectuer un appel vers cette fonction et afficher ce qu'il faut remettre aux clients.

On fera les hypothèses suivantes :

— Le montant total à payer est toujours un entier
— Le montant remis par le client est toujours supérieur ou égal au montant total à payer
— Les billets disponibles sont 1\$, 5\$, 10\$ et 20\$ seulement

EXERCICE 5.10

Développer une fonction qui calcule la factorielle d'une valeur introduite par l'utilisateur.

On devra d'abord vérifier que la valeur est strictement positive.

EXERCICE 5.11

Développer un programme qui calcule soit le carré, le cube ou la factorielle d'une valeur introduite par l'utilisateur.

On devra lui demander son choix et vérifier si la valeur est strictement positive.

On utilisera des fonctions pour aérer notre programme.

EXERCICE 5.12

Les tarifs d'affranchissement de lettres et autres articles par postes canada sont données 
par la table 5.1.

Poids	Tarif Canada	Tarif États-Unis
Jusqu'à 30 g	1,07 $ pour un timbre ou 0,92 $/timbre dans un carnet	2.71$
Plus de 30 g jusqu'à 50 g	1,30 $	3,88$

TABLE 5.1 – Affranchissement format lettre, cartes postes et cartes standard.

Développer la fonction qui permet de calculer le tarif d'affranchissement sachant la destination et le poids de la lettre. Si le poids est en dehors de l'intervalle, on affiche un message approprié. Par contre, si le pays de destination n'est pas fourni, on prendra par défaut le canada. Pour simplifier, on considère que les timbres ne se vendent qu'à l'unité et que les carnets ne sont pas disponibles.

Tester votre code avec une lettre dont le poids est 47 grammes et qui à envoyer au États-Unis. Refaire le même test mais pour une lettre dont le poids est 18 grammes et la destination n'est pas indiquée.

EXERCICE 5.13

Soient les nombres de Fibonacci obtenus par l'équation :

$$U_n = \begin{cases} u_{n-1} + u_{n-2} & si \quad n > 2 \\ u_1 = 0 \\ u_2 = 1 \end{cases} \tag{5.1}$$

Développer la fonction qui permet de calculer les nombres pour une valeur **n**. Générer les nombres pour n=10.

EXERCICE 5.14

Développer un programme qui calcule le montant à payer pour une hypothèque contractée sur la base d'un taux d'intérêt.

Les fonctionnalités de base sont les suivantes :

— Demander à l'utilisateur la valeur qui représente le taux d'intérêt annuel.
— Demander à l'utilisateur le nombre d'années pour cette hypothèque (qui est en général 5, 10, 15, 20, 30 ans)
— Demander à l'utilisateur le montant emprunté pour cette hypothèque.

Le montant à calculer est basé sur la formule :

$$map\_mensuel = \frac{tim * montant\_hypot}{1 - (\frac{1}{1+tim})^{(12*nbre\_ann)}}$$

Dans cette formule, on définit les paramètres suivants :

— **map_mensuel** : montant à payer mensuellement
— **tim** ou taux d'intérêt mensuel
— **nbre_ann** ou nombre d'années choisi pour cette hypothèque
— **montant_hypot** : montant de l'hypothèque

Vous devez faire une sortie sur console avec les informations suivantes :

— Le taux d'intérêt annuel en pourcentage
— Le montant de l'hypothèque en dollars
— Le montant à payer chaque mois en dollars avec 2 chiffres partie décimales
— Le montant total qui sera payé à la fin de l'hypothèque
— La différence entre le montant emprunté et le montant total payé.

EXERCICE 5.15

Le département de livraison de l'entreprise ACME Inc a besoin de générer un code aléatoire pour tout produit à livrer. Ce code doit être formé de trois lettres suivies de 4 nombres. Développer une fonction qui doit générer ce code aléatoire. On fera appel à cette fonction pour obtenir ce code puis on affichera le résultat obtenu.

Les lettres seront générées de manière aléatoire mais la partie numérique commencera de 0000 et sera incrémentée à chaque génération. Si l'on atteint 9999, la partie numérique sera réinitialisée. Les lettres autorisées sont celles qui se trouvent dans la table ASCII entre 65 et 90, soient les lettres en majuscule seulement. On utilisera la fonction `chr` pour générer les lettres. De plus. on n'aura pas à vérifier si le code généré a déjà été généré auparavant.

Comme exemple de code généré, on pourra avoir : APP0009, DZA1987, etc...

EXERCICE 5.16

On se propose de réaliser une application simple qui permet à un assuré de saisir sa demande de remboursement. Pour les besoins de l'exercice, on n'a utilisé que quelques  champs pour illustration. Le champ le plus intéressant est celui de la saisie du montant prévu des travaux. De plus, il devra indiquer aussi sa contribution. Un exemple de saisie est :

```
Nom: Flouflou
Prenom:Alain
Courriel:alain.flouflou@site.com
Montant à payer pour les travaux:1250
Votre contribution:150
```

Une fois soumis, on devra faire le calcul du remboursement pour les travaux demandés. Celui-ci est basé sur la formule simple :

$$Remboursement = Montant * 0.85 - contribution$$

La confirmation pour l'assuré lui affichera alors :

```
Voici les détails de la demande de remboursement des frais
Voici les montants qui vous concernent
Montant des travaux nécessaires:1250.0
Votre contribution déclarée:150.0
Remboursement auquel vous avez droit:912.5
```

Il faut noter que les noms, prénoms, courriel, contribution et montant ne sont pas codés en dur dans la confirmation et seront repris à partir des informations de l'assuré.

EXERCICE 5.17

Dans un grand nombre de cas, on aura à générer un mot de passe aléatoire. Une fois ce mot de passe généré, on devra vérifier par exemple les règles suivantes :

— La longueur est d'au moins 12 digits
— Une lettre au moins doit être en majuscule
— Une lettre au moins doit être en minuscule
— Il doit y avoir au moins un nombre
— Au moins un des caractères suivants, soit #, !, & et ? doit être inclus.

Développer la fonction qui vérifie une chaîne représentant le mot de passe. La fonction doit retourner True si le mot de passe vérifie les conditions. Sinon, elle doit retourner False .

On fera appel à cette fonction pour vérifier un mot de passe puis on affichera le résultat obtenu.

Chapitre 6

Séquences et Collections

Dans ce chapitre, vous allez :

- ○ Comprendre ce qu'est une collection d'éléments
- ○ Identifier les collections de base `list`, `tuple`, `set` et `dict`
- ○ Utiliser les collections

6.1 Introduction

Dans les chapitres précédents, on a introduit la notion de variable. Celle-ci nous a permis de référencer une zone mémoire dans laquelle on peut stocker une valeur. Une fois cette variable créée, on peut la manipuler selon le besoin.

Cette approche nous est très utile par exemple dans la saisie de la note et du nom d'un étudiant comme le montre le code suivant.

Listing 6.1 – Variables

```
nom = input("Saisir le nom de l'étudiant:")
note = float(input("Saisir la note de l'étudiant:"))
print('Le nom est:{0:20s} et sa note est:{1:5.2f}'.format(nom, note))
```

```
Saisir le nom de l'étudiant:Alain Flouflou
Saisir la note de l'étudiant:85
Le nom est:Alain Flouflou        et sa note est:85.00
```

Maintenant, imaginons que l'on veut saisir les notes et les noms d'un groupe de 25 étudiants. De plus, supposons qu'on aura besoin de calculer la moyenne des notes de ces étudiants et de l'afficher.

Une solution facile est d'utiliser les variables **nom_1**, **nom_2**, **...**, **nom_25** pour contenir les noms et les variables **note_1**, **note_2**, **...**, **note_25** pour contenir les notes. Même si cela nous fait 50 variables à utiliser dans le programme, le calcul de la moyenne des notes sera simple mais nous obligera à écrire l'expression géante suivante :

$$\frac{note\_1 + note\_2 + ... + note\_25}{25} \tag{6.1}$$

pour évaluer la moyenne.

C'est une approche qui n'est pas vraiment pratique. L'alternative est de trouver un moyen de stocker toutes les valeurs des notes des étudiants dans une seule variable. De plus, cette variable devrait nous donner un moyen d'accéder à une note particulière.

Une collection Python serait cette variable pouvant regrouper un certain nombre de valeurs et permettant l'accès aux valeurs individuelles. En termes de traitement, une collection nous ouvre pas mal de perspectives qui seraient difficiles à atteindre par l'utilisation de variables séparées.

Les collections de base dans Python sont `list`, `tuple`, `set` et `dict`. D'autres collections sont disponibles dans le module **collections**.

Avant de les explorer en détail, il faut noter que chaque collection offre des propriétés, principalement des méthodes, qui peuvent être utilisées pour manipuler les données contenues dans la collection.

6.2   List

Les listes sont les séquences de base en Python. Elles sont très versatiles et faciles à utiliser. Elles peuvent contenir des types identiques, tels que des entiers, ou des types différents tels que des entiers et des float.

La collection `list` est mutable dans le sens qu'elle peut changer de taille en ajoutant ou en retirant des éléments et aussi que ses éléments peuvent changer de valeur.

Une liste est triée par défaut. En effet, lorsqu'on ajoute un élément dans une liste par l'intermédiaire de la méthode **append()**, l'élément est placé à la fin de la liste par défaut.

On a plusieurs moyens pour créer une liste Python. La manière la plus facile est d'utiliser les crochets [] ou la fonction `list()`.

Le code suivant montre les différentes manières de créer une liste vide.

Listing 6.2 – Création de listes

```python
liste1 = []
liste2 = list()
#Afficher les listes
print(liste1)
print(liste2)
```

Sortie en mode exécution

```
[]
[]
```

Initialisation de liste

On peut initialiser une liste en utilisant une liste de valeurs. Celle-ci peut être des valeurs de même type comme cela peut être des valeurs de types différents.

Listing 6.3 – Création et initialisation de listes

```python
produits = ['bonbon', 'tv', 'cahier']
data = ['Haut', True, 42.5]
#Afficher les listes
print(produits)
print(data)
```

Sortie en mode exécution

```
['bonbon', 'tv', 'cahier']
['Haut', True, 42.5]
```

Packing et unpacking de liste

On peut affecter un ensemble de valeurs dans une variable de type `list`. Cette opération s'appelle **packing**. L'opération inverse, qui est l'extraction de ces valeurs dans des variables séparées, sera appelée **unpacking**.

Listing 6.4 – Packing et unpacking de liste

```python
#packing
personne = ['Flouflou', 'Alain', 25]
#unpacking
nom, prenom, age = personne
#Affichage
print(personne)
print(nom)
print(prenom)
print(age)
```

Sortie en mode exécution

```
['Flouflou', 'Alain', 25]
Flouflou
Alain
25
```

Slicing de liste

On est capable de récupérer des éléments à partir d'une liste en utilisant la technique du slicing. Pour cela, on doit indiquer l'indice de début, l'indice de fin et l'incrément du slicing. Le code du listing 6.5 montre quelques variations du slicing.

Listing 6.5 – Slicing de liste

```python
#liste
details = ['Monsieur', 'Alain','Flouflou','Quebec', 'Canada']
#slicing
sub1 = details[1:3]
sub2 = details[1:4:2]
sub3 = details[-2:-4:-1]
#Affichage
print(sub1)
print(sub2)
print(sub3)
```

Sortie en mode exécution

```
['Alain', 'Flouflou']
['Alain', 'Quebec']
['Quebec', 'Flouflou']
```

On notera que dans le slicing, on peut commencer du premier élément et dans ce cas, le premier indice est 0. On peut aussi commencer par le dernier élément et l'indice de début dans ce cas est -1. De plus, le dernier indice dans le slicing n'est pas pris en compte.

L'incrément dans le slicing est la valeur 1 et peut être omis. Dans le cas où la valeur de l'incrément est différente de 1, on l'indique après l'indice de fin de slicing.

Méthodes utiles pour `list`

Quelques opérations qui seront intéressantes pour manipuler les collections `list` sont décrites ci-dessous.

— `sort()` : trie les éléments de la liste
— `reverse()` : trie dans l'ordre inverse
— `count()` : compte le nombre de fois qu'un élément se trouve dans la liste
— `append()` : insère l'élément à la fin de la liste
— `insert()` : insère un élément à une position spécifique
— `remove()` : supprime un élément spécifique de la liste
— `extend` : append une liste à une autre liste
— `pop()` : prend un élément de la liste et le retourne
— `index()` : recherche un index dans la liste

Le code du listing 6.6 montre quelques exemples d'application des méthodes précédentes.

Listing 6.6 – Manipulations de listes

```python
#liste
details = ['Monsieur', 'Alain','Flouflou','Quebec', 'Canada',
    'Monsieur']
#opérations
details.sort()#trie les éléments de la liste
print('Liste triée par ordre alphabétique:',details)
details.reverse() # retourne la liste inversée
print('Liste inversée:',details)
total = details.count('Monsieur') #compte le nombre d'occurences de
    'Monsieur' dans la liste
print("Nombre d'éléments:",total)
```

```python
details.append('final')# insère l'élément à la fin de la liste
print('Liste après un append:',details)
details.insert(2, 'partie')#insère un élément la position 3
print('Liste après un insert:',details)
details.remove('Alain')#supprime l'élément 'Alain' de la liste
print('Liste après une insertion:',details)
details.extend(['detail', 'plus'])#append une liste la liste
print('Liste après un append de liste:',details)
elem = details.pop(2) #élément à la position 3 est retourné
print('Element après un pop:',elem)
print('Liste après un pop:',details)
index = details.index('Quebec')#recherche l'index de 'Quebec'
print("Index d'un élément dans la liste:",index)
```

Sortie en mode exécution

```
Liste triée par ordre alphabétique: ['Alain', 'Canada', 'Flouflou',
↪    'Monsieur', 'Monsieur', 'Quebec']
Liste inversée: ['Quebec', 'Monsieur', 'Monsieur', 'Flouflou',
↪    'Canada', 'Alain']
Nombre d'éléments: 2
Liste après un append: ['Quebec', 'Monsieur', 'Monsieur', 'Flouflou',
↪    'Canada', 'Alain', 'final']
Liste après un insert: ['Quebec', 'Monsieur', 'partie', 'Monsieur',
↪    'Flouflou', 'Canada', 'Alain', 'final']
Liste après une insertion: ['Quebec', 'Monsieur', 'partie', 'Monsieur',
↪    'Flouflou', 'Canada', 'final']
Liste après un append de liste: ['Quebec', 'Monsieur', 'partie',
↪    'Monsieur', 'Flouflou', 'Canada', 'final', 'detail', 'plus']
Element après un pop: partie
Liste après un pop: ['Quebec', 'Monsieur', 'Monsieur', 'Flouflou',
↪    'Canada', 'final', 'detail', 'plus']
Index d'un élément dans la liste: 0
```

6.3 Tuples

Les tuples sont comme des listes mais avec des éléments immuables, donc des éléments qui ne peuvent être modifiés. Ils peuvent contenir des types identiques, tels que des entiers, ou des types différents tels que des chaînes, des entiers et des float.

La collection `tuple` est aussi immuable dans le sens qu'elle même ne peut changer de taille. Cette propriété d'immuabilité est importante dans pas mal de situations telle que le passage de valeurs à une fonction à travers un tuple ou bien le retour de valeurs d'une fonction à travers un tuple.

On a plusieurs moyens pour créer un tuple en Python. La manière la plus facile est d'utiliser les parenthèses () ou la fonction `tuple()`. Celle-ci est utile lorsqu'on veut créer un tuple à partir d'un itérable.

Le code du listing 6.7 montre les différentes manières de créer un tuple. On constate que **tup3** a été créé sur la base de la chaîne de caractères.

Listing 6.7 – Création de tuples

```python
tup1 = ()
tup2 = tuple()
tup3=tuple('Python')
#Afficher les tuples
print(tup1)
print(tup2)
print(tup3)
```

Sortie en mode exécution

```
()
()
('P', 'y', 't', 'h', 'o', 'n')
```

Initialisation de tuple

On peut initialiser un tuple de la même manière qu'une liste, en utilisant une liste de valeurs. Celle-ci peut être des valeurs de même type comme cela peut être des valeurs de types différents.

Listing 6.8 – Création et initialisation de tuples

```python
produits = ('bonbon', 'tv', 'cahier')
data = ('Haut', True, 42.5)
articles = True, False, True
#Afficher les tuples
print(produits)
print(data)
print(articles)
```

Sortie en mode exécution

```
('bonbon', 'tv', 'cahier')
('Haut', True, 42.5)
(True, False, True)
```

Pour initialiser un tuple, on peut omettre les parenthèses.

Packing et unpacking de tuple

De la même manière que pour une variable de type `list`, on peut affecter un ensemble de valeurs dans une variable de type `tuple`. Cette propriété de packing/unpacking des tuples, couplée avec l'aspect immuable du tuple fait que les paramètres de type `tuple` seront très utiles dans les fonctions.

Listing 6.9 – Packing et unpacking de tuples

```python
#packing
personne = ('Flouflou', 'Alain', 25, 3550.25)
#unpacking
nom, prenom, age, salaire = personne
#Affichage
print(personne)
print(nom)
print(prenom)
print(age)
print(salaire)
```

Sortie en mode exécution

```
('Flouflou', 'Alain', 25, 3550.25)
Flouflou
Alain
25
3550.25
```

Pour éviter d'avoir à identifier le type de valeurs lors du unpacking, il serait intéressant d'opter dans la mesure du possible pour des types identiques à stocker dans le tuple.

Slicing de tuple

On est capable de récupérer des éléments à partir d'un tuple en utilisant la même technique du slicing.

```
#tuple
details = ('Monsieur', 'Alain','Flouflou','Quebec', 'Canada')
#slicing
sub1 = details[1:3]
sub2 = details[1:4:2]
sub3 = details[-2:-4:-1]
#Affichage
print(sub1)
print(sub2)
print(sub3)
```

Listing 6.10 — Slicing de tuples

```
('Alain', 'Flouflou')
('Alain', 'Quebec')
('Quebec', 'Flouflou')
```

Sortie en mode exécution

Méthodes et fonctions utiles pour la collection `tuple`

Les deux méthodes qui seront intéressantes pour manipuler les collections `tuple` sont décrites ci-dessous.

— **count**() : compte le nombre de fois qu'un élément se trouve dans le tuple
— **index**() : recherche un index dans le tuple

Quelques autres fonctions utiles pour la collection `tuple` :

— `len`() : retourne le nombre d'éléments dans le tuple
— `max`() : retourne la valeur maximum dans le tuple
— `min`() : retourne la valeur minimum dans le tuple

Listing 6.11 – Manipulation de tuples

```python
#tuple
details = ('Monsieur', 'Alain','Flouflou','Quebec', 'Canada',
↪  'Monsieur')
#opérations
total = details.count('Monsieur') #compte le nombre d'occurences de
↪  'Monsieur' dans le tuple
print("Nombre d'éléments:",total)
index = details.index('Quebec')#recherche l'index de la chaine
↪  'Quebec'
print("Index d'un élément dans la liste:",index)
```

Sortie en mode exécution

```
Nombre d'éléments: 2
Index d'un élément dans la liste: 3
```

6.4 Sets

Dans un certain nombre de situations, on désire que les éléments d'une collection soient uniques. Dans ce cas, la collection de type `set` offre cette propriété d'unicité d'éléments. C'est une collection non triée sans éléments doublons.

Les sets peuvent contenir des types identiques, tels que des entiers, ou des types différents tels que des chaînes, des entiers et des float.

La collection `set` est mutable dans le sens qu'elle peut changer de taille. Par contre, les éléments du `set` doivent être d'un type immuable.

Un objet de type `set` n'est pas trié par défaut. En effet, lorsqu'on ajoute un élément dans un `set` par l'intermédiaire de la méthode **add()**, l'élément est d'abord validé comme étant unique avant d'être placé dans la collection. Il n'y a aune garantie que l'ordre des éléments soit maintenu.

On utilise les accolades {} pour représenter les objets de type `set`. Il faut noter ausssi que les collections de type `dict` utilisent aussi les {}. De ce fait, on utilisera la fonction `set()` pour créer un objet de type `set`.

Le code du listing 6.12 montre les différentes manières de créer un set.

Listing 6.12 – Création de set

```python
sop = set()
sop.add(1)
print(sop)
produits = {'bonbon','pain', 'carotte','bonbon', 'farine'}
#afficher le contenu du set
print(produits)
```

Sortie en mode exécution

```
{1}
{'farine', 'pain', 'carotte', 'bonbon'}
```

On remarque que l'objet **bonbon**, qui est en doublon lors de l'initialisation, est représenté une seule fois dans **produits**. Le set **sop** est vide à la création puis on a utilisé la méthode **add** pour ajouter un élément.

Initialisation de set

On peut initialiser un set en utilisant une liste de valeurs. Celle-ci peut être des valeurs de même type comme cela peut être des valeurs de types différents.

Listing 6.13 – Création et initialisation de set

```python
produits = {'bonbon', 'tv', 'cahier'}
data = {'Haut', True, 42.5}
#Afficher les sets
print(produits)
print(data)
```

Sortie en mode exécution

```
{'bonbon', 'cahier', 'tv'}
{True, 42.5, 'Haut'}
```

Immuabilité des éléments

Les éléments eux-mêmes doivent être immuables. De ce fait, on ne peut pas utiliser list et dict comme élément d'un set. Par contre, on peut utiliser un tuple puisqu'il est immuable.

Listing 6.14 – Immuabilité de set

```python
#Utilisation de set
details =  {'Monsieur', 'Alain','Flouflou',('Quebec', 'Canada') }
#affichage
print(details)
#Utilisation de list
produits = {'bonbon', 'cahier', ['tv','radio']}
#affichage
print(produits)
```

Sortie en mode exécution

```
Traceback (most recent call last):
{('Quebec', 'Canada'), 'Alain', 'Monsieur', 'Flouflou'}
  File "C:/temp/PycharmProjects/modo/mod_set3.py", line 6, in <module>
    produits = {'bonbon', 'cahier', ['tv','radio']}
TypeError: unhashable type: 'list'
```

Méthodes utiles pour set

De par leur nature, les objets de type set ne sont ni indexables, ni adaptés pour l'opération de slicing.

On dispose de la méthode **add()** qui permet d'ajouter des éléments dans le set conmme le montre le code du listing 6.15.

Listing 6.15 – Utilisation de add()

```python
details =  {'bonbon', 'pain'}
details.add('carotte')
#affichage
print(details)
```

Sortie en mode exécution

```
{'pain', 'carotte', 'bonbon'}
```

Une méthode qui peut être intéressante dans certains cas est **pop()**. Celle-ci supprime aléatoirement un élément du set et le retourne pour une affectation.

```
Listing 6.16 – Utilisation de pop()
```

```python
#Utilisation de pop()
details =  {'bonbon', 'pain','carotte','pomme'}
donnee = details.pop()
#affichage
print(details)
print(donnee)
```

```
Sortie en mode exécution
```

```
{'carotte', 'bonbon', 'pomme'}
pain
```

6.5 Dictionnaires

Les séquences ou collections qu'on a vu jusqu'à présent offrent des propriétés intéressantes du point de vue stockage et manipulation. Si l'on prend par exemple les listes, la mutabilité, l'indexation mais surtout le fait qu'elles soient ordonnées (les éléments restent dans la séquence d'insertion) font qu'elles sont très populaires comme structure de stockage.

Une collection qui offre des propriétés similaires est le dictionnaire. Il joue un rôle central par le fait que sa structure de stockage de paires clé-valeur offre des propriétés intéressantes. En effet, au lieu d'indexer par rapport à un indice numérique, on procède à l'indexation par rapport à la clé présente dans la paire. De plus, les dictionnaires maintiennent l'unicité par rapport à la clé lors de l'insertion. De ce fait, les dictionnaires sont mutables mais par contre ne sont pas triés comme les listes.

Est ce que la clé est toujours une chaîne de caractères ?

La clé dans un dictionnaire est généralement une chaîne de caractères mais elle peut être de n'importe quel type immuable.

On a plusieurs moyens pour créer un dictionnaire en Python. La manière la plus facile est d'utiliser les accolades {} ou la fonction `dict()`.

Le code du listing 6.17 montre les différentes manières de créer un dictionnaire vide.

```python
dict1 = {}
dict2 = dict()
#Afficher les dictionnaires
print(dict1)
print(dict2)
```



```
{}
{}
```

Initialisation de dictionnaire

On peut initialiser un dictionnaire de la même manière qu'une liste, en utilisant des paires clé-valeur. On sépare la clé de la valeur en utilisant le symbole : et les paires du dictionnaire seront séparées par le symbole , comme pour les autres collections.


```python
personne = {'nom':'Flouflou', 'prenom':'Alain', 'age':25}
print(personne)
```



```
{'nom': 'Flouflou', 'prenom': 'Alain', 'age': 25}
```

Propriétés importantes du type `dict`

Soit le dictionnaire :

```
{'nom': 'Flouflou', 'prenom': 'Alain', 5: ['val1','val2']}
```

La table 6.1 résume quelques propriétés associées avec le dictionnaire précédent.

Manipulations sur les `dict`

Une fois qu'on a créé un dictionnaire, on peut lui ajouter des paires clé-valeur, modifier des valeurs et supprimer des paires. Plusieurs approches peuvent être utilisées pour réaliser ces opérations.

Propriété	Description
Le dictionnaire est une collection non ordonnée d'éléments	L'ordre des trois éléments n'est pas garanti de rester le même
Chaque valeur dans le dictionnaire est indexée par une clé	On a les clés **nom**, **prenom** et 5
La clé dans un dictionnaire est immuable	il ne peut pas y avoir une autre clé qui peut avoir la valeur **nom**, **prenom** ou 5
La clé est généralement de type `str` mais peut être d'un autre type	Deux clés sont du type `str` et une autre du type `int`
La valeur peut être un type quelconque	On voit que la valeur pour la clé 5 est de type `list`

TABLE 6.1 – Propriétés du dictionnaire.

On considère le dictionnaire décrit dans le listing 6.19, soit :

Listing 6.19 – Manipulation de dictionnaire

```python
personne = {'nom':'Flouflou', 'prenom':'Alain',
    'age':25,'enfants':['annie','sonia']}
#Afficher e dictionnaire
print(personne)
```

Si l'on veut voir la valeur correspondante à une clé, on utilisera l'indexation par rapport à la clé :

```python
nom_pers = personne['nom']
print(nom_pers)
```

Ceci donne le résultat :

Sortie en mode exécution

```
Flouflou
```

Maintenant, c'est possible que l'on a essayé d'indexer par rapport à une clé qui n'existe pas dans le dictionnaire, on obtient alors l'erreur `KeyError`.

Listing 6.20 – Manipulation de dictionnaire

```python
adresse_pers = personne['adresse']
print(adresse_pers)
```

Ceci donne le résultat :

Sortie en mode exécution

```python
adresse_pers = personne['adresse']
KeyError: 'adresse'
```

Afin d'éviter cette erreur, on peut vérifier l'existence de la clé dans le dictionnaire avant de l'utiliser. Les clés peuvent être obtenues en utilisant la méthode `keys()`. Il faut noter que celle-ci sera invoquée par défaut sur un dictionnaire.

On utilisera ensuite l'opérateur `in` pour vérifier si la clé existe parmi les clés de ce dictionnaire, soit :

Listing 6.21 – Vérification de clé dans un dictionnaire

```python
if 'adresse' in personne.keys():
    adresse_pers = personne['adresse']
    print(adresse_pers)
else:
    print('désolé, aucune clé avec cette description!')
```

Ceci donne alors le résultat :

Sortie en mode exécution

```python
désolé, aucune clé avec cette description!
```

Une autre approche intéressante est d'utiliser la méthode `get()` qui permet de retourner la valeur correspondante à la clé si elle existe, sinon de retourner une valeur par défaut.

Listing 6.22 – Vérification de clé avec get()

```python
adresse_pers = personne.get('adresse', 'Adresse non déclarée!')
print(adresse_pers)
nom_pers = personne.get('nom', 'Nom est non déclaré!')
print(nom_pers)
```

Ceci donne alors le résultat :


```
Adresse non déclarée!
Flouflou
```

💡**Est ce que la casse est prise en compte pour les clés ?**

Oui, la casse est importante pour les clés. De ce fait, la clé 'nom' n'est pas la même que 'Nom'.

Maintenant, que se passe t-il si l'on veut modifier la valeur correspondant à une clé et celle-ci n'existe pas dans le dictionnaire. Dans ce cas, une nouvelle paire est ajoutée comme le montre le code dans le listing 6.23.

Listing 6.23 – Ajout d'une nouvelle paire dans le dictionnaire

```python
#Ajout d'une nouvelle paire
personne['adresse'] = '14 rue du parc'
#Modification de la valeur
personne['nom'] = 'Claiclair'
#Affichage
print(personne)
```

Ceci donne alors le résultat :


```
{'nom': 'Claiclair', 'prenom': 'Alain', 'age': 25, 'enfants': ['annie',
↪    'sonia'], 'adresse': '14 rue du parc'}
```

Si l'on peut ajouter des paires, on peut aussi en supprimer par l'utilisation des méthodes pop() et clear ainsi que de del.

Imaginons que l'on veuille supprimer la paire ayant la clé 'enfants'. Le code 6.24 vérifie d'abord si la clé existe avant de procéder à la suppression.

Listing 6.24 – Suppression d'une paire avec validation

```python
##Suppression avec del
if 'enfants' in personne:
    del personne['enfants']
else:
    print("Désolé, la clé n'existe pas !")

#Affichage
print(personne)
```

Ceci donne alors le résultat :


```
{'nom': 'Flouflou', 'prenom': 'Alain', 'age': 25}
```

Si l'on veut récupérer la valeur correspondant à la clé avant de supprimer la paire, on utilisera le code du listing 6.25 :

Listing 6.25 – Utilisation de la fonction pop()

```python
#Suppression avec pop
liste_enfants = personne.pop('enfants', [])
adresse_pers = personne.pop('adresse', "la clé n'existe pas!")
#Affichage
print(personne)
print(liste_enfants)
print(adresse_pers)
```

Ceci donne alors le résultat :


```
{'nom': 'Flouflou', 'prenom': 'Alain', 'age': 25}
['annie', 'sonia']
la clé n'existe pas!
```

On remarque que la méthode `pop()` permet de retourner la valeur dans la clé que l'on désire supprimer mais aussi une valeur par défaut si la clé n'existe pas dans le dictionnaire.

Méthodes utiles pour `dict`

En plus des méthodes `get()` et `pop()`, on a aussi trois méthodes utiles pour parcourir les dictionnaires. Chacune de ces méthodes retourne un objet de type `iterator`.

Méthode	Description
`items()`	L'itérateur consiste d'éléments de type `tuple` sous forme d'une paire (clé,valeur)
`keys()`	L'itérateur consiste des clés présentes dans le dictionnaire
`values()`	L'itérateur consiste des valeurs présentes dans le dictionnaire

TABLE 6.2 – Méthodes de dictionnaire.

Le listing 6.26 montre le code utilisé pour récupérer les paires clé-valeur du dictionnaire.

Listing 6.26 – Utilisation de la fonction items()

```python
personne = {'nom':'Flouflou', 'prenom':'Alain', 'age':25}
#afficher les items
for k,v in personne.items():
    print(k,':',v)
```

Sortie en mode exécution

```
nom : Flouflou
prenom : Alain
age : 25
```

-ϙ-**Est-ce qu'on est obligé d'utiliser les lettres k et v pour la clé et la valeur respectivement ?**
Bien que l'on puisse utiliser n'importe quelle lettre, par convention, on utilise la lettre k pour key et v pour value.

Dans un grand nombre de cas pratiques de communication entre clients web et serveurs, on s'intéresse au départ à identifier les clés utilisés dans le format de données. De ce fait, il est important de savoir itérer à travers un dictionnaire pour avoir cette information. Le code dans le listing 6.27 montre le code utilisé pour récupérer les clés. On notera la technique de récupérations par défaut qui fait implicitement appel à la méthode keys() étant donné que l'itérateur en lui même contient les clés.

Listing 6.27 – Utilisation de la fonction keys()

```python
personne = {'nom':'Flouflou', 'prenom':'Alain', 'age':25}
#afficher les clés
for k in personne.keys():
    print(k)

print('Sans faire appel à la méthode:')
for k in personne:
    print(k)
```

Sortie en mode exécution

```
nom
prenom
age
Sans faire appel à la méthode:
nom
prenom
age
```

Finalement, si l'on veut récupérer les valeurs dans le dictionnaire, on peut utiliser le code du listing 6.28.

Listing 6.28 – Utilisation de la fonction values()

```python
personne = {'nom':'Flouflou', 'prenom':'Alain', 'age':25}
#afficher les valeurs
for v in personne.values():
    print(v)
```

Sortie en mode exécution

```
Flouflou
Alain
25
```

6.6 Résumé rapide

- Les collections de type `list`, `tuple`, , `set` et , `dict` sont utiles pour le stockage d'éléments multiples.
- Chaque collection a des propriétés et des méthodes spécifiques.
- La collection `list` est très utile car elle est mutable et accepte les éléments en double.
- La collection `tuple` est immuable et sera utile lorsqu'on veut protéger ses éléments de modification non autorisée.
- La collection `set` sera utile lorsqu'on veut effectuer des opérations d'ensemble telle qu'une **UNION**.
- La collection `dict` est l'une des plus populaires car elle permet le stockage d'éléments selon une paire clé-valeur.

6.7 Quiz

Répondre aux questions suivantes sachant qu'il peut y avoir une ou plusieurs bonnes
réponses.

1. Les structures de données fournies avec python sont :
   (a) `list`
   (b) `tuple`
   (c) **`array`**
   (d) `dict`
   (e) `set`

2. Une des structures de données les plus intéressantes en python est `list`. Elle est
   mutable et peut accepter des doublons :
   (a) Vrai
   (b) Faux

3. La structure de données `dict` utilise des paires clé-valeur pour la représentation
   de données :
   (a) Vrai
   (b) Faux

4. Les collections de type `dict` ou `tuple` ne peuvent pas être utilisées comme paramètres d'une fonction :
   (a) Vrai
   (b) Faux

5. Soit la liste **`ma_liste`**`=[14, 45, 58, 45]`. Pour récupérer l'élément 58, on utilise :
   (a) **`ma_liste[3]`**
   (b) **`ma_liste[2]`**
   (c) **`ma_liste['2']`**

6. La structure de données `tuple` est mutable :
   (a) Vrai
   (b) Faux

7. Soit le dictionnaire **`info`**`={'nom':'flouflou'}`. Pour récupérer la valeur `flouflou`,

on utilise :
   (a) `info[nom]`
   (b) `info['nom']`
   (c) `info["nom"]`

8. Les parenthèses pour indiquer un `tuple` sont optionnelles et peuvent donc être omises :
   (a) Vrai
   (b) Faux

9. On peut ajouter et supprimer des éléments d'un `set` mais par contre ses éléments sont immuables :
   (a) Vrai
   (b) Faux

10. Pour trouver la longueur ou nombre d'éléments dans une collection, par exemple `list`, on peut utiliser la fonction :
   (a) length()
   (b) len()
   (c) Length()

6.8 Exercices de pratique

6.8.1 Pratique : manipulation sur les listes

EXERCICE 6.1

Créer et afficher une liste contenant les nombres entiers 43, 11, 23 et 4.

```
tab_int = [43, 11, 23, 4]
print(tab_int)
```

Sortie

```
[43, 11, 23, 4]
```

EXERCICE 6.2

Créer et afficher une liste contenant les chaînes de caractères **Allo**, **alain** et **flouflou**.

```
tab_str=['Allo','alain','flouflou']
print(tab_str)
```

Sortie

```
['Allo','alain','flouflou']
```

EXERCICE 6.3

Créer et afficher une liste contenant les éléments **allo'**, 23, **flouflou** et 34.5.

```
tab_mul=['allo',23,'flouflou',34.5]
print(tab_mul)
```

Sortie

```
['allo',23,'flouflou',34.5]
```

EXERCICE 6.4

Créer et afficher une liste contenant les éléments **Allo**, **alain**, **flouflou** et la liste [34, 4,56].

```python
tab_mel=['Allo','alain','flouflou',[34,4,56]]
print(tab_mel)
```

Sortie

```
['Allo','alain','flouflou',[34,4,56]]
```

EXERCICE 6.5

Reprendre la liste de l'exercice 6.2 et afficher les valeurs du deuxième et troisième élément.

```python
tab_str=['Allo','alain','flouflou']
print(tab_str[1],tab_str[2])
```

Sortie

```
'alain' 'flouflou'
```

EXERCICE 6.6

En utilisant un index négatif à partir de la fin de la liste de l'exercice 6.2, afficher les valeurs du dernier et avant-dernier élément.

```python
tab_str=['Allo','alain','flouflou']
print(tab_str[-1],tab_str[-2])
```

Sortie

```
'flouflou' 'alain'
```

EXERCICE 6.7

En utilisant la technique du slicing, récupérer la liste qui contient les deuxième et troisième éléments de l'exercice 6.2.

```python
tab_str=['Allo','alain','flouflou']
print(tab_str[1:3])
```

Sortie

```
['alain', 'flouflou']
```

EXERCICE 6.8

En utlisant la technique du slicing avec un index négatif, procéder à l'inversion de la liste de l'exercice 6.2.

```python
tab_str=['Allo','alain','flouflou']
print(tab_str[::-1])
```

Sortie

```
['flouflou', 'alain', 'Allo']
```

EXERCICE 6.9

En utilisant la fonction `len()`, trouver et afficher le nombre d'éléments qui sont dans la liste de l'exercice 6.1.

```python
#liste avec len()
tab_int = [43, 11, 23, 4]
print(tab_int)
print('Taille de tab_int:',len(tab_int))
```

Sortie

```
4
```

EXERCICE 6.10

En utilisant les fonctions `list()` et `range()`, générer la liste qui contient les nombres entiers de 4 à 11.

```python
#liste avec range() et list()
tab_mel=list(range(4,12))
print(tab_mel)
```

Sortie

```
[4, 5, 6, 7, 8, 9, 10, 11]
```

EXERCICE 6.11

En utilisant l'opérateur +, procéder à la concaténation des listes [1,2,3] et [8,9,10].

```python
tab_1=[1,2,3]
tab_2=[8,9,10]
print(tab_1)
print(tab_2)
tab_f = tab_1+tab_2
print(tab_f)
```

Sortie

```
[1, 2, 3]
[8, 9, 10]
[1, 2, 3, 8, 9, 10]
```

EXERCICE 6.12

En utilisant l'opérateur *, procéder à la concaténation de la liste [1,2,3] trois fois.

```python
#liste avec opérateur *
tab_1=[1,2,3]
print(tab_1 * 3)
```

Sortie

```
[1, 2, 3, 1, 2, 3, 1, 2, 3]
```

EXERCICE 6.13

En utilisant une boucle **for**, procéder à l'affichage de chacun des éléments de l'exercice 6.2.

```python
#Parcours de list avec for
tab_str=['Allo','alain','flouflou']
for i in tab_str:
    print(i)
```

Sortie

```
'Allo'
'alain'
'flouflou'
```

EXERCICE 6.14

En utilisant la méthode **append()**, ajouter l'élément `'tél:(514-555-9876'` dans la liste de l'exercice 6.2.

```
tab_str=['Allo','alain','flouflou']
tab_str.append('tél:(514-555-9876)')
print(tab_str)
```

Sortie

```
['Allo', 'alain', 'flouflou', 'tél:(514-555-9876']
```

EXERCICE 6.15

Soit la liste contenant les éléments **'bAllo',alain','flouflou','damo'**, procéder à son tri en utilisant la méthode **sort()**.

```
tab_str=['bAllo','alain','flouflou','damo']
tab_str.sort()
print(tab_str)
```

Sortie

```
['alain', 'bAllo', 'damo', 'flouflou']
```

EXERCICE 0.10

Soit la liste contenant les éléments **'bAllo',alain','flouflou','damo'**, procéder à son tri et l'affecter à une variable en utilisant la fonction sorted().

Note : Si l'on veut éviter de modifier la liste originale, on utilise la fonction sorted().

```
tab_str=['bAllo','alain','flouflou','damo']
res=sorted(tab_str)
print(tab_str)
print(res)
```

Sortie

```
['bAllo', 'alain', 'flouflou', 'damo']
['alain', 'bAllo', 'damo', 'flouflou']
```

6.8.2   Pratique : manipulation sur les tuples

EXERCICE 6.17

Créer et afficher les tuples avec les éléments suivants : **tuple 1** : entiers 1,2 et 3, le **tuple 2** : les chaînes **'Allo','Alain'** et **'flouflou'** et **tuple 3** : les éléments **'Allo','Alain','flouflou'**,11 et 45.6.

```
#tuple int
tup_int = (1,2,3)
print(tup_int)
#tuple str
tup_str=('Allo','Alain','flouflou')
print(tup_str)
#tuple mélange de type
tup_mel=('Allo','Alain','flouflou',11,45.6)
print(tup_mel)
```

Sortie

```
(1, 2, 3)
('Allo', 'Alain', 'flouflou')
('Allo', 'Alain', 'flouflou', 11, 45.6)
```

Note : on peut utiliser le slicing et l'indexation sur les tuples.

EXERCICE 6.18

En utilisant le tuple qui contient les chaînes **'Allo','Alain','flouflou'**, essayer de modifier l'élément qui se trouve à l'index 1.

```
tup_str=('Allo','Alain','flouflou')
print(tup_str)
tup_str[1]='Annie'
print(tup_str)
```

Sortie

```
tup_str[1]='Annie'
TypeError: 'tuple' object does not support item assignment
```

6.8.3 Pratique : manipulation sur les sets

EXERCICE 6.19

En utilisant la notation {}, procéder à la création du set qui contient les chaînes **'Allo'**,**'Alain'**,**'flouflou'**, **'Alain'**. De la même façon, procéder à la création du set qui contient les valeurs 1,4,5,3,1 en utilisant la fonction `set()`. Afficher le contenu de chacun des sets.

```python
#set de base
set_str={'Allo','Alain','flouflou','Alain'}
print(set_str)
#set avec mot clé set
set_int=set([1,4,5,3,1])
print(set_int)
```

Sortie

```
{'flouflou', 'Alain', 'Allo'}
{1, 3, 4, 5}
```

EXERCICE 6.20

En utilisant la notation {}, procéder à la création du set qui contient les chaînes **'Allo'**,**'Alain'**,**'flouflou'**, **'Alain'**. Ajouter maintenant la chaîne **'babel'** en utilisant la méthode **add()**. Procéder à l'affichage du contenu du set. Qu'est ce que vous constatez ?

```python
#set de base ajout d'élément
set_str={'Allo','Alain','flouflou','Alain'}
print(set_str)
set_str.add('babel')
print(set_str)
```

Sortie

```
{'flouflou', 'Alain', 'babel', 'Allo'}
{1, 3, 4, 5}
```

Note : l'ordre des éléments en sortie n'est pas nécessairement trié.

6.8.4 Pratique : manipulation sur les dictionnaires

EXERCICE 6.21

Soit le dictionnaire **{'prenom' :'Alain','nom' :'flouflou','age' :'10'}**. Afficher son
état.

```python
#Dictionnaire de base
dic_per={'prenom':'Alain','nom':'flouflou','age':'10'}
print(dic_per)
```

Sortie

```
{'nom': 'flouflou', 'age': '10', 'prenom': 'Alain'}
```

EXERCICE 6.22

Soit le dictionnaire de l'exercice 6.21, modifier la valeur correspondant à la clé **prenom**
pour avoir à sa place **'Annie'**. Afficher ensuite le dictionnaire.

```python
#Dictionnaire de base Indexation
dic_per={'prenom':'Alain','nom':'flouflou','age':'10'}
print(dic_per)
dic_per['prenom']='annie'
print(dic_per)
```

Sortie

```
{'age': '10', 'nom': 'flouflou', 'prenom': 'Alain'}
{'age': '10', 'nom': 'flouflou', 'prenom': 'annie'}
```

EXERCICE 6.23

Soit le dictionnaire de l'exercice 6.21, supprimer la paire dont la clé est **prenom**.

```python
#Dictionnaire de base suppression
dic_per={'prenom':'Alain','nom':'flouflou','age':'10'}
print(dic_per)
del dic_per['prenom']
print(dic_per)
```

Sortie

```
{'prenom': 'Alain', 'nom': 'flouflou', 'age': '10'}
{'nom': 'flouflou', 'age': '10'}
```

EXERCICE 6.24

Soit le dictionnaire de l'exercice 6.21. Effectuer les opérations suivantes.

— Afficher les clés de ce dictionnaire.
— Afficher les valeurs de ce dictionnaire.
— Afficher les paires clé-valeur de ce dictionnaire.

```python
#Dictionnaire de base méthodes affichage
dic_per={'prenom':'Alain','nom':'flouflou','age':'10'}
print(dic_per.keys())
print(dic_per.values())
print(dic_per.items())
```

Sortie

```
dict_keys(['age', 'nom', 'prenom'])
dict_values(['10', 'flouflou', 'Alain'])
dict_items([('age', '10'), ('nom', 'flouflou'), ('prenom', 'Alain')])
```

EXERCICE 6.25

Soit le dictionnaire de l'exercice 6.21. Effectuer un parcours du dictionnaire et afficher chacune des clés.

```python
#Dictionnaire de base parcours
dic_per={'prenom':'Alain','nom':'flouflou','age':'10'}
#parcours des clés
for k in dic_per:
    print(k)
```

Sortie

```
age
nom
prenom
```

EXERCICE 6.26

Soit le dictionnaire de l'exercice 6.21. Effectuer un parcours du dictionnaire et afficher chacune des valeurs.

```
for v in dic_per.values():
    print(v)
```

Sortie

```
10
flouflou
Alain
```

EXERCICE 6.27

Soit le dictionnaire de l'exercice 6.21. Effectuer un parcours du dictionnaire et afficher chacune des paires clés-valeurs.

```
for k,v in dic_per.items():
    print(k,v)
```

Sortie

```
age 10
nom flouflou
prenom Alain
```

EXERCICE 6.28

Solution fournie en annexe

Soit le dictionnaire de l'exercice 6.21. Ajouter les paires clé-valeur suivantes :

— **(adresse :'14 rue du parc')**
— **(age : 14)**

On utilisera l'indexation de clé et la méthode **update()**.

```
dic_per={'prenom':'Alain','nom':'flouflou','age':'10'}
dic_per['adresse']='14 rue du parc'
dic_per.update({'age':14})
print(dic_per)
```

Sortie

```
{'prenom': 'Alain', 'nom': 'flouflou', 'age': 14, 'adresse': '14 rue
↪  du parc'}
```

6.9   Exercices de programmation

EXERCICE 6.29

Solution fournie en annexe

Écrire un programme qui permet à l'utilisateur de saisir 10 valeurs réelles dans une liste. Une fois la saisie terminée, on effectuera la moyenne des valeurs saisies et on affichera le résultat.

Important : avant d'afficher la moyenne, on affichera les valeurs stockées dans la liste.

On utilisera une fonction pour la saisie des valeurs et une fonction pour le calcul de la moyenne.

EXERCICE 6.30

Solution fournie en annexe

On demande à l'utilisateur de saisir 2 séries de valeurs dans 2 listes différentes. La taille de chaque liste est 5.

Une fois ces 2 listes constituées, on va construire 2 autres listes. La première aura chacun de ses éléments comme étant la somme des éléments de chaque liste (pour chaque indice respectif) et la deuxième sera défini comme le produit des éléments de chaque liste (pour chaque indice respectif).

EXERCICE 6.31

 On saisit un nombre quelconque de valeurs. Ceux-ci seront placés au fur et à mesure de la saisie dans une liste. Une fois la saisie terminée, on doit indiquer si les éléments de la liste sont tous consécutifs ou non.

Par exemple, si les valeurs, une fois saisies dans la liste sont :

```
[8 9 10 11 12 13 14]
```

alors on affiche que ses éléments sont tous consécutifs.

En revanche, si la liste est par exemple :

```
[7 9 13 16 17 18 19]
```

on affiche que ses éléments ne sont pas tous consécutifs.

EXERCICE 6.32

On désire évaluer l'efficacité des joueurs d'une équipe. Pour cela, on a besoin des nombres de buts marqués par chacun des joueurs ainsi que des mentions d'aides. Pour les besoins de l'exercice, une mention d'aide est une passe décisive effectuée par le joueur et résulte en un but marqué par son équipe.

On devra donc saisir les nombres de buts et les mentions d'aide pour chacun des joueurs de cette équipe. On suppose que l'équipe a 12 joueurs et chaque joueur dispose d'un nom et d'un code.

Une fois ces valeurs saisies, on veut afficher la moyenne des buts marqués par les joueurs, la moyenne des passes (aides) faites par les joueurs, le nombre de joueurs dont le nombre de buts marqués est inférieur à la moyenne ainsi que le nombre de joueurs dont le nombre d'aides est supérieur ou égal à la moyenne.

Le directeur général utilise les résultats précédents lors du choix portant sur les joueurs à libérer. Pour cela, il utilise la formule suivante :

Efficacité joueur= (0.6 * buts marqués par le joueur /total des buts équipe) + (0.4 * aides par le joueur /total des aides équipe)

Ainsi, tout joueur dont l'efficacité est supérieure à 0.3000 sera gardé par l'équipe pour la prochaine saison.

Développer le programme qui va aider le directeur général à évaluer son équipe et de prendre sa décision sur les joueurs à garder.

EXERCICE 6.33

Le loto est un jeu de hasard très populaire dans un grand nombre de pays. Par exemple, au canada, avec le loto 649, six numéros sont tirés à partir d'un ensemble de 49 numéros. Si un billet contient les six numéros gagnants, un gros lot est gagné.

Développer le code nécessaire afin de générer une sélection aléatoire de 6 nombres de 1 à 49 en faisant en sorte qu'il n'y ait aucun doublon dans les 6 nombres. On pourra utiliser le module **random** et un `set` pour résoudre cet exercice.

Afficher les nombres sélectionnés.

EXERCICE 6.34

Un palindrome est un mot ou une phrase qui peut se lire à l'endroit ou à l'envers. Par exemple, le mot **ABBA** est un palindrome.

Développer le code nécessaire pour déterminer si un mot est un palindrome.

EXERCICE 6.35

Deux mots sont considérés comme anagrammes s'ils contiennent les mêmes lettres, possiblement dans des ordres différents. Par exemple, les deux mots **AMINÉ** et **ANIMÉ** sont des anagrammes.

Développer le code nécessaire pour déterminer si deux mots sont des anagrammes. On pourra utiliser la fonction `enumerate()` et des dictionnaires pour résoudre cet exercice.

EXERCICE 6.36

Développer le code qui détermine si un code postal canadien est valide. Le code consiste en six caractères et doit contenir une lettre à la première, troisième et cinquième position.

Les positions deux, quatre et six sont des numéros. La première lettre ne doit pas faire partie de l'ensemble suivant : `D, F, I, O, Q, U, W,  Z`.

Chapitre 7

Classes et Objets

Dans ce chapitre, vous allez :

- Comprendre la notion de classe
- Découvrir ce qu'est un objet
- Apprendre à définir un constructeur-initialisateur
- Définir des méthodes
- Utiliser des objets

7.1   Introduction

Dans les chapitres précédents, on a passé en revue la syntaxe de base du langage Python avec une introduction à la programmation procédurale. À la base, on définissait le besoin et à partir de là, on procédait au développement du ou des traitements nécessaires à appliquer aux données pour arriver au résultat attendu.

D'autres approches de programmation sont utilisées dans le développement de logiciels. Une des plus importantes et qui est aussi à la base de Python est l'approche orientée-objet.

Dans le chapitre 1, on a introduit de manière succinte le concept fondamental de **classe**, qui à son tour, nous permet de créer les **instances** ou **objets**. Dans les sections qui vont suivre, on va détailler ces notions avec des exemples spécifiques d'intégration de l'approche orientée objet dans nos scripts et programmes.

7.2   Structure d'une classe

Les concepteurs de langages de programmation tel que Java, C++, et Python ont mis à la disposition des développeurs des types pré-définis. Ceux-ci servent à déclarer des variables pouvant ainsi recevoir des données. Comme exemple de type, on peut mentionner le type `str` qui sert à définir des chaînes de caractères.

Par contre, quelque soit la richesse des types disponibles au niveau du langage, on aura toujours besoin de définir nos propres types. Bien qu'on puisse les regarder comme étant destinés à recevoir des données, on devrait aussi accepter le fait de leur donner des opérations potentielles qui peuvent modifier les données.

Dans ce cas, on va définir la notion de **classe**. Pour nous, ce sera un moyen de créer un nouveau **type**. Les données sont ainsi regroupées avec les traitements qui les utilisent. De plus, ce nouveau type nous permettra de créer des objets basés sur ce type spécifique.

Pour résumer, on va définir une classe mais qui sera vue comme un modèle pour des objets à créer. Une classe **Livre** regroupe, par exemple, tout ce que l'on peut faire avec une instance ou objet livre, avec toutes les données nécessaires à ces traitements

-☼-Quelle est la différence entre les approches procédurale et orientée objet ?

Dans l'approche procédurale, on s'intéresse au développement de procédures de traitement alors que dans l'approche orientée objet, on s'intéresse à la création d'objets qui vont collaborer à l'atteinte du besoin.

7.2.1   Terminologie

Afin d'utiliser efficacement le paradigme orienté objet, on doit être capable de comprendre les termes spécifiques utilisés. Que ce soit en Python ou d'autres langages comme Java, les termes les plus courants sont les suivants :

— **Classe** : Celle-ci désigne le container qui regroupe les données et les opérations pouvant être utilisées sur ces données. On peut considérer la classe comme étant un moule de construction.
— **Objet** ou **instance** : C'est le résultat de la production d'une entité en utilisant la classe. On parle ici d'instances ou d'objets issus de la classe et qui vont avoir les mêmes attributs. Évidemment, les objets ne vont pas nécessairement avoir les mêmes données
— **Attribut** : C'est un membre qui va contenir une donnée particulière. Un objet peut avoir plusieurs attributs donc plusieurs données.
— **État** : Un objet va avoir un état qui consiste en les valeurs disponibles dans les attributs. Cet état peut changer dans le temps.

— **Méthode** : C'est une opération définie pour un objet et qui lui permet de modifier ses données. Un objet peut disposer de plusieurs méthodes.

7.2.2 Les classes en Python

Les objets qui collaborent dans une application peuvent être très nombreux. On peut le plus souvent dégager des types d'objets ayant une structure presque identique et un comportement très proche, sinon identique.

Rôles d'une classe

Une classe est un nouveau type qui décrit une structure (variables d'état) et des comportements (méthodes) mais aussi une structure faisant partie de la décomposition de l'application en entités plus petites. Une classe sera donc un générateur ou fabrique d'objets par l'intermédiaire de constructeurs.

Lorsqu'on crée une classe, on définit le type de données contenues dans la classe ainsi que le code qui va manipuler ces données. Le mot clé pour déclarer une classe est `class`. La forme générale d'une classe est la suivante :

```python
class <Nom_De_Classe>:
    # variables locales à la classe/attributs de classe
    var_1 = valeur1
    var_2 = valeur2

    # initialisateur
    def __init__(self,param_1 ...,param_n):
    # variable d'une instance ou attribut
        self.param_1 = param_1
        ...
        self.param_n = param_n
    ...

    # fonctions ou méthodes
    def fonc_1(self, ...,param_n):
        ...

    def fonc_n(self, ..., param_2):
        ...
    ...
```

-💡-**Quelle convention adopter pour le nom de la classe ?**

Par convention, on utilisera la convention PascalCase pour tout ce qui est nom de classe. En clair, chaque mot dans le nom de la classe commencera par une majuscule.

Le modèle de classe que l'on vient de présenter contient l'initialisateur. Celui-ci est une méthode spéciale utilisée pour initialiser les attributs d'un objet issu de la classe. Dans notre cas, on constate que l'on a les paramètres `self` et **param__1** à **param__n** pour `__init__()`. On utilise `self` pour une référence à l'objet proprement dit. Les paramètres **self.param__1** à **self.param__n** sont les attributs des objets pouvant être instanciés ou créés à partir de cette classe.

-💡-**Est-ce qu'on est obligé d'utiliser `self` ?**

Par convention, chaque méthode dans une classe, ainsi que l'initialisateur, aura comme premier paramètre `self`. Bien que l'on puisse utiliser un autre mot pour ce paramètre, il est rare de voir d'autres développeurs utiliser autre chose que `self`.

Le modèle de classe contient aussi les fonctions **fonc__1** à **fonc__n**. Le premier paramètre est `self`. Dans ce cas, ces fonctions seront appelées **méthodes** puisqu'on aura besoin d'un objet pour les exécuter.

Finalement, on a aussi les variables **var__1** et **var__2**. Celles-ci sont des attributs de classes et sont reliées à la classe elle même. Elles vont avoir les mêmes valeurs pour toutes les instances et ne seront donc pas spécifiques à un objet précis.

Listing 7.1 – Exemple de classe

```python
from math import *

class Point:
    def __init__(self, x, y):
        self.x = x
        self.y = y

    def distance_origine(self):
        return sqrt(self.x * self.x + self.y * self.y)
```

Dans l'exemple précédent, on a défini la classe **Point** avec deux variables d'instance **x** et **y** ainsi qu'une méthode **distance_origine()**.

-💡-**Est-ce qu'on est obligé d'avoir une définition de classe aussi compliquée ?**

À la base, une classe peut être créée en utilisant la définition suivante :

```
class Point:
    pass
```

On a ici le strict minimum pour une classe. Le mot clé pass *est utilisé afin d'éviter d'avoir une erreur d'exécution sachant que l'on n'a pas encore fourni de code Python valide.*

7.2.3 Membres d'une classe

Variables de classe

Les variables de classe sont destinées à contenir les données communes à toutes les instances de la classe.

Variables d'instance

Les variables d'instances ou attributs sont destinées à contenir les données d'un objet instancié à partir de la classe.

Initialisateur

L'initialisateur permet d'initialiser l'état d'un objet créé par l'intermédiaire du constructeur.

Méthodes

Les méthodes déterminent le comportement des instances de la classe lorsqu'elles reçoivent un message.

7.3 Objets en Python

7.3.1 Qu'est-ce qu'un objet ?

Toute entité identifiable, concrète ou abstraite, peut être considérée comme un objet. Un objet réagit à certains messages qu'on lui envoie de l'extérieur. La façon dont il réagit détermine son comportement et il ne réagit pas toujours de la même façon au même message. Sa réaction dépend de l'état dans lequel il est.

7.3.2 Notion d'objet en Python

Un objet a :

— une adresse en mémoire (identifie l'objet).
— un comportement (ou interface). Celui-ci est donné par des fonctions ou procédures, appelées méthodes en Python.

— un état interne. Celui-ci est donné par les valeurs de variables qui sont dans l'objet. On parle ici d'attributs qui définissent les caractéristiques de cet objet.

Maintenant, on peut se poser la question de savoir comment un objet sera représenté dans du code Python. Pour cela, on revient à la notion de base de la notion de **variable** qu'on a déjà vu dans les chapitres précédents. Ainsi, une variable est une manière de représenter une donnée en mémoire. Par exemple, si on veut représenter l'âge d'une personne comme la valeur 25 dans du code python, on utilisera une variable scalaire comme montré dans le listing 7.2.

Listing 7.2 – Variable scalaire

```
age = 25
```

Par contre, si l'on veut représenter l'âge et le nom de la personne dans une même variable, à ce moment il sera intéressant de considérer un objet. Celui-ci contiendra en même temps la valeur de l'âge et aussi la valeur du nom. De ce fait, la variable utilisée pour cet objet donnera accès en même temps à la valeur de l'âge et la valeur du nom. Il reste donc à définir le moyen de créer cette variable et c'est ici que l'on parle de l'instanciation ou création d'objet.

7.3.3   Constructeurs et initialisateurs

Une instance d'une classe est créée par un constructeur de la classe. Une fois qu'elle est créée, l'instance a son propre état interne (les valeurs dans les variables d'instance) et partage le code qui détermine son comportement (les méthodes) avec les autres instances de la classe.

Chaque classe dispose d'un constructeur qui crée l'objet et d'un initialisateur dont le rôle est d'initialiser l'objet créé par le constructeur. Sa signature est `__init__`. L'initialisateur n'est jamais appelé directement pour la création de l'objet.

On utilise donc le constructeur pour la création de l'objet. Celui-ci a le même nombre de paramètres que l'initialisateur. Dans l'exemple 7.3, on a une classe avec l'initialisateur dans lequel on définit deux attributs.

L'objet créé, soit **point2D** contiendra deux valeurs soient 5 et 4 dans les attributs **x** et **y**.

```
from math import *

class Point:
    def __init__(self, x, y):
        self.x = x
        self.y = y


point2D = Point(5,4)
print(point2D)
```

Listing 7.3 – Constructeur et initialisateur

7.4 Méthodes

Les méthodes définissent les traitements à appliquer. Les types de méthodes que l'on peut avoir dans une classe sont les :

— Méthodes services
— Méthodes utilitaires

Il n'y a pas de mot-clé pour différencier une méthode utilitaire d'une méthode de service. C'est au développeur de concevoir sa classe avec une bonne organisation des méthodes surtout en utilisant le concept de visibilité.

7.4.1 Encapsulation – visibilité

Certaines des méthodes et attributs devraient être protégés en utilisant le concept de visibilité **private**. Dans Python, on met __ devant un membre pour indiquer ce niveau de visibilité. Cette notion de visibilité est très stricte dans certains langages comme Java. Par contre, dans Python et pour garder les choses simples, il n'y a pas vraiment de règles strictes d'accès aux données dans les attributs.

7.4.2 Méthodes services

Ces méthodes permettent aux instances de la classe d'offrir des services plus complexes aux autres instances, par exemple elles seront utilisées pour fournir des opérations en relation avec :

— Règles d'affaires
— Interface utilisateurs
— Etc...

7.4.3   Méthodes utilitaires

Elles servent de "sous-programmes" utilitaires aux autres méthodes de la classe. Elles sont généralement de visibilité **private**. Pour illustrer la notion de méthode utilitaire, considérons la classe **Etudiant** dans laquelle on a la méthode **faire_devoir()**. Celle-ci sera considérée comme une méthode de service mais par contre elle pourra faire appel à la méthode **rechercher_google()**. Celle-ci ne sera pas appelée directement par l'objet mais seulement par l'intermédiaire de **faire_devoir()**. Dans ce cas, on va la considérer comme une méthode utilitaire.

7.4.4   Paramètres d'une méthode

Les méthodes ou initialisateurs ont besoin qu'on leur passe des données initiales sous la forme de paramètres. On doit indiquer `self` comme premier paramètre comme le montre l'exemple suivant :

```python
def set_auteur(self,un_titre):
    pass


def calculer_taux(self,  annee,  prime):
    pass
```

Lorsque la méthode ou le constructeur n'a pas de paramètres, on ne met que le paramètre `self`.

 Est-ce qu'on doit aussi indiquer `self` au moment de l'appel de méthode ?

Non, le paramètre `self` *ne s'utilise qu'au moment de la déclaration de la méthode. On n'a pas besoin de l'indiquer au moment de l'appel.*

7.4.5   Retour d'une méthode

Le langage Python ne dispose pas de la notion séparée de fonction et de procédure comme on l'a vu dans le chapitre sur les fonctions. On fait la différence entre procédure et fonction en utilisant le type de retour. Quand la méthode renvoie une valeur, on ajoute le mot clé `return` à la fin de la méthode :

```python
def calculer_taux(self, annee,  prime):
  #instructions
  ...
  return qlqchose
```

Le code 7.4 montre Les différentes méthodes disponibles dans une classe Python typique.

Listing 7.4 – Méthodes

```python
from math import sqrt

class Point:
    def __init__(self, x, y):
        self.x = x
        self.y = y

    def distance_origine(self):
        return sqrt(self.x * self.x + self.y * self.y)

    def deplacer(self, x0, y0):
        self.x += x0
        self.y += y0

# Création d'objet
point2D = Point(5, 4)
# Affichage de son état après création
print(point2D)
```

Sortie en mode exécution

```
<__main__.Point object at 0x00D2EA70>
```

On voit que pour obtenir l'objet **point2D**, on a utilisé le constructeur **Point()**. Celui-ci appelle automatiquement l'initialisateur et celui-ci fait en sorte que l'objet a maintenant un état représenté par les valeurs **5** et **4** qui se retrouvent dans les attributs **x** et **y**.

On voit aussi qu'il y'a la méthode **distance_origine()** qui effectue un traitement et ensuite retourne un résultat. Par contre la deuxième méthode **deplacer()** effectue un traitement mais ne fait pas de de retour.

On sait que lorsqu'une instance (objet) est créée, son état est conservé dans les attributs. Dans le cas de l'exemple, on voit que l'affichage ne donne vraiment pas les valeurs des attributs **x** et **y**.

En réalité, on a affiché le type de l'objet ainsi que sa position en mémoire. Si l'on veut afficher son état, matérialisé dans les attributs **x** et **y**, on doit introduire alors la méthode `__str__()`. Le code 7.4 sera modifié pour avoir :

Listing 7.5 – Utilisation de la méthode str()

```python
from math import sqrt

class Point:
    def __init__(self, x, y):
        self.x = x
        self.y = y

    def distance_origine(self):
        return sqrt(self.x * self.x + self.y * self.y)

    def deplacer(self, x0, y0):
        self.x += x0
        self.y += y0

    def __str__(self):
        return 'x={}, y={}'.format(self.x,self.y)
```

Le code de création d'objet et d'appel de méthodes sera alors :

```python
# Création d'objet
point2D = Point(5, 4)
# Affichage de sont état après création
print('État initial de l'objet')
print(point2D)
# Appel de la méthode deplacer()
point2D.deplacer(3,5)
# Affichage de son état après appel de méthode
print('Après appel de méthode')
print(point2D)
```

Sortie en mode exécution

```
État initial de l'objet
X=5, y=4
Après appel de méthode
x=8, y=9
```

On voit maintenant que l'état est correctement affiché suite à l'introduction de la méthode str().

7.5 Étude de cas

Considérons le cas d'un entraîneur de soccer qui a reçu comme mission de former un joueur débutant. Les deux auront une séance d'entraînement de 3 heures à compléter à l'issue de laquelle on déterminera le niveau du joueur ainsi que la capacité de l'entraîneur à former des joueurs de soccer.

Avant d'aller vers le développement du code, il est nécessaire de passer par les étapes que sont l'identification du besoin, la découverte des entités qui sont dans le besoin ainsi que leur modélisation.

Pour commencer, on se pose la question de savoir quel est ou quels sont les besoins des choses qui sont impliquées dans cet exercice. Naturellement, on voit que pour la chose qui est identifiée comme joueur ou joueuse de soccer, son besoin en venant à l'entraînement, est d'apprendre ou d'acquérir les compétences en soccer. De la même façon, on peut dire que pour l'autre chose, dans ce cas l'entraîneur, son besoin est de transmettre ses compétences en soccer.

On peut aller chercher d'autres besoins dans cet exercice, par exemple le fait que l'entraîneur participe à l'entraînement pour gagner de l'argent ou un salaire.

Dans l'orienté objet, il est important d'identifier clairement le ou les besoins spécifiques à traiter. Dans le cas de cette étude, on considère l'acquisition et la transmission de compétence en soccer comme étant les deux besoins.

On passe dans la deuxième étape à l'identification des entités qui sont impliquées dans le besoin. Dans l'étape précédente, on a parlé de choses mais maintenant on doit identifier la nature de ces choses. Étant donné qu'on a un joueur et un entraîneur dans le besoin, on sera tenté d'identifier les deux entités comme étant les classes **Joueur** et **Entraineur**. Par contre, il faudrait évaluer s'il est pertinent de considérer d'autres entités qui participent dans l'atteinte des besoins. Par exemple, est ce que le ballon, le terrain et la bouteille d'eau ne sont pas nécessaires pour le besoin. Dans un cas réel, il serait très important d'effectuer l'identification de manière rigoureuse. Pour le cas présent, on considère que les classes de base sont **Joueur** et **Entraineur**.

💡 Diagramme UML

UML est un langage de notation utile pour représenter entre autres les classes dans un projet. Dans notre cas, on utilise spécifiquement le diagramme de classes du domaine.

Une fois cette étape terminé, on obtient le diagramme de classes du domaine. La figure 7.1 donne le diagramme de base pour cette étude de cas. L'élément obligatoire dans ce diagramme est le nom de chacune des classes. Les éléments que l'on va voir par la suite sont optionnels.

Dans la troisième étape, on doit identifier les attributs et les méthodes qu'auront les objets que l'on va créer sur la base de ces deux classes.

FIGURE 7.1 – Classes de base

Pour la classe **Joueur**, il est clair que les attributs **nom** et **prénom** du joueur sont importants. On peut aller chercher d'autres attributs intéressants comme le poids, la taille et d'autres en rapport avec le contexte du domaine du soccer mais pour simplifier cette étude de cas, on va considérer l'attribut le plus important qui est directement relié au besoin du joueur. Ainsi, pour savoir si le joueur a acquis les compétences de base en soccer, on va lui attacher l'attribut **performance** en plus du **nom** et du **prénom**.

De la même façon, pour chaque objet de type **Entraineur**, on devrait avoir les attributs **nom** et **prénom** mais en plus on va ajouter l'attribut **compétence** qui indiquera la compétence associée avec un entraîneur.

La figure 7.2 donne le diagramme de classes modifié pour indiquer les attributs que l'on a identifié.

FIGURE 7.2 – Classes de base avec attributs

Il reste à identifier les opérations ou méthodes que chaque objet peut effectuer. Dans ce cas, on va ajouter les méthodes indiquées dans le diagramme 7.3.

On peut maintenant commencer la collaboration entre objets. Celle-ci commencera avec la création des objets de type **Joueur** et **Entraineur**. Ensuite, on procédera à l'appel de méthodes selon une séquence bien définie.

Pour montrer l'effet de l'exécution des méthodes sur l'état d'un objet, on a pris comme règles les contraintes suivantes :

Joueur
nom prenom performance
venir_salle() ecouter() demontrer()

Entraineur
nom prenom competence
venir_salle() entrainer() examiner()

FIGURE 7.3 – Classes de base avec attributs et méthodes.

— Un objet **Joueur** verra sa performance augmentée de 5 points lorsqu'il exécute la méthode **venir_salle()**, **10** points en exécutant **ecouter()** et **20** points en exécutant **demontrer()**.
— Un objet **Entraineur** verra sa compétence augmentée de **10** points lorsqu'il exécute la méthode **entrainer()** et **30** points en exécutant **examiner()**.

Dans le listing 7.6, on a les attributs et les méthodes spécifiques aux objets de type **Entraineur**. On a pris soin d'inclure les règles concernant la modification de la compétence selon la méthode exécutée.

Listing 7.6 – Classe Entraineur

```python
class Entraineur:
    def __init__(self, nom, prenom, competence):
        self.nom = nom
        self.prenom = prenom
        self.competence = competence

    def __str__(self):
        return "Nom:{}, prenom:{}, competence:{}".format(self.nom,
                            self.prenom, self.competence)

    def venir_salle(self, msg):
        print("Présence comme:" + msg)

    def entrainer(self):
        print("Entraineur fait un entrainement")
        self.competence += 10

    def examiner(self):
        print("Entraineur donne un examen")
        self.competence += 30
```

Pour les objets de la classe **Joueur**, dans le listing 7.7, on a les attributs et les méthodes spécifiques. On a pris soin d'inclure les règles concernant la modification de la performance selon la méthode exécutée.

Listing 7.7 – Classe Joueur

```python
class Joueur:
    def __init__(self, nom, prenom, performance):
        self.nom = nom
        self.prenom = prenom
        self.performance = performance

    def __str__(self):
        return "Nom:{}, prenom:{}, performance:{}".format(self.nom,
                            self.prenom, self.performance)
    def venir_salle(self, msg):
        print("Présence comme:"+ msg)
        self.performance += 5

    def ecouter(self):
        print("Joueur ecoute")
        self.performance += 10

    def demontrer(self):
        print("Joueur fait examen")
        self.performance += 20
```

En termes d'organisation, on peut créer les deux classes dans un module séparé. Le code d'utilisation de ces classes sera quand à lui placé dans un autre module afin d'avoir un bon découpage de fonctionnalités.

Ce code est montré dans le listing 7.8 où l'on a procédé à la création des objets et surtout on a fait appel aux différentes méthodes en prenant soin de respecter l'ordre d'appel.

La visualisation des états de chaque objet avant et après la collaboration est ajoutée afin de voir les changements d'états.

```
Listing 7.8 – Séquence d'appels de méthodes
```

```python
#creation Objets
objJ = Joueur("flouflou", "alain", 0)
objE = Entraineur('flouclair', 'Annie', 0.0)
print("Avant collaboration")
print(objJ)
print(objE)
objJ.venir_salle("Joueur")
objE.venir_salle("Entraineur")
objE.entrainer()
objJ.ecouter()
objE.examiner()
objJ.demontrer()
print("=" * 50)
print("Apres collaboration")
print(objJ)
print(objE)
```

En sortie, on obtient le résultat suivant :

```
Avant collaboration
Nom:flouflou, prenom:alain, performance:0
Nom:flouclair, prenom:Annie, competence:0.0
Présence comme:Participant
Présence comme:Host
Entraineur fait un entrainement
Joueur ecoute
Entraineur donne un examen
Joueur fait examen
==================================================
Apres collaboration
Nom:flouflou, prenom:alain, performance:35
Nom:flouclair, prenom:Annie, competence:40.0
```

7.6 Résumé rapide

La programmation orientée objet :

- Est une approche utilisée pour modéliser un problème mettant en présence des entités.
- Est un concept basé sur les objets.
- Est basée sur la notion d'objets ayant un état interne (variables d'état) et un

comportement (méthodes).

- Utilise des objets qui collaborent entre eux en s'échangeant des messages (pour fournir les fonctionnalités que l'on demande à l'application) en étant tour à tour émetteur et/ou récepteur.

7.7 Quiz

Répondre aux questions suivantes sachant qu'il peut y avoir une ou plusieurs bonnes réponses.

1. Une classe contient :
   (a) Des attributs
   (b) Des méthodes
   (c) Des fichiers

2. Une classe est un modèle pour regrouper des données et des opérations :
   (a) Vrai
   (b) Faux

3. La méthode `__init__()` est appelée :
   (a) Initialisateur
   (b) Constructeur

4. La méthode `__str__()` permet de retourner :
   (a) Une représentation en chaîne de caractères de l'état d'un objet
   (b) Le résultat de l'appel à la méthode `__init__()`

5. Une méthode d'instance doit avoir comme premier paramètre `self` :
   (a) Vrai
   (b) Faux

6. Le mot clé `self` indique :
   (a) Une référence à une instance de l'objet courant
   (b) Une référence à une instance de l'objet parent

7. Le constructeur d'une classe doit avoir le même nom que la classe :
   (a) Vrai
   (b) Faux

8. Lorsque un appel au constructeur est fait, l'initialisateur est appelé implicitement :
   (a) Vrai
   (b) Faux

9. Un objet est une instance :
    (a) D'une méthode
    (b) D'un ensemble d'attributs
    (c) D'une classe

10. Soit le code suivant :

```python
class Voiture:
    def avancer(self):
        print('La voiture est en marche')

v = Voiture()
v.avancer()
```

L'exécution du code conduit au résultat suivant :
(a) Erreur car __init__() n'a pas été définie
(b) Affichage de : La voiture est en marche
(c) Erreur car avancer() n'a pas de paramètres

7.8 Exercices de pratique

EXERCICE 7.1

Créer une classe de base **CompteBancaire** qui va représenter un compte bancaire. Pour le moment, on ne mettra que le squelette de la classe avec le mot clé `pass`. Procéder ensuite à la création d'un objet de type **CompteBancaire** et afficher son état.

```python
# creation d'une classe de base
class CompteBancaire:
    pass



# creation d'un objet de type CompteBancaire
compte = CompteBancaire()
print(compte)
```

Sortie

```
<__main__.CompteBancaire object at 0x0137EC10>
```

Note : L'adresse de l'objet en mémoire `0x0137EC10` sera très probablement différente de l'adresse obtenue sur votre machine.

EXERCICE 7.2

Reprendre l'exercice 7.1 en ajoutant l'initialisateur pour les attributs **titulaire**, **code** et **montant**. Procéder à la création et l'affichage de l'objet dont les données sont **'flouflou'**, **'ABD123'** et 5000.

```python
class CompteBancaire:
    def __init__(self, titulaire, code, montant):
        self.titulaire = titulaire
        self.code = code
        self.montant = montant


# creation d'un objet de type CompteBancaire
compte = CompteBancaire("Flouflou", "ABC123", 5000)
print(compte)
```

Sortie

```
<__main__.CompteBancaire object at 0x01BA0D90>
```

Note : L'adresse de l'objet en mémoire 0x01BA0D90 sera très probablement différente de l'adresse obtenue sur votre machine. On constate aussi que même si l'objet a été initialisé avec des valeurs spécifiques pour les attributs, on n'a pas l'état de l'objet en sortie.

EXERCICE 7.3

Reprendre l'exercice 7.2 en ajoutant la méthode __str__. Procéder à la création et l'affichage de l'objet dont les données sont **'flouflou'**, **'ABD123'** et 5000.

```python
# ajout de la méthode __str__
class CompteBancaire:
    def __init__(self, titulaire, code, montant):
        self.titulaire = titulaire
        self.code = code
        self.montant = montant

    def __str__(self):
        return 'Titulaire:{}, code:{},
    ↪   montant:{}'.format(self.titulaire,
                        self.code, self.montant)


# creation d'un objet de type CompteBancaire
compte = CompteBancaire("Flouflou", "ABC123", 5000)
print(compte)
```

Sortie

```
Titulaire:Flouflou, code:ABC123, montant:5000
```

Note : On constate maintenant que l'on obtient l'état de l'objet en sortie.

EXERCICE 7.4

Reprendre l'exercice 7.3 en ajoutant les méthodes **retirer_argent**() dans laquelle on va soustraire un certain montant et **deposer_argent**() pour ajouter un ceetain montant. Procéder à la création et l'affichage de l'objet dont les données sont **'flouflou'**, **'ABD123'** et 5000\$. On va déposer 2000\$ dans le compte et ensuite on va retirer 1000\$ du compte. Afficher l'état du compte à chaque fois.

```python
# ajout de méthodes ou opérations
class CompteBancaire:
    def __init__(self, titulaire, code, montant):
        self.titulaire = titulaire
        self.code = code
        self.montant = montant

    def __str__(self):
        return 'Titulaire:{}, code:{},
        ↪   montant:{}'.format(self.titulaire,
                          self.code, self.montant)

    def retirer_argent(self, montant):
        self.montant = self.montant - montant

    def deposer_argent(self, montant):
        self.montant = self.montant + montant


# creation d'un objet de type CompteBancaire
compte = CompteBancaire("Flouflou", "ABC123", 5000)
print('État initial')
print(compte)
compte.deposer_argent(2000)
print('État apres depot')
print(compte)
compte.retirer_argent(1000)
print('État apres retrait')
print(compte)
```

Sortie

```
État initial
Titulaire:Flouflou, code:ABC123, montant:5000
État apres depot
Titulaire:Flouflou, code:ABC123, montant:7000
État apres retrait
Titulaire:Flouflou, code:ABC123, montant:6000
```

7.9   Exercices de programmation

EXERCICE 7.5

Solution fournie en annexe

Dans cet exercice, on développe un programme Python composé d'une classe avec un constructeur de base. On créera des objets pour la collaboration.

- Créer votre fichier Python en le nommant **etudiant.py**. Un étudiant a les attributs : **nom (str)**, **prenom (str)**, **sexe (str)**, **adresse (str)** et **code_etudiant (str)** ainsi que **note_finale (float)**
- On veut maintenant utiliser cette classe pour créer un objet représentant un étudiant. Nous avons à notre disposition l'étudiant suivant :
  Obj1 : Alain Flouflou, M, 14 rue des pins, 118907, 78
- Dans le même module, ajouter la fonction **main()** qui vous permettra d'instancier et ainsi créer un objet de type **Etudiant**. Noter que l'on aura besoin d'un constructeur avec paramètres pour la création de l'objet.
- On affichera ensuite une description (État) de l'étudiant au format suivant :
  Étudiant : son nom, son prénom, son sexe, son adresse, son code, sa note finale.

Dans ce cas précis, on utilisera la méthode `__str__()` qui nous permettra d'afficher l'état de l'objet.

- Ajouter au niveau de la classe **Etudiant** une méthode **faire_devoir()**. Celle-ci ne prend aucun argument pour le moment. Le corps de cette méthode ne devrait contenir que l'instruction suivante :

```
print('Je suis un étudiant assidu')
```

- Faites appel à cette méthode depuis l'objet en rapport avec **Flouflou**.

EXERCICE 7.6

Solution fournie en annexe

Développer une classe appelée **Action** qui contient :

- Un champ nommé **symbole** pour le symbole de l'action.
- Un champ nommé **titre** pour le nom de l'action.
- Un champ nommé **prix_cloture** qui stocke la valeur de l'action pour la journée d'avant.
- Un champ nommé **prix_courant** qui stocke la valeur de l'action courante.

- Un constructeur qui crée une action avec le nom et symbole spécifiés. On spécifiera aussi les prix de clôture et courant pour l'action.
- Une méthode **get_changement_pourcentage()** qui retourne le pourcentage de changement de **prix_cloture** à **prix_courant**.

1. Dessiner le diagramme de classe UML pour **Action**.

2. Créer un objet de type **Action** nommé **obj_action**, avec le symbole **MSFT** et le nom de l'entreprise Microsoft. Le prix de l'action de la journée d'avant était de `123.24`$. Le prix courant de l'action est de `127.04`$. Afficher le pourcentage de changement.

EXERCICE 7.7

Développer une classe **Ventilateur** qui représente un ventilateur. Cette classe contient : 

- Trois constantes nommées **FAIBLE**, **MOYENNE** et **HAUTE** avec les valeurs 1, 2 et 3 pour dénoter la vitesse possible d'un ventilateur.
- Un champ nommé **vitesse** qui spécifie la vitesse du ventilateur (par défaut c'est **FAIBLE**).
- Un champ boolean nommé **enmarche** qui spécifie si le ventilateur est en marche (par défaut **False**).
- Un champ nommé **rayon** qui spécifie le rayon du ventilateur (par défaut 5).
- Un champ nommé **couleur** qui spécifie la couleur du ventilateur (par défaut bleu).
- Un constructeur avec paramètres qui permet de créer un ventilateur.
- La méthode `__str__()` qui retourne une description du ventilateur. Si celui-ci est en marche, la méthode retourne la vitesse, couleur et l'état dans une seule phrase. Si le ventilateur est à l'arrêt, la méthode retourne la couleur et la vitesse avec la mention **ventilateur à l'arrêt** dans la même phrase.

1. Dessiner le diagramme UML de cette classe **Ventilateur**.

2. À partir de la méthode **main()** créer 2 objets ventilateurs. Pour le premier ventilateur, on fixe la vitesse, couleur et rayon à vitesse maximum, jaune et 10, respectivement. Pour le deuxième ventilateur, on fixe la vitesse, couleur et rayon à vitesse moyenne, bleu et 5, respectivement. Le premier ventilateur sera mis en marche alors que le deuxième sera éteint. Afficher les états de chaque ventilateur en utilisant la méthode `__str__()`.

EXERCICE 7.8

Développez un programme qui calcule le salaire net d'un employé sachant que les deux types d'employés sont temps plein et temps partiel. 

On doit saisir le type d'employé pour calculer le salaire net adéquat. Chaque employé dispose d'un nom et d'un prénom ainsi que du code employé.

Si l'employé est à temps plein, on doit saisir le montant du salaire.

Si l'employé est à temps partiel, on doit saisir le taux horaire et le nombre d'heures travaillées. Les employés à temps plein n'ont pas le droit de faire des heures supplémentaire. Par contre, les heures supplémentaires sont payées au taux de 1.5 pour toute heure au delà de 35 heures pour les heures à temps partiel.

On prendra comme exemple les employés suivants :

Obj1 : Alain Flouflou, code = 10, temps plein,salaire = 3750
Obj2 : Annie Clairclair,code = 20, temps partiel, taux= 12.5, heures = 40

EXERCICE 7.9

Solution fournie en annexe

Développez un programme qui permet de calculer le coût d'un voyage effectué par voiture.

Pour cela, vous développerez une classe qui comprend la distance parcourue, le coût unitaire (par litre) de l'essence et le nombre de litres consommés.

Comme exemple, on prendra des voitures ayant une consommation de 7 litres tous les 100 km ou une consommation de 10 litres tous les 100 km.

Chapitre 8

Héritage

Dans ce chapitre, vous allez :

○ Comprendre la notion d'héritage
○ Définir une classe parent
○ Définir une classe enfant
○ Comprendre les modificateurs de visibilité
○ Comprendre la notion de redéfinition

8.1   Introduction

Dans ce chapitre, on introduit le concept d'héritage, une technique fondamentale de l'orienté objet dans l'organisation et la création de classes.

A la base, une application développée selon le paradigme orienté objet utilise un certain nombre d'objets qui collaborent entre eux, par l'intermédiaire de messages, afin de résoudre le problème. L'objet dans ce cadre est une instance créée à partir d'une classe, conçue au préalable pour représenter des attributs et méthodes nécessaires pour la résolution du problème.

Dans cette optique, la classe est vue comme une notion abstraite, similaire à un moule ou plan d'architecture, utilisable pour produire des objets qui sont par contre vus comme une représentation explicite de la classe.

Dans la vie quotidienne, on est exposé à ce genre de représentation tel que par exemple l'architecte qui prépare un plan d'architecture de maison et par la suite, l'entrepreneur qui réalisera physiquement des maisons de ville dans un lotissement.

De manière similaire, on a aussi le constructeur d'automobiles qui conçoit au tout début un plan maître de réalisation d'une voiture de série, par exemple la série X200. Le plan contiendra tous les attributs possibles de cette voiture tel que le poids, longueur, hauteur, etc. De même, les fonctionnalités standard ou comportements seront définis au niveau de ce plan. Ainsi, la série X200 sera pourvue des comportements marche avant, marche arrière, ouverture porte, etc.

Cette approche permet d'avoir une structure globale pré-définie pour la série X200. Néanmoins, il est clair que pour des raisons de marketing et de pénétration de marché, le constructeur ne se contentera pas de cette structure unique, donc d'un plan unique. En effet, la clientèle ciblée est variée et requiert des besoins différents. De ce fait, chacune des catégories de cette clientèle voudra des caractéristiques spécifiques dans cette série X200.

En conséquence, le constructeur développera une série de plans dérivés pour accommoder sa clientèle. Étant donné qu'il y'a un plan maître, le constructeur fera des modifications pour obtenir les plans dérivés. Chacun des plans contiendra des variations du plan maître afin d'intégrer les besoins de la catégorie de clientèle. Ainsi, le constructeur créera un plan dérivé pour la série X200F (familiale), un autre plan pour la série X200S (sport) et un plan pour la série X200T (tout terrain).

En plus du contenu initial du plan maître, les plans dérivés vont contenir les spécifications précises pour la catégorie clientèle. Par exemple, le plan de la série X200S contiendra la méthode **zero_acceleration()** pour indiquer une fonctionnalité d'accélération spécifique à cette série sport. La série X200T contiendra par exemple l'attribut **roues motrices** (all wheel drive).

Le constructeur a ainsi simplifié dès le départ le travail requis pour mettre sur le marché cette nouvelle série X200. Ceci tient au fait qu'il est parti d'un seul plan maître. L'alternative aurait été de concevoir chacune des séries dérivées en partant de spécifications propres à chacune d'elles.

Cette approche est très similaire à ce que nous allons faire au niveau des classes. Ce concept dénommé **héritage** est très présent au niveau de la programmation orientée objet et permettra la réutilisation fréquente de classes dans le développement de nouvelles applications. Il est important de retenir que l'héritage s'applique en même temps aux attributs et méthodes.

Classes dérivées

A la base de l'héritage, il y'a ce besoin de réutiliser des programmes déjà existants. La raison tient au fait que l'on veut minimiser l'effort requis pour la création de nouveaux programmes.

Ce concept d'héritage est le processus par lequel une nouvelle classe, que l'on appellera classe enfant, sera dérivée à partir d'une ou d'un certain nombre de classes existantes, que l'on appellera classes parents.

L'héritage s'applique aux membres de la classe, soit les attributs et les méthodes. De ce fait, la nouvelle classe enfant contiendra automatiquement la totalité des membres de la classe ou des classes parents.

Du point de vue de la réutilisation de code, le concept d'héritage implique la mise à disposition des propriétés générales, définies dans la classe parent, aux classes enfants sans qu'il soit nécessaire à chaque fois de les déclarer au niveau des classes enfants elles-mêmes.

Prenant par exemple la classe **Publication** du listing 8.1 que l'on utilise pour représenter toute entité pouvant contenir de l'information.

On constate que le modificateur de visibilité pour chacun des membres attributs, soit **auteur, no_page** et **editeur** est public. En orienté objet, il est indispensable de maintenir les attributs **private** afin de respecter le principe de l'encapsulation. Pour le moment, on utilisera une visibilité **public** afin d'expliquer le concept d'héritage.

Listing 8.1 – Classe parent

```python
class Publication :
    def __init__(self, auteur, no_page, editeur):
        self.auteur = auteur
        self.no_page = no_page
        self.editeur = editeur

    def __str__(self):
        return 'Auteur est{0:20s}, nombre de pages: {1:4d}, \
             Editeur:{2:20s}'.format(
             self.auteur, self.no_page, self.editeur)
```

Maintenant, supposons que l'on désire créer la classe **Livre** dérivée de la classe **Publication**. En Python, on utilisera les parenthèses ( ) pour indiquer qu'une classe est dérivée à partir d'une autre classe.

Par exemple, à partir de la classe parent **Publication**, on aura :

```python
class Livre(Publication):
    pass
```

On notera que cette classe **Livre**, dérivée de la classe **Publication**, aura les mêmes membres que **Publication**. Il est important de garder en tête que ces classes sont développées dans un contexte de représentations abstraites. De ce fait, lorsqu'on énonce que **Livre** a les mêmes membres que **Publication**, cela veut simplement dire que le plan de description de **Livre** contient en partie une description de membres qui se retrouvent aussi dans **Publication**.

L'héritage dans le cas des classes de la hiérarchie est cette capacité de la classe enfant de prendre les propriétés générales des classes parents dans la chaîne d'héritage.

Une fois que la nouvelle classe, issue de l'héritage, est obtenue, on peut procéder, selon le besoin, aux transformations suivantes :

— Ajouter de nouvelles variables ou attributs à la nouvelle classe
— Ajouter de nouvelles méthodes à la nouvelle classe
— Modifier les méthodes héritées

Il faut noter que ces opérations peuvent être effectuées séparément ou ensemble.

Dans la terminologie orientée objet, la classe originale est appelée classe parent, super-classe ou classe de base. La classe dérivée à partir de cette classe parent, est appelée classe enfant ou sous-classe.

8.1.1   Syntaxe de déclaration

Dans le cas de l'héritage simple, la syntaxe pour la classe dérivée est la suivante.

```
class <nom_classe_derivée>(classe_base):
      instructions
      ...
```

On met ainsi la classe parent entre les parenthèses.

On considère maintenant la classe Parent **Participant**. Celle-ci représente un participant dans une activité de formation. Tout objet que l'on va créer à partir de cette classe aura les attributs **nom** et **prenom**. De plus, on ajoute la méthode **venir_college()** qui permet au participant de rejoindre le collège qui est le lieu de formation.

Le diagramme UML de cette classe est montré à la figure 8.1.

Participant
nom **prenom**
venir_college()

FIGURE 8.1 – Classe parent.

Le listing 8.2 donne le code cette classe. Celle-ci est standard et contient l'initialisateur et la méthode qui retourne l'état de l'objet.

La méthode **venir_college()** sera une méthode qui sera probablement redéfinie au niveau de certaines ou de l'ensemble des classes enfants.

Classe parent

Listing 8.2 – Classe parent

```python
class Participant:
    def __init__(self, nom, prenom):
        self.nom = nom
        self.prenom = prenom

    def venir_college(self):
        print('Le participant vient au college.')

    def __str__(self):
        return 'Nom={0:15s}, Prenom={1:10s}'.format(self.nom,
        ↪    self.prenom)
```

Le code 8.3 permet de créer l'objet **participant** et de lui appliquer la méthode disponible qui est **venir_college()**. On affiche l'état de l'objet avant le déplacement.

Listing 8.3 – Création d'objet

```python
participant = Participant('Flouflou','Alain')
print(participant)
participant.venir_college()
```

À l'exécution, on aura ;

Sortie en mode exécution

```
Nom=Flouflou       , Prenom=Alain
Le participant vient au college.
```

On considère maintenant la relation entre la classe parent **Participant** et la classe enfant **Etudiant**.

Cette relation est montrée dans le diagramme UML de la figure 8.2.

La flèche utilisée est vide dans le cas de la relation " est-un " et la flèche pointe de la classe enfant vers la classe parent.

Dans le diagramme, on ne met dans la classe enfant **Etudiant** que les membres spécifiques à cette classe. Les méthodes de la classe parent **Participant** sont implicitement disponibles dans **Etudiant**.

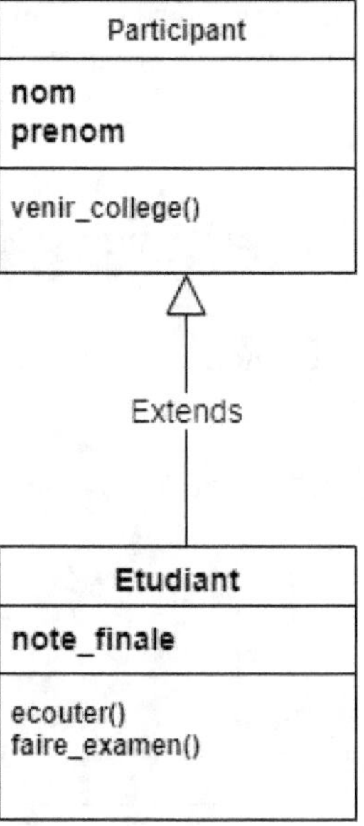

FIGURE 8.2 – Héritage parent-enfant.

Cette relation peut s'écrire comme indiqué dans le listing 8.4.

On a introduit au niveau du code de la classe **Etudiant** l'appel des méthodes de la classe parent **Participant** en utilisant `super()`.

La fonction `super()` retourne un objet du type de la classe parent, qui est dans notre cas **Participant**. L'objet ainsi obtenu peut être utilisé pour faire des appels aux méthodes de cette classe parent.

C'est ce qu'on a fait par exemple avec l'appel `super().__init__(nom, prenom)` et `super().__str__()`. Ce concept d'appel des méthodes du parent par l'intermédiaire de `super` est important car un objet parent peut augmenter ou modifier le comportement d'une méthode du parent de cette façon.

Classe enfant

```
Listing 8.4 – classe enfant
```

```python
class Etudiant(Participant):
    def __init__(self, nom, prenom, note_finale):
        super().__init__(nom, prenom)
        self.note_finale = note_finale

    def ecouter(self):
        print('Etudiant ecoute et participe.')

    def faire_examen(self):
        print('Etudiant fait son examen')

    def __str__(self):
        return super().__str__() +',
        ↪    note_finale={0:4.2f}'.format(self.note_finale)
```

Il y'a une autre utilisation de la méthode `super()` mais qui implique l'utilisation de deux paramètres. Le code 8.5 montre la forme générale.

```
Listing 8.5 – Utilisation de super()
```

```python
super(Type_Enfant, objet_type_enfant)
```

Le premier paramètre est du type Enfant alors que le deuxième paramètre est un objet du type enfant.

Il faut noter que cette forme de super() n'est pas très courante

L'héritage établit une relation du type " est-un " entre la classe parent et la classe enfant. En reprenant l'exemple précédent, on pourra dire que la classe enfant est une version plus spécifique ou une spécialisation de la classe parent.

Dans ce cas de spécialisation, la classe enfant **Etudiant** dispose des méthodes propres à elle que sont **ecouter()** et **faire_examen()** mais aussi de la méthode **venir_college()** qu'elle hérite de son parent, la classe **Participant**.

De plus, elle dispose de son attribut spécifique **note_finale**, en plus des attributs **nom** et **prenom** qu'elle hérite de **Participant**.

Le code 8.6 permet de créer l'objet **etudiant** et de lui appliquer la méthode d'intérêt qui est **venir_college()**. On affiche l'état de l'objet avant le déplacement.

Listing 8.6 – Création d'objets parent et enfant

```python
#Objet Participant
participant = Participant('Flouflou','Alain')
print(participant)
participant.venir_college()
print('=' * 50)
#Objet Etudiant
etudiant = Etudiant('Flouclair', 'Annie', 86)
print(etudiant)
etudiant.venir_college()
etudiant.ecouter()
```

À l'exécution, on aura ;

Sortie en mode exécution

```
Nom=Flouflou        , Prenom=Alain
Le participant vient au college.
==================================================
Nom=Flouclair       , Prenom=Annie       , note_finale=86.00
Le participant vient au college.
Etudiant ecoute et participe.
```

En résumé, avec la classe **Etudiant**, on a pu :

— Ajouter un attribut et deux méthodes qui n'étaient pas dans la classe parent
Participant.
— En utilisant super(), appeler les méthodes __init__() et __str__() du parent.

On va maintenant introduire la redéfinition de méthode au niveau de la classe enfant.
Pour cela, considérons la classe **Professeur** comme indiqué dans le diagramme UML
de la figure 8.3.

On constate que dans cette classe, on a l'attribut spécifique **salaire** et les trois méthodes
venir_college(), **enseigner()** et **donner_examen()**. Les deux dernières méthodes
mentionnées sont spécifiques à la classe enfant.

Si l'on a ajouté explicitement la méthode **venir_college()**, c'est qu'on a l'intention de
redéfinir le corps de la méthode. Il est important de comprendre que la redéfinition ne
change pas la signature de la méthode. Par signature, on entend le nombre et le type
de paramètres de la méthode.

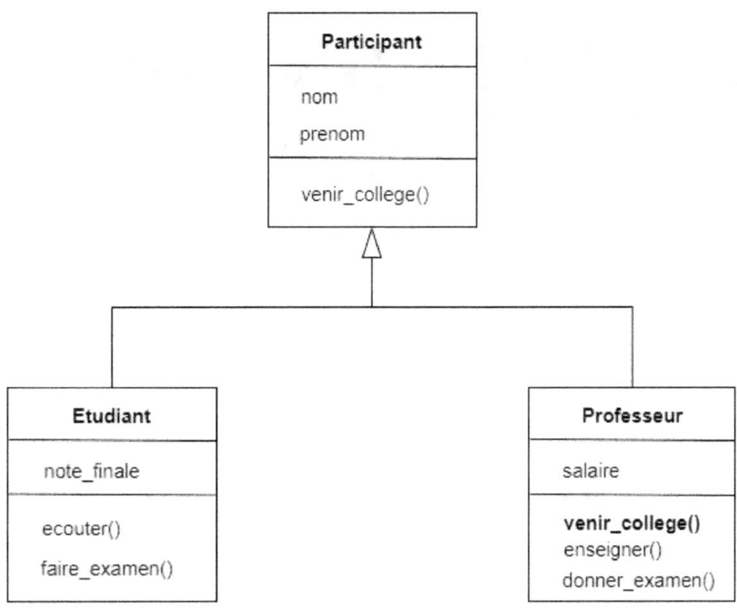

FIGURE 8.3 – Arborescence d'héritage.

💡 **Quand est-ce qu'il faut mettre les méthodes dans le diagramme UML de classe ?**
Si la méthode n'est pas redéfinie dans la classe enfant, il n'est pas nécessaire de l'inclure dans le diagramme.

Le code de la classe **Professeur** est donné au niveau du listing 8.7.

De la même façon que pour la classe **Etudiant**, on a introduit au niveau du code de la classe **Professeur** l'appel des méthodes de la classe parent **Participant** en utilisant `super()`.

Classe enfant

```
Listing 8.7 – Classe enfant
```

```python
class Professeur(Participant):
    def __init__(self, nom, prenom, salaire):
        super().__init__(nom, prenom)
        self.salaire = salaire

    def venir_college(self):
        print('Le professeur vient au college en Ferrari.')

    def enseigner(self):
        print('Professeur enseigne.')

    def donner_examen(self):
        print('Professeur donne examen')

    def __str__(self):
        return super().__str__() +',
    ↪    salaire={0:7.2f}'.format(self.salaire)
```

Dans ce cas, on remarque que dans la classe enfant **Professeur** on a modifié le code de la méthode **venir_college()** qui est héritée de son parent, la classe **Participant**.

De plus, elle dispose de son attribut spécifique **salaire**, en plus des attributs **nom** et **prenom** qu'elle hérite de **Participant**.

Le code 8.8 permet de créer l'objet **professeur** et de lui appliquer les méthodes disponibles, soient **venir_college()** et **enseigner()**. On affiche l'état de l'objet avant le déplacement.

```
Listing 8.8 – Utilisation des classes parent et enfants
```

```python
#Objet Participant
participant = Participant('Flouflou','Alain')
print(participant)
participant.venir_college()
print('=' * 50)
#Objet Etudiant
etudiant = Etudiant('Flouclair', 'Annie', 86)
print(etudiant)
```

```python
etudiant.venir_college()
etudiant.ecouter()
print('=' * 50)
#Objet Professeur
professeur = Professeur('Clairclair', 'Smith', 4000)
print(professeur)
professeur.venir_college()
professeur.enseigner()
```

À l'exécution, on aura ;

Sortie en mode exécution

```
Nom=Flouflou        , Prenom=Alain
Le participant vient au college.
======================================================
Nom=Flouclair       , Prenom=Annie       , note_finale=86.00
Le participant vient au college.
Etudiant ecoute et participe.
======================================================
Nom=Clairclair      , Prenom=Smith       , salaire=4000.00
Le professeur vient au college en Ferrari.
Professeur enseigne.
```

Dans la pratique, l'ordre des appels de méthodes devrait être changé car l'objet **etudiant** ne devrait exécuter la méthode **ecouter()** qu'une fois que l'objet **professeur** a exécuté la méthode **enseigner()**. Le code d'appel amélioré est donné dans le listing 8.9.

Listing 8.9 – Séquence d'appels

```python
#Objet Participant
participant = Participant('Flouflou','Alain')
print(participant)
participant.venir_college()
print('=' * 50)
#Objet Etudiant
etudiant = Etudiant('Flouclair', 'Annie', 86)
print(etudiant)
```

```python
etudiant.venir_college()
print('=' * 50)
#Objet Professeur
professeur = Professeur('Clairclair', 'Smith', 4000)
print(professeur)
professeur.venir_college()
print('=' * 50)
professeur.enseigner()
etudiant.ecouter()
```

Le résultat reflète maintenant un cas beaucoup plus proche de la réalité.

```
Sortie en mode exécution
```

```
Nom=Flouflou          , Prenom=Alain
Le participant vient au college.
==================================================
Nom=Flouclair         , Prenom=Annie      , note_finale=86.00
Le participant vient au college.
==================================================
Nom=Clairclair        , Prenom=Smith      , salaire=4000.00
Le professeur vient au college en Ferrari.
==================================================
Professeur enseigne.
Etudiant ecoute et participe.
```

En résumé, avec la classe **Professeur**, on a pu :

— Ajouter un attribut et deux méthodes qui n'étaient pas dans la classe parent
  Participant.
— En utilisant super(), appeler les méthodes __init__() et __str__() du parent.
— Redéfinir une méthode héritée de la classe parent **Participant**.

Polymorphisme

Afin de voir le polymorphisme en action, introduisons une liste **registre** dans laquelle
on va stocker les objets **participant**, **etudiant** et **professeur**. Une simple itération
à travers cette liste avec un appel vers la méthode **venir_college()** nous permettra
d'éviter un appel séparé à travers chacun des objets.

Le nouveau code est montré dans le listing 8.10.

```
Listing 8.10 – Polymorhpisme en action
```

```python
participant = Participant('Flouflou','Alain')
etudiant = Etudiant('Flouclair', 'Annie', 86)
professeur = Professeur('Clairclair', 'Smith', 4000)
#List
registre = [participant, etudiant, professeur]
#parcours
for tmp in registre:
    tmp.venir_college()
```

La sortie est identique à celle qu'on a obtenue pour les appels à travers les objets séparément.

```
Sortie en mode exécution
```

```
Le participant vient au college.
Le participant vient au college.
Le professeur vient au college en Ferrari.
```

On voit le polymorphisme à travers l'objet **registre**. Tous les objets, qui sont différents, sont traités comme si ils étaient du même type, qui est dans notre cas celui du parent, soit **Participant**.

Le code d'appel utilisé, soit :

```python
#parcours
for tmp in registre:
    tmp.venir_college()
```

est un code qui a été conçu beaucoup plus pour la classe parent que pour les classes enfants. Par contre, à l'exécution, le polymorphisme est utilisé pour appeler la méthode spécifique à utiliser selon la hiérarchie d'héritage.

Lors du parcours de la liste **registre**, l'objet **participant** fait appel à sa propre méthode **venir_college()**. Le deuxième objet, soit **etudiant**, voit qu'il n'a pas redéfini **venir_college()**. Ce sera donc l'implémentation de son parent soit le code de la méthode originelle **venir_college()** dans **Participant** qui sera utilisée.

Maintenant, le dernier objet dans la liste qui est **professeur** trouve que la méthode **venir_college()** est redéfinie à son niveau. Ce sera cette version qui sera utilisée.

Considérons maintenant que pour récompenser un objet étudiant, on lui donne cinq point supplémentaires sur sa note finale lorsqu'il vient au collège. Ce nouveau besoin implique que l'on doit modifier la méthode **venir_college()** qu'il a hérité. Il est néces-

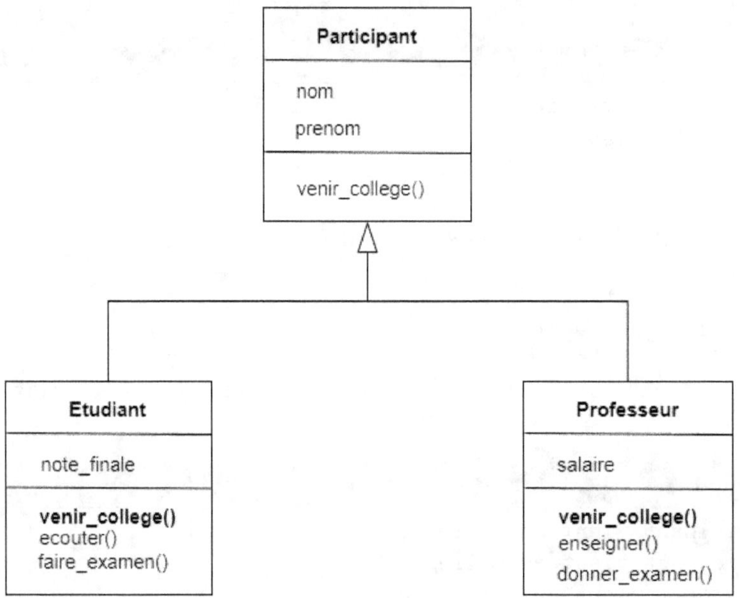

FIGURE 8.4 – Redéfinition de méthode dans les classes enfants.

saire de la redéfinir et donc de l'inclure dans le diagramme de classes UML. La nouvelle
version du diagramme est montré par la figure 8.4.

Le nouveau code de la classe **Etudiant** est maintenant celui du listing 8.11.

Listing 8.11 – Classe avec une méthode redéfinie

```python
class Etudiant(Participant):
    def __init__(self, nom, prenom, note_finale):
        super().__init__(nom, prenom)
        self.note_finale = note_finale

    def ecouter(self):
        print('Etudiant ecoute et participe.')

    def faire_examen(self):
        print('Etudiant fait son examen')
```

```python
    def venir_college(self):
        self.note_finale += 5
        print('Étudiant vient au collège')

    def __str__(self):
        return super().__str__() + ',
     ↪  note_finale={0:4.2f}'.format(self.note_finale)
```

La méthode **venir_college()** est dans ce cas disponible en trois versions. En premier, celle de la version de **Participant**. Ensuite, les versions redéfinies au niveau de chacune des classes enfants **Etudiant** et **Professeur**.

Le code d'appel de ces méthodes par chacun des objets est celui indiqué dans le listing 8.10.

La sortie est conforme au besoin tel que prévu, soit ;


```
Le participant vient au college.
Étudiant vient au collège
Le professeur vient au college en Ferrari.
```

On voit que l'objet **etudiant** a exécuté sa propre implémentation de **venir_college()** puisqu'on a procédé à une redéfinition de la méthode parent.

D'ailleurs, on peut procéder à l'affichage de l'état de l'objet et on verra que sa note finale a augmenté de cinq points.

```
Nom=Flouclair         , Prenom=Annie        , note_finale=91.00
```

Héritage multiple

Dans le langage Python, on peut faire l'héritage simple ou unique ainsi que l'héritage multiple. Avec cette approche, une classe enfant va être capable d'hériter d'une ou plusieurs classes.

La syntaxe de déclaration d'une classe dérivée à partir de plusieurs classes de base est la suivante.

```python
class <nom_classe_derivée>(classe_base1, classe_base2,...,
 ↪  classe_basen):
        instructions

        ...
```

Les méthodes des différentes classes de base seront héritées par la classe enfant comme dans le cas de l'héritage unique.

Le problème qui va se poser est lorsque deux ou plusieurs classes parent ont des méthodes avec le même nom. Une ambiguité dans la résolution de la méthode à utiliser dans la classe enfant se produit.

Sans rentrer dans les détails, Python utilise la technique du **MRO** ou Method Resolution Order pour trouver la méthode correcte à utiliser. Essentiellement, la résolution commence par la classe la plus à gauche dans la déclaration, soit **classe_base1** jusqu'à la dernière classe à droite qui est **classe_basen**. Si la méthode n'est pas trouvée, on continue jusqu'à la classe **Object**.

Pour simplifier la résolution de méthode, il est conseillé de renommer différemment les méthodes au niveau des classes s'il y a un risque d'ambiguité.

Listing 8.12 – Autre classe parent

```python
class  Sportif:
    def __init__(self, vitesse):
        self.vitesse = vitesse

    def courir(self) :
        print('Sportif court avec une vitesse
        ↪ {}'.format(self.vitesse))

    def __str__(self):
        return 'vitesse={0:4.2f}'.format(self.vitesse)
```

Pour illustrer l'héritage multiple, reprenons l'exemple de la section précédente et imaginons qu'un étudiant aime faire du sport alors qu'un professeur ne l'est pas. La hiérarchie d'héritage de la figure 8.4 sera modifiée pour inclure ces changements et nous donne la nouvelle hiérarchie de la figure 8.5.

On voit qu'au niveau de la classe **Sportif**, on a l'attribut **vitesse** et la méthode **courir()** comme membres définissant un objet du type **Sportif**. Ceci donne le code du listing 8.12.

Avec l'héritage supplémentaire de la classe **Sportif**, la classe **Etudiant** sera définie selon le code du listing 8.13.

Listing 8.13 – Classe enfant héritant de deux classes parents

```python
class Etudiant(Participant, Sportif):
    def __init__(self, nom, prenom, note_finale, vitesse):
        Participant.__init__(self, nom, prenom)
        Sportif.__init__(self,vitesse)
        self.note_finale = note_finale
```

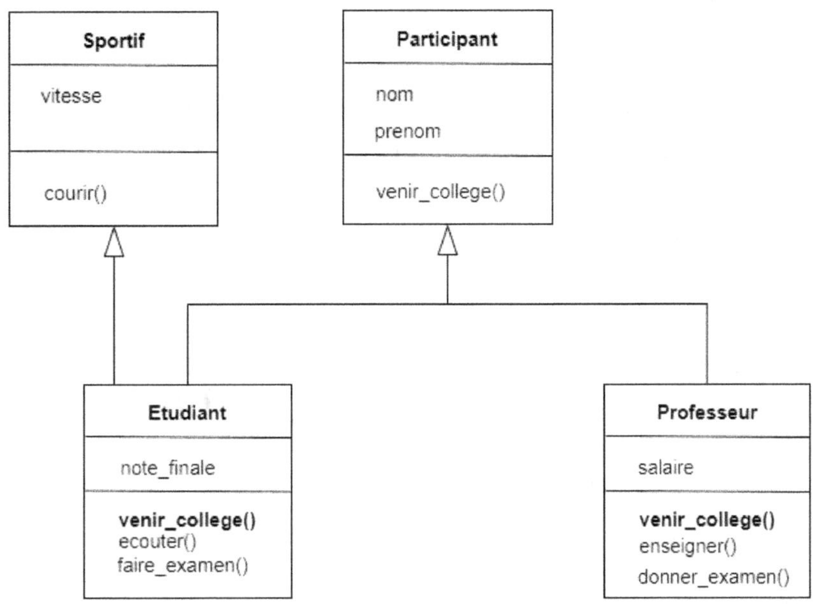

FIGURE 8.5 – Hiérarchie d'héritage multiple.

```python
def ecouter(self):
    print('Etudiant ecoute et participe.')

def faire_examen(self):
    print('Etudiant fait son examen')

def venir_college(self):
    self.note_finale += 5
    print('Étudiant vient au collège')

def __str__(self):
    return Participant.__str__(self) + ',
    ↪    note_finale={0:4.2f}'.format(self.note_finale) +', ' +
    ↪    Sportif.__str__(self)
```

Afin d'éviter de passer par la technique **MRO**, on a décidé ici d'utiliser des appels directs aux méthodes des classes parents __init__() et __str__.

La création de l'objet **etudiant** se fait avec le code suivant.

```
etudiant = Etudiant('Flouclair', 'Annie', 86, 4)
```

💡 **Est-ce qu'on est obligé d'utiliser l'héritage multiple ?**

Dans certaines situations, on peut être amené à utiliser l'héritage multiple en prenant soin de faire une bonne conception de classes.

Dans la plupart des cas par contre, on peut éviter de recourir aux complications de l'héritage multiple en utilisant d'autres techniques comme la composition de classes.

8.1.2 Reconnaître le type ou le parent

En manipulant les objets instanciés à partir d'une hiérarchie d'héritage, on peut être amené à identifier le vrai type d'un objet. Python nous offre deux méthodes permettant d'identifier le type exact d'un objet mais aussi s'il est du type d'une classe parent.

Les deux méthodes disponibles sont `isinstance()` et `issubclass()`.

Méthode `isinstance()`

Cette méthode teste si un objet est d'un type particulier. La syntaxe est la suivante :

```
isinstance(objet, type_recherche)
```

Elle retourne `True` si **objet** est du même type que le paramètre **type_recherche**.

En reprenant l'exemple de l'objet **etudiant** de la section précédente, on peut développer le code du listing 8.14 qui vérifie si **etudiant** est d'un type particulier. Il faut noter que la variable **statut** peut être ensuite utilisée comme condition dans une structure de test.

Listing 8.14 – Découvrir le type d'un objet

```python
#Vérifier si etudiant est du type Participant
statut = isinstance(etudiant, Participant)
print(statut)
#Vérifier si etudiant est du type Sportif
statut = isinstance(etudiant, Sportif)
print(statut)
#Vérifier si etudiant est du type Professeur
statut = isinstance(etudiant, Professeur)
print(statut)
```

En sortie, on obtient bien la confirmation que l'objet **etudiant** est du type **Participant** mais est aussi du type **Sportif** mais par contre il n'est pas du type **Professeur**.

Sortie en mode exécution

```
True
True
False
```

Le résultat peut être ensuite utilisé pour appliquer par exemple un traitement particulier dans le cas où l'objet est d'un type particulier.

Méthode `issubclass()`

Cette méthode teste si une classe hérite d'une autre classe. La syntaxe est la suivante :

```
issubclass(classe_enfant, classe_recherche)
```

Elle retourne `True` si **classe_enfant** hérite de **classe_recherche**.

En reprenant l'exemple de la classe **Etudiant**, on peut développer le code du listing 8.15 qui permet de vérifier si **Etudiant** hérite de la classe **Participant**.

Le résultat peut être ensuite utilisé pour appliquer par exemple un traitement particulier dans le cas où la classe hérite réellement de **Participant**.

Listing 8.15 – Découvrir si on a une relation d'héritage

```python
#Vérifier si Etudiant hérite de Participant
statut = issubclass(Etudiant, Participant)
print(statut)
#Vérifier si Etudiant hérite de  Sportif
statut = issubclass(Etudiant, Sportif)
print(statut)
#Vérifier si Etudiant hérite de  Professeur
statut = issubclass(Etudiant, Professeur)
print(statut)
```

En sortie, on obtient bien la confirmation que **Etudiant** hérite de **Participant** et aussi de **Sportif** mais par contre elle n'a aucune relation avec **Professeur**.

Sortie en mode exécution

```
True
True
False
```

8.2 Étude de cas

Nous allons reprendre dans cette section l'étude de cas qu'on a entamée dans le chapitre précédent.

La figure 8.6 donne le diagramme de classes avec les classes **Joueur** et **Entraineur**.

Joueur
nom prenom performance
venir_salle() ecouter() demontrer()

Entraineur
nom prenom competence
venir_salle() entrainer() examiner()

FIGURE 8.6 – Classes de base avec attributs et méthodes.

On constate qu'il y'a des attributs et des méthodes qui sont communs aux deux classes. De ce fait, on va procéder à l'extraction de ces membres dans une classe parent que l'on va appeler **Sportif**. La figure 8.7 montre l'arborescence obtenue. La méthode **venir_salle()** sera gardée (redéfinie) dans la classe **Joueur** car elle effectue un travail différent de celui fait par la méthode **venir_salle()** qui est présente dans **Sportif**.

Listing 8.16 – Classe parent Sportif

```python
class Sportif:
    def __init__(self, nom, prenom):
        self.nom = nom
        self.prenom = prenom

    def __str__(self):
        return "Nom:{}, prenom:{}".format(self.nom, self.prenom)

    def venir_salle(self, msg):
        print("Présence comme:" + msg)
```

Les codes des listings 8.16, 8.17 et 8.18 résume les relations entre les différentes classes.

Dans le listing 8.16, on a les attributs et les méthodes spécifiques aux objets de type **Sportif**.

Les attributs et les méthodes spécifiques aux objets de type **Entraineur** sont montrés dans le listing 8.17.

On remarque que l'on n'a pas redéfini la méthode **venir_salle()** parce que la méthode

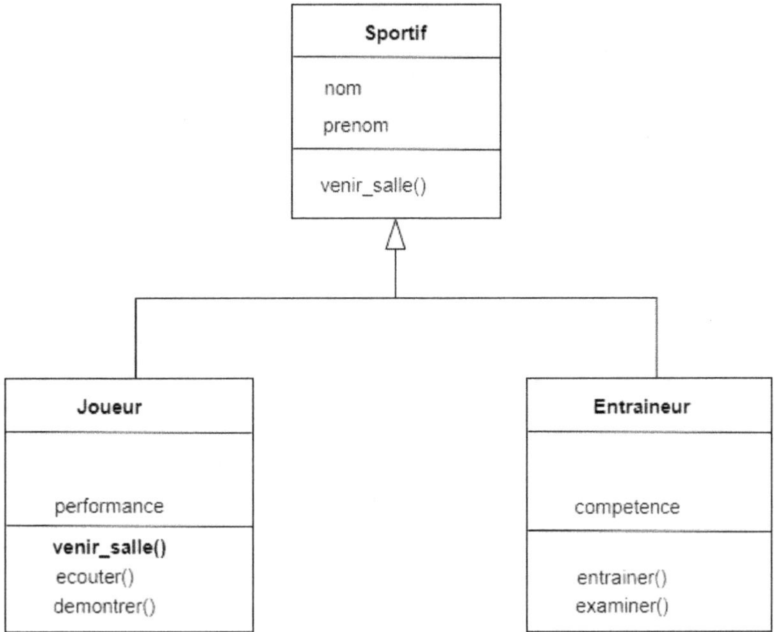

FIGURE 8.7 – Classes de base avec attributs et méthodes.

parent qui se trouve dans **Sportif** a exactement le même code.

On a aussi utilisé `super()` au niveau de la méthode `__str__()` et de l'initialisateur pour avoir accès à l'objet de type parent.

On voit aussi qu'on a passé les valeurs **nom** et **prenom** à l'initialisateur du parent.

Listing 8.17 – Classe parent Entraineur

```python
class Entraineur(Sportif):
    def __init__(self, nom, prenom, competence):
        super().__init__(nom, prenom)
        self.competence = competence

    def __str__(self):
        return super().__str__() + ",
    ↪   competence:{}".format(self.competence)
```

```python
    def entrainer(self):
        print("Entraineur fait un entrainement")
        self.competence += 10

    def examiner(self):
        print("Entraineur donne un examen")
        self.competence += 30
```

Dans le listing 8.18, on a les attributs et les méthodes spécifiques aux objets de type
Joueur. On remarque que l'on a redéfini la méthode **venir_salle()** parce que la méthode fait plus que ce qui est fait dans la méthode parent de **Sportif**.

Listing 8.18 – Classe Joueur

```python
class Joueur(Sportif):
    def __init__(self, nom, prenom, performance):
        super().__init__(nom, prenom)
        self.performance = performance

    def __str__(self):
        return super().__str__() + ",
          performance:{}".format(self.performance)

    def venir_salle(self, msg):
        super().venir_salle(msg)
        self.performance += 5

    def ecouter(self):
        print("Joueur ecoute")
        self.performance += 10

    def demontrer(self):
        print("Joueur fait examen")
        self.performance += 20
```

Finalement, on a procédé dans le listing 8.19 à la création des objets et surtout on a
fait appel aux différentes méthodes en prenant soin de respecter l'ordre d'appel.

Si l'on compare avec le listing du chapitre précédent, on constate que rien n'a changé,
ce qui est tout à fait normal étant donné que l'on a juste restructuré le code des classes.

Listing 8.19 – Séquence de création d'objets et d'appels de méthodes

```python
#creation Objets
objJ = Joueur("flouflou", "alain", 0)
objE = Entraineur('flouclair', 'Annie', 0.0)
print("Avant collaboration")
print(objJ)
print(objE)
objJ.venir_salle("Joueur")
objE.venir_salle("Entraineur")
objE.entrainer()
objJ.ecouter()
objE.examiner()
objJ.demontrer()
print("=" * 50)
print("Apres collaboration")
print(objJ)
print(objE)
```

Sortie

```
Avant collaboration
Nom:flouflou, prenom:alain, performance:0
Nom:flouclair, prenom:Annie, competence:0.0
Présence comme:Participant
Présence comme:Host
Entraineur fait un entrainement
Joueur ecoute
Entraineur donne un examen
Joueur fait examen
==================================================
Apres collaboration
Nom:flouflou, prenom:alain, performance:35
Nom:flouclair, prenom:Annie, competence:40.0
```

On peut maintenant utiliser les trois classes pour créer les objets correspondants. On va donc maintenant valider le polymorphisme.

Soit le code du listing 8.20.

```
Listing 8.20 – Polymorphisme

# creation Objets
objJ = Joueur('flouflou', 'alain', 0)
objE = Entraineur('flouclair', 'Annie', 0.0)
objS = Sportif("clairclair", 'abdel')

registre = [objE, objJ, objS]
# Exécution de la méthode venir_salle()
for tmp in registre:
    tmp.venir_salle(type(tmp).__name__)
```

En sortie, on obtient le message correspondant à l'exécution de **venir_salle()** par chaque objet de la liste, soit :

Sortie

```
Présence comme:Entraineur
Présence comme:Joueur
Présence comme:Sportif
```

On notera que l'on a utilisé `type(tmp).__name__` pour obtenir le nom de la classe correspondant à l'objet et ensuite la passer comme paramètre à la méthode.

8.3   Résumé rapide

- L'héritage est une technique fondamentale de l'orienté objet dans l'organisation et la création de classes.
- L'héritage permet la réutilisation de classes dans le développement de nouvelles applications.
- Python autorise l'héritage multiple.
- Le mot clé `super()` permet d'accéder aux membres de la classe parent.

8.4 Quiz

Répondre aux questions suivantes sachant qu'il peut y avoir une ou plusieurs bonnes réponses.

1. On utilise l'héritage pour :
   (a) Minimiser la redondance de code
   (b) Réutiliser du code
   (c) Augmenter le nombre de lignes de code

2. L'héritage en python peut être :
   (a) Unique
   (b) Multiple

3. L'héritage est un concept de base de l'orienté objet :
   (a) Vrai
   (b) Faux

4. La fonction `super()` retourne :
   (a) Une référence à une instance de l'objet parent
   (b) Une référence à une instance de l'objet enfant

5. Une méthode héritée par une classe enfant peut être redéfinie :
   (a) Vrai
   (b) Faux

6. Soit le code suivant :

```python
class Voiture:
    def avancer(self):
        print('La voiture est en marche')
class VSport(Voiture):
    def avancer(self):
        print('Ma ferrari file à toute vitesse')

v = VSport()
v.avancer()
```

L'exécution du code conduit au résultat suivant :
   (a) Erreur car `__init__()` n'a pas été définie dans la classe `VSport`

    (b) Affichage de : Ma ferrari file à toute vitesse

    (c) Affichage de : La voiture est en marche

7. Soit le code suivant :

```python
class Voiture:
    def avancer(self):
        print('La voiture est en marche')

class VSport(Voiture):
    def avancer(self):
        print('Ma ferrari file à toute vitesse')

s =VSport()
print(type(s))
```

L'exécution du code conduit au résultat suivant :

    (a) <class '__main__.Voiture'>

    (b) <class '__main__.VSport'>

8. Un objet d'une classe enfant peut faire appel à une méthode de la classe parent en utilisant :

    (a) `base()`

    (b) `super()`

    (c) `__init__()`

9. Une méthode redéfinie dans une classe enfant doit garder les mêmes paramètres que la méthode définie dans la classe parent :

    (a) Vrai

    (b) Faux

10. Soit le code suivant :

```python
class Voiture:
    def avancer(self):
        print('La voiture est en marche')

class VSport(Voiture):
    def avancer(self):
        print('Ma ferrari file à toute vitesse')

v = Voiture()
s =VSport()

print(isinstance(v, Voiture))
print(isinstance(s, Voiture))
print(isinstance(s, VSport))
```

L'exécution du code conduit au résultat suivant :
(a) True False True
(b) True True True
(c) True False False

8.5 Exercices de pratique

EXERCICE 8.1

Créer une classe de base **Employe** qui va représenter un employé d'une entreprise. On considère qu'un employé a un nom et un code. Procéder ensuite à la création d'un objet de type **Employe** et afficher son état. Dans une deuxième étape, ajouter la méthode **effectuer_tache()** dans laquelle on a l'instruction d'affichage de la chaîne **Realisation de tache**.

```python
# Heritage
class Employe:
    def __init__(self, code, nom):
        self.code = code
        self.nom = nom


    def __str__(self):
        return 'Code:{}, nom:{}'.format(self.code, self.nom)

    def effectuer_tache(self):
        print('Realisation de tache')


# creation d'un objet de type Employe
emp = Employe(12, "Flouflou")
print(emp)
emp.effectuer_tache()
```

Sortie

```
Code:12, nom:Flouflou
Realisation de tache
```

EXERCICE 8.2

En reprenant l'exercice 8.1, créer une classe enfant **EmployePartiel** qui va représenter un employé travaillant à temps partiel. Cet employé a un nom, un code et le nombre d'heures maximum par semaine. Procéder ensuite à la création d'un objet de type **EmployePartiel** et afficher son état.

```python
# Heritage
class Employe:
    def __init__(self, code, nom):
        self.code = code
        self.nom = nom

    def __str__(self):
        return 'Code:{}, nom:{}'.format(self.code, self.nom)

    def effectuer_tache(self):
        print('Realisation de tache')

class EmployePartiel(Employe):
    def __init__(self, code, nom, max_heures):
        super().__init__(code, nom)
        self.max_heures = max_heures

    def __str__(self):
        return super().__str__()+',heures:{}'.format(self.max_heures)

# creation d'un objet de type EmployePartiel
empP = EmployePartiel(15, "Flouclair", 20)
print(empP)
```

Sortie

```
Code:15, nom:Flouclair,heures:20
```

EXERCICE 8.3

En reprenant l'exercice 8.2, modifier la méthode **effectuer_tache()** dans la classe **EmployePartiel** afin d'indiquer en plus que l'employé à temps partiel ne doit pas dépasser le maximum d'heures permis.

```python
# Heritage
class Employe:
    def __init__(self, code, nom):
        self.code = code
        self.nom = nom

    def __str__(self):
        return 'Code:{}, nom:{}'.format(self.code, self.nom)

    def effectuer_tache(self):
        print('Realisation de tache')

class EmployePartiel(Employe):
    def __init__(self, code, nom, max_heures):
        super().__init__(code, nom)
        self.max_heures = max_heures

    def __str__(self):
        return super().__str__()+',heures:{}'.format(self.max_heures)

    def effectuer_tache(self):
        super().effectuer_tache()
        print("Il ne faut pas dépasser le nombre d'heures permis")

# creation d'un objet de type EmployePartiel
empP = EmployePartiel(15, "Flouclair", 20)
print(empP)
empP.effectuer_tache()
```

Sortie

```
Code:15, nom:Flouclair,heures:20
Realisation de tache
Il ne faut pas dépasser le nombre d'heures permis
```

8.6 Exercices de programmation

EXERCICE 8.4

Solution fournie en annexe

— Créer la classe de base **Contact**. Celle-ci définit un contact que l'on peut avoir. On nous impose qu'un contact dispose d'un nom et d'une adresse email.
— Sur la base de cette information, créer un contact ayant comme nom **Alain flouflou** et adresse courriel **a.flouflou@monsite.com**. Afficher son détail.
— On considère maintenant que l'on peut avoir un contact mais qui est aussi un fournisseur. Dans ce cas précis, un fournisseur dispose d'un attribut supplémentaire appelé **code_scn** ainsi que d'une méthode **passer_commande()**. Développer la classe **Fournisseur**. Créer un objet fournisseur avec les valeurs **Annie Clair-Clair**, **a.clairclair@monsite.com** et **1234**.
— Afficher l'état de chacun des objets

EXERCICE 8.5

Solution fournie en annexe

— On désirer maintenant sauvegarder les contacts de l'exercice 8.4 dans un registre mémoire. Pour cela, on va utiliser une liste comme collection. Développer la classe **RegistreContacts** qui dispose d'un attribut de type `list` et d'un titre pour la collection des contacts appelé **liste des contacts**. On ajoutera les contacts de l'exercice 8.4 dans le registre.
— On fera en sorte maintenant d'ajouter l'affichage du contenu de la liste une fois qu'ils ont été ajouté.
— Le registre des contacts devra maintenant nous fournir un moyen de chercher un contact par son nom. Développer la méthode **rechercher_contact()** qui prend le nom d'un contact pour rechercher s'il est déjà dans le registre.

EXERCICE 8.6

Développez un programme qui calcule le salaire net d'un employé sachant que les deux  types d'employés sont à temps plein et à temps partiel. Un employé dispose d'un nom, prénom et d'un code. Un employé à temps plein dispose d'un salaire mensuel.

Si l'employé est à temps partiel, il dispose d'un taux horaire et de nombre d'heures travaillées et peut faire des heures supplémentaires. Les employés à temps plein n'ont pas le droit de faire des heures supplémentaire. Par contre, les heures supplémentaires sont payées au taux de 1.5 pour toute heure au delà de 35 heures pour les employés à temps partiel.

Tous les employés sont sujets à une imposition de 20% sur le salaire.

Chapitre 9

Fichiers

Contenu de ce chapitre

Dans ce chapitre, vous allez :

○ Effectuer la lecture à partir d'un fichier
○ Effectuer l'écriture dans un fichier
○ Réaliser le découpage de chaîne de caractères
○ Manipuler des fichiers csv

9.1 Fichiers entrée et sortie

Jusqu'à présent, toutes les données qu'on a manipulées étaient perdues dès que le programme se terminait.Mais dans un grand nombre de cas, on a besoin de sauvegarder ces données sur un support permanent.

Depuis le début de l'informatique le siècle dernier, on a accès à des systèmes de stockage tels que les fichiers et les systèmes de bases de données. Pour le moment, on s'intéresse à l'utilisation de fichiers. En général, ceux-ci sont stockés sur la machine utilisateur ou une machine distante. De ce fait, même si le programme se termine, les données resteront au niveau du ou des fichiers.

On pourra donc réutiliser les données stockées dans ces fichiers lors d'une prochaine exécution de ce même programme ou d'un autre évidemment.

9.1.1   Types de fichier

Lorsqu'on prépare les données pour être stockées dans des fichiers, on utilise l'encodage adéquat pour le format des données. On a donc la possibilité d'utiliser des fichiers de type **texte** et des fichiers de type **binaire**.

Les deux vont permettre le stockage de données. La différence réside dans la nature de ces données. Un fichier **texte** contient des données qui ont été encodées comme **texte** selon un format adéquat. Par contre, un fichier **binaire** contient des données codées sous forme de séquence de bits (zéros et uns) et non de texte brut.

La différence principale entre ces deux types de fichiers est le fait qu'un fichier **texte** peut être manipulé par d'autre logiciels tel que **notepad++** alors qu'un fichier **binaire** est destiné à être manipulé juste par le programme qui l'a créé ou qui comprend la séquence de données binaires contenues dans le fichier.

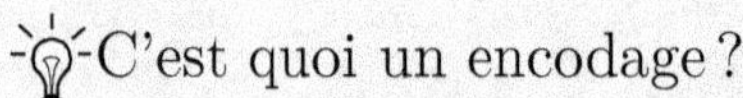

C'est quoi un encodage ?

Lorsqu'on manipule des données, on peut effectuer des encodages spécifiques dessus. Cela va changer leur représentation. Comme encodages utilisés, on a ASCII, UTF-8, UTF-16, etc.

9.1.2   Types d'accès

Les données d'un fichier sont destinées à être écrites et lues à plusieurs reprises. Selon le support physique utilisé, par exemple des disques durs à cylindres ou des SSD, l'opération de lecture peut avoir un impact sur la récupération des données. En effet, on a deux moyens d'accéder aux données du fichier :

— **Accès séquentiel** : Si l'on veut accéder à une donnée, il faut lire toutes les données du début du fichier jusqu'à cette donnée. Cette opération peut être longue si la donnée ne se trouve pas au début du fichier.
— **Accès direct ou aléatoire** : Celui-ci permet d'aller directement à la donnée recherchée. On n'a pas besoin de lire toutes les données à partir du début du fichier.

9.2   Travailler sur des fichiers

Tous les systèmes informatiques utilisent la même approche lorsqu'on manipule les fichiers. Pour cela, le fichier est ouvert, ses données sont ensuite manipulées et finalement le fichier est fermé.

9.2.1 Ouverture de fichier

Pour commencer, toutes les manipulations seront faites en utilisant un objet de type `file`. On aura donc accès à ses méthodes de manipulation. L'ouverture de fichier sera donc effectuée à travers la méthode `open()` et celle-ci retourne un objet de type `file`.

La fonction `open()` est utilisée sous la forme suivante :

```
obj = open(nom_fichier, mode)
```

— **nom_fichier** : représente le nom du fichier manipulé.
— **mode** : représente le mode d'ouverture du fichier. Essentiellement, on dispose ici des modes lecture et écriture.

Les modes disponibles, pour indiquer par exemple le type de fichiers **texte** ou **binaire** sont montrés dans le tableau 9.1.

Mode	Description	Exemple
t	Ouverture du fichier en mode texte.C'est le mode par défaut.	`obj = open('toto.txt', 't')`
b	Ouverture du fichier en mode binaire.	`obj = open('toto.txt', 'b')`
x	Crée un nouveau fichier. Si le fichier existe, l'opération se termine par un échec.	`obj = open('toto.txt', 'x')`

TABLE 9.1 – Modes d'ouverture de fichier selon le type.

Les modes les plus usuels pour la lecture et l'écriture sont décrits dans le tableau 9.2.

💡Comment indiquer le mode lecture et écriture en même temps ?

*Pour indiquer que le fichier est ouvert en mode **lecture** et **écriture**, on utilise le symbole +.*

Mode	Description	Exemple
r	Ouverture du fichier en mode lecture.C'est le mode par défaut.	`obj = open('toto.txt', 'r')`
w	Ouverture du fichier en mode écriture. Si le fichier n'existe pas, un nouveau fichier est créé. Si le fichier existe déjà, son contenu est écrasé.	`obj = open('toto.txt', 'w')`
a	Ouverture du fichier en mode écriture. Si le fichier n'existe pas, un nouveau fichier est créé.	`obj = open('toto.txt', 'a')`

TABLE 9.2 – Modes d'ouverture de fichier pour la lecture et écriture.

9.2.2 Lecture de fichier

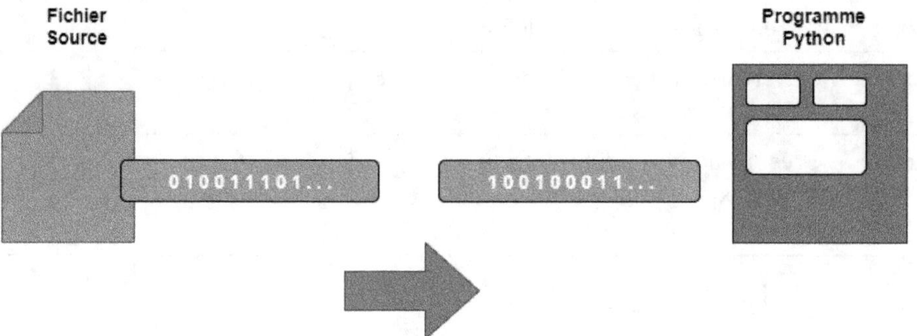

FIGURE 9.1 – Stream en mode lecture.

La figure 9.1 montre le flux de données du fichier vers le programme.

En mode lecture, on a à notre disposition trois méthodes de lecture. Celles-ci sont résumées dans le tableau 9.3.

Les exemples suivants montrent comment utiliser chacune de ces méthodes .

9.2.3 Méthode `read()`

Cette méthode permet de lire le contenu du fichier comme une chaîne de caractères. Soit le fichier **toto.txt** avec le contenu suivant :

Méthode	Description	Exemple
`read()`	Lit le contenu du fichier comme une chaîne de caractères.	`texte = obj.read()`
`readline()`	Lit une ligne du fichier, comme une chaîne de caractères.	`texte = obj.readline()`
`readlines()`	lit le contenu du fichier comme une liste de lignes.	`texte = obj.readlines()`

TABLE 9.3 – Méthodes de lecture de fichier.

```
Le renard saute la barriere.
Les moutons ont rien vu.
Le berger va perdre ses moutons.
```

Le code de lecture avec la méthode **read()** est donné par le listing 9.1.

Listing 9.1 – Lecture de fichier avec read()

```python
#Ouverture du fichier
obj = open('toto.txt')
#Lecture du contenu du fichier
contenu = obj.read()
#Affichage du contenu du fichier
print(contenu)
#Fermeture du fichier
obj.close()
```

ce qui donne en sortie :

Sortie en mode exécution

```
Le renard saute la barriere.
Les moutons n'ont rien vu.
Le berger va perdre ses moutons.
```

Il faut noter que l'on a suivi les trois étapes classiques de manipulation de fichiers, à savoir l'ouverture, la manipulation et la fermeture du fichier.

9.2.4 Méthode `readline()`

Cette méthode permet de lire une ligne du fichier comme une chaîne de caractères. Elle lit le contenu jusqu'à trouver le premier caractère de nouvelle ligne, soit **\n**. Elle retourne une chaîne vide s'il n'y a plus de lignes dans le fichier.

Le code de lecture avec la méthode **readline()** est donné par le listing 9.2.

Listing 9.2 – Lecture de fichier avec readline()

```python
 #Ouverture du fichier
obj = open('toto.txt')
#Lecture du contenu du fichier une ligne à la fois
contenu1 = obj.readline()
contenu2 = obj.readline()
contenu3 = obj.readline()
#Affichage du contenu de chacune des lignes
print(contenu1)
print(contenu2)
print(contenu3)
#Fermeture du fichier
obj.close()
```

Sortie en mode exécution

```
Le renard saute la barriere.

Les moutons n'ont rien vu.

Le berger va perdre ses moutons.
```

Comment enlever le caractère \n ?

On constate que chaque ligne est affichée avec une ligne vide supplémentaire. Cela est du au caractère **\n** *de fin de ligne. Pour éviter d'avoir une ligne vide supplémentaire, on introduit au niveau du code* **obj.readline().rstrip('\n')** *pour chacune des variables. La méthode* **rstrip()** *permet d'enlever une chaîne du coté droit de la variable considérée.*

9.2.5 Méthode `readlines()`

Cette méthode permet de lire le contenu du fichier comme une liste de lignes. Chaque ligne de caractères du fichier sera lue jusqu'à ce que le caractère de nouvelle ligne **\n** est trouvé. La lecture complète sera terminée une fois que toutes les lignes du fichier sont lues.

Le code de lecture avec la méthode **readlines()** est donné par le listing 9.3.

Listing 9.3 – Lecture de fichier avec readlines()

```python
#Ouverture du fichier
obj = open('toto.txt')
#Lecture du contenu du fichier une ligne à la fois
contenu = obj.readlines()
#Parcours et affichage de chaque ligne
for ligne in contenu:
    print(ligne.rstrip('\n'))
#Fermeture du fichier
obj.close()
```

Sortie en mode exécution

```
Le renard saute la barriere.
Les moutons n'ont rien vu.
Le berger va perdre ses moutons.
```

Noter que l'on a utilisé la méthode **rstrip()** pour éviter le caractère de nouvelle ligne
\n.

9.2.6 Écriture dans un fichier

La figure 9.2 montre le flux de données du programme vers le fichier.

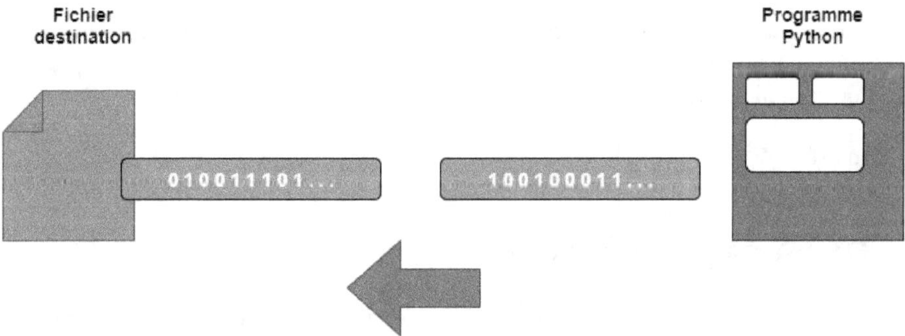

FIGURE 9.2 – Stream en mode écriture.

Il faut noter qu'à la différence du mode de lecture, il faut ouvrir le fichier pour les deux
modes possibles.

— L'ouverture du fichier en mode `'w'` fait que l'écriture écrase l'ancien contenu.

```python
obj = open('filename', 'w') # write
```

— L'ouverture du fichier en mode `'a'` fait que la nouvelle donnée est placée après l'ancien contenu.

```python
obj = open('filename', 'a')# append
```

Une fois l'ouverture du fichier effectuée, on procède à l'écriture en utilisant la méthode `write()`, soit :

```python
chaine = 'Une chaine de caractères quelconque'
obj.write(chaine)
```

Exemple : écriture

```python
#Ouverture du fichier en mode w
obj = open('sortie.txt', 'w')
#Ecriture de 2 chaines de caractères
obj.write('Bienvenue monde!\n')
obj.write('Au revoir Monde!')
#Fermeture du fichier
obj.close()
```

9.2.7   Fermeture de fichier

Après avoir manipulé le fichier, il est important de fermer l'objet représentant le fichier afin de libérer les ressources systèmes et aussi de permettre à d'autres programmes de manipuler le fichier. On utilisera la méthode `close()`.

```python
obj.close()
```

9.3   Découpage de chaîne

Dans pas mal de situations, on a besoin de découper une chaîne de caractères en prenant en compte les mots qui la constitue. Le cas le plus courant concerne les fichiers **csv** dans lesquels on a des lignes ayant une certaine structure.

Exemple

```python
'alain;25;2350.0'
```

Celle-ci contient 3 chaînes séparées par le symbole ou séparateur ;

On utilisera dans ce cas la méthode `split()` de la classe `str`. Cette méthode découpe une chaîne en tokens et retourne les tokens eux mêmes sous forme d'une liste de chaînes de caractères `str`.

Par défaut, la méthode `split()` utilise l'espace vide comme délimiteur ou séparateur mais on peut indiquer n'importe quel autre caractère comme séparateur.

```python
chaine.split()#par espace vide
chaine.split(delimiteur)#par delimiteur à spécifier
```

Dans l'exemple suivant, la chaîne de caractères est décomposée en trois chaînes en utilisant l'espace vide comme séparateur.

Listing 9.4 – Lecture avec découpage de chaîne

```python
chaine = 'Je suis debout '
resultat = chaine.split()
print(resultat)
```

Sortie en mode exécution

```
['Je', 'suis', 'debout']
```

La méthode `join()` effectue l'inverse du `split()`.Pour cela, on utilisera un délimiteur ou séparateur adéquat et on effectue la reconstruction de la chaîne de caractères.

Listing 9.5 – Utilisation de join()

```python
#separateur
chainon = ' '
resultat = chainon.join(['Je', 'suis', 'debout'])
print(resultat)
```

Sortie en mode exécution

```
Je suis debout
```

9.3.1 Découpage d'une chaîne en variables

Si l'on connaît le nombre de tokens, on peut faire un split directement dans des variables.

```python
var1, var2, ..., varN = chaine.split()
```

Il faut noter que les variables sont de type `str`. Il sera donc peut être utile de procéder à une conversion dans un type approprié, soit :

Listing 9.6 – Découpage de chaîne

```
chaine = 'alain 25 2350.0'
nom, age, salaire = chaine.split()
print(nom)
print(int(age))
print(float(salaire))
```

Les valeurs en sortie peuvent donc être utilisées selon le type correspondant.

Sortie en mode exécution

```
alain
25
2350.0
```

9.4 Utilisation du module `csv`

Lorsqu'on manipule des fichiers structurés au format **csv**, il est plus intéressant d'utiliser dans ce cas le module **csv** disponible nativement au niveau de Python.

Une fois importé, on a accès aux méthodes de lecture et d'écriture du module. Celles-ci peuvent être utilisées à travers les classes d'écriture et de lecture du module.

9.4.1 Lecture

Deux classes sont disponibles pour effectuer la lecture à partir de fichiers **csv**. La classe `reader` permet la lecture des valeurs d'une ligne alors que la classe `DictReader` retourne un dictionnaire correspondant aux noms de colonnes et des valeurs correspondantes présentes au niveau de la ligne.

Utilisation de `reader`

Considérons le fichier **notes.csv** qui contient le **ID**, le **nom** et **moyenne** des étudiants. Les données sont décrites dans la table 9.4.

La structure du fichier est la suivante :

Contenu du fichier csv

```
ID,Nom,Moyenne
20,"Flouflou",84
98,"Flouclair",87
23,"ClairClair",98
11,"Sinclair",92
```

ID	Nom	Moyenne
20	"Flouflou"	84
98	"Flouclair"	87
23	"ClairClair"	98
11	"Sinclair"	92

TABLE 9.4 – Fichier de notes d'étudiants

Avec la classe **reader**, on va pouvoir itérer à travers le fichier de lignes comme une liste de lignes, chacune étant constituée de cellules de type `str`.

Le listing 9.7 permet de lire et d'afficher toutes les lignes présentes dans le fichier **notes.csv** sans tenir compte de l'entête par exemple. On constate que l'objet **lecteur** a été instancié avec les paramètres par défaut de **reader**. De plus, on a utilisé ici l'instruction `with` afin de simplifier l'ouverture et fermeture du fichier.

Listing 9.7 – Lecture de fichier csv

```python
import csv
with open('notes.csv') as objet_fichier:
    lecteur = csv.reader(objet_fichier)
    for ligne in lecteur:
        print(ligne)
```

En sortie, on obtient :

Sortie en mode exécution

```
['ID', 'Nom', 'Moyenne']
['20', 'Flouflou', '84']
['98', 'Flouclair', '87']
['23', 'ClairClair', '98']
['11', 'Sinclair', '92']
```

Maintenant, si l'on veut éviter de prendre en compte l'entête, on utilisera la classe **Sniffer** comme le montre le listing 9.8.

Listing 9.8 – Utilisation de la classe Sniffer

```python
import csv
with open('notes.csv') as objet_fichier:
    #objet reader csv
    lecteur = csv.reader(objet_fichier)
    #determiner s'il y'a un entete
    header = csv.Sniffer().has_header(objet_fichier.read(1024))
    #Revenir au debut du fichier
    objet_fichier.seek(0)
    #skip de l'entete
    if header:
        next(lecteur)

    #Afficher chacune des lignes
    for ligne in lecteur:
        print(ligne)
```

L'exécution de ce code conduit au résultat suivant :

Sortie en mode exécution

```
['20', 'Flouflou', '84']
['98', 'Flouclair', '87']
['23', 'ClairClair', '98']
['11', 'Sinclair', '92']
```

Chacune des lignes est une liste de `str`. On peut donc récupérer chaque élément et le convertir le cas échéant. Le code du listing 9.9 permet de calculer la moyenne des notes et de l'afficher.

Listing 9.9 – Calcul de moyenne

```python
import csv
with open('notes.csv') as objet_fichier:
    #objet reader csv
    lecteur = csv.reader(objet_fichier)
    #determiner s'il y'a un entete
    header = csv.Sniffer().has_header(objet_fichier.read(1024))
    #Revenir au debut du fichier
    objet_fichier.seek(0)
    #skip de l'entete
    if header:
        next(lecteur)

    #Afficher la moyenne
    somme = 0
    nbre_lignes = 0
    for ligne in lecteur:
        somme += float(ligne[2])
        nbre_lignes += 1

    print('La moyenne est:{}'.format(somme/nbre_lignes))
```

Sortie en mode exécution

```
['ID', 'Nom', 'Moyenne']
La moyenne est:90.25
```

9.4.2 Utilisation de DictReader

On passe maintenant à l'utilisation de la classe **DictReader**. Celle-ci retourne chacune des lignes du fichier **csv** comme un dictionnaire avec chaque paire constituée du nom de la colonne et la valeur correspondante. Dans le listing 9.10, on voit que l'on a créé l'objet **lecteur** sur la base de la classe **DictReader**.

Listing 9.10 – Utilisation du DictReader

```python
import csv
with open('notes.csv') as objet_fichier:
    #objet DictReader csv
    lecteur = csv.DictReader(objet_fichier)
    #Afficher les lignes
    for ligne in lecteur:
        print(ligne)
```

```
OrderedDict([('ID','20'),('Nom','Flouflou'),('Moyenne','84')])
OrderedDict([('ID','98'),('Nom','Flouclair'),('Moyenne','87')])
OrderedDict([('ID','23'),('Nom','ClairClair'),('Moyenne','98')])
OrderedDict([('ID','11'),('Nom','Sinclair'),('Moyenne','92')])
```

Le `DictReader` nous donne la possibilité d'utiliser des méthodes intéressantes d'exploitation des données du fichier **csv**.

Par exemple, le listing 9.11 montre comment obtenir la moyenne en indexant les lignes par rapport à la colonne **Moyenne**.

Listing 9.11 – Lecture csv avec DictReader

```python
import csv
with open('notes.csv') as objet_fichier:
    #objet DictReader csv
    lecteur = csv.DictReader(objet_fichier)
    #Afficher les noms des colonnes
    print(lecteur.fieldnames)
    # Afficher la moyenne
    somme = 0
    nbre_lignes = 0
    for ligne in lecteur:
        somme += float(ligne['Moyenne'])
        nbre_lignes += 1

    print('La moyenne est:{}'.format(somme / nbre_lignes))
```

On a aussi affiché la liste de colonnes au niveau header. Ces colonnes sont contenues dans l'attribut public `fieldnames`.


```
['ID', 'Nom', 'Moyenne']
La moyenne est:90.25
```

9.4.3 Écriture

Deux classes sont disponibles pour effectuer l'écriture dans un fichier **csv**. La classe `writer` permet l'écriture des valeurs d'une ligne alors que la classe `DictWriter` utilise un dictionnaire correspondant aux noms de colonnes et des valeurs correspondantes présentes à mettre au niveau de la ligne.

Utilisation de `writer`

Considérons le fichier **notes.csv** qui devrait contenir le ID, le nom et moyenne des étudiants. Les données sont décrites dans la table 9.5.

ID	Nom	Moyenne
20	"Flouflou"	84
98	"Flouclair"	87
23	"ClairClair"	98
11	"Sinclair"	92

TABLE 9.5 – Fichier de notes d'étudiants

La structure du fichier devrait être selon le listing une fois que l'on a inséré les lignes.

```
ID,Nom,Moyenne
20,"Flouflou",84
98,"Flouclair",87
23,"ClairClair",98
11,"Sinclair",92
```

Avec la classe **writer**, on va pouvoir itérer à travers la liste des étudiants, chaque élément sera alors considéré comme une ligne **csv**.

Le listing 9.12 permet de lire et d'afficher toutes les lignes dans le fichier **notes.csv** sans tenir compte de l'entête par exemple. On constate que l'objet **writeur** a été instancié avec les paramètres par défaut de **writer**.

Listing 9.12 – Écriture csv

```python
import csv
#liste des notes
notes_etudiants = [[20, 'Flouflou', 84],
[98, 'Flouclair', 87],
[23, 'ClairClair', 98],
[11, 'Sinclair', 92]]
#ecriture
with open('notesfinales.csv','a', newline='') as objet_fichier:
    writeur = csv.writer(objet_fichier)
    for ligne in notes_etudiants:
        writeur.writerow(ligne)
```

On remarque dans le listing 9.12, que l'on a utilisé une liste de données d'étudiants.

Ensuite, l'ouverture du fichier s'est faite en mode **append** et on a indiqué le paramètre **newline** pour éviter des caractères de nouvelle ligne supplémentaire.

La méthode **writerow** prend comme paramètre la liste des données d'un étudiant et la transforme en une ligne `str` dans le fichier. Les valeurs d'encodage par défaut sont utilisées. Le fichier obtenu en sortie aura le contenu suivant.

Sortie en mode exécution

```
20,Flouflou,84
98,Flouclair,87
23,ClairClair,98
11,Sinclair,92
```

On remarque donc que les noms des étudiants, qui sont des chaînes de caractères, ne sont pas encadrés par des apostrophes. On peut modifier les paramètres de **writeur** comme dans le listing 9.13.

Listing 9.13 - Écriture csv avec utilisation de paramètres

```python
#ecriture
with open('notesfinales.csv','a', newline='') as objet_fichier:
    writeur = csv.writer(objet_fichier, delimiter='|',
    ↪ quoting=csv.QUOTE_NONNUMERIC)
    for ligne in notes_etudiants:
        writeur.writerow(ligne)
```

Les chaînes de caractères seront encadrés par " " et dans le cas de cet exemple, le délimiteur sera le symbole |.

Sortie en mode exécution

```
20|"Flouflou"|84
98|"Flouclair"|87
23|"ClairClair"|98
11|"Sinclair"|92
```

9.4.4   Utilisation de DictWriter

Dans certaines situations, les données sont disponibles sous la forme d'un dictionnaire avec les clés correspondants parfaitement aux colonnes **csv** du fichier. C'est le cas idéal pour l'utilisation de la classe `DictWriter`.

Dans le listing 9.14, on voit que l'on a créé l'objet **writeur** sur la base de la classe `DictWriter`.

Un paramètre important ici est `fieldnames` qui indique les clés disponibles dans le dictionnaire

```
Listing 9.14 – Écriture avec DictWriter
```

```python
import csv
#liste des notes
champs_csv =['ID','nom','note']
notes_etudiants = [{'ID':20, 'nom':'Flouflou' , 'note':84},
{'ID':98, 'nom':'Flouclair' , 'note':87},
{'ID':23, 'nom':'ClairClair' , 'note':98},
{'ID':11, 'nom':'Sinclair' , 'note':92}]

#ecriture
with open('notesfinales.csv','a', newline='') as objet_fichier:
    writeur = csv.DictWriter(objet_fichier, fieldnames=champs_csv,
                             delimiter='|',
                          ↪  quoting=csv.QUOTE_NONNUMERIC)
    for ligne in notes_etudiants:
        writeur.writerow(ligne)
```

Au niveau du fichier, on obtient bien les lignes correspondants aux valeurs des clés du dictionnaire de chaque élément.

```
Sortie en mode exécution
```

```
20|"Flouflou"|84
98|"Flouclair"|87
23|"ClairClair"|98
11|"Sinclair"|92
```

9.5 Résumé rapide

Un programme peut avoir besoin de sauvegarder des données de manière permanente. Ces données seront donc sauvegardées dans un fichier. Ces données pourront être lues plus tard à partir de ce fichier.

- La librairie standard de Python offre des méthodes permettant la lecture et écriture de fichiers.
- On peut manipuler des fichiers texte et binaire.
- Plusieurs méthodes sont disponibles pour la lecture et écriture de fichiers.
- Le module **csv** est disponible au niveau de la librairie standard pour manipuler des fichiers au format csv.

9.6 Quiz

Répondre aux questions suivantes sachant qu'il peut y avoir une ou plusieurs bonnes
réponses.

1. Les étapes pour extraire des données d'un fichier sont :
   (a) Ouverture
   (b) Lecture
   (c) Fermeture

2. Si l'on n'indique pas le mode d'ouverture d'un fichier, celui-ci sera en mode lecture
   seulement :
   (a) Vrai
   (b) Faux

3. La méthode `readlines()` lit le contenu d'un fichier comme :
   (a) Liste de lignes de caractères
   (b) Dictionnaire de lignes de caractères
   (c) Une ligne complète de caractères

4. La méthode `split()` accepte un paramètre qui permet d'indiquer le séparateur
   entre les mots d'une chaîne de caractères :
   (a) Vrai
   (b) Faux

5. La méthode `join()` permet de concaténer les éléments `str` ou chaîne de caractères
   d'une liste :
   (a) Vrai
   (b) Faux

6. On ne peut manipuler que des fichiers texte avec la librairie standard de Python, :
   (a) Vrai
   (b) Faux

7. Soit le code suivant :

```python
with open('data.txt') as fin:
    ligne = fin.readline()
    print(ligne)
```

On considère que le fichier contient 5 lignes. L'exécution du code conduit au résultat suivant :
   (a) Affichage de la première ligne lue du fichier
   (b) Affichage de la cinquième ligne lue du fichier
   (c) Affichage de toutes les lignes lues du fichier

8. Après avoir ouvert et manipulé un fichier, on devrait le fermer avec :
   (a) La méthode `finish()`
   (b) La méthode `close()`
   (c) L'utilisation d'une exception

9. L'exécution du code suivant :

```python
open('data.txt','w').write('Le renard saute la barriere')
```

donne :
   (a) Un fichier appelé data.txt avec le contenu 'Le renard saute la barriere'
   (b) Un fichier appelé data.txt
   (c) Une ligne affichée sur la console avec le contenu 'Le renard saute la barriere'

10. La méthode qui permet de lire une ligne complète jusqu'à ce que le caractère '\n ' soit trouvé est :
   (a) `read()`
   (b) `readline()`
   (c) `readlines()`

9.7 Exercices de pratique

EXERCICE 9.1

On considère le fichier dont le contenu est :

```
Le renard saute la barriere
Les moutons sont perdus
Le renard saute l'obstacle
```

Développer le code qui permet de lire le contenu de ce fichier et de mettre le résultat dans une liste dont chaque élément est un mot de la première ligne du fichier.

```python
with open('fichierin.txt') as fin:
    contenu = fin.readlines()
    mots = contenu[0].split()

print(mots)
```

Sortie

```
['Le', 'renard', 'saute', 'la', 'barriere']
```

EXERCICE 9.2

On considère le fichier de l'exercice 9.1. Lire le contenu de ce fichier, le transformer en majuscule et sauvegarder le résultat dans un fichier de sortie.

```python
#Manipulation de fichier
with open('fichierin.txt') as fin:
    contenu = fin.readlines()
    #Transformation en majuscule
    #Ecriture
    with open("fichierout.txt", 'w') as fout:
        for ligne in contenu:
            fout.write(ligne.upper())
```

Sortie

```
LE RENARD SAUTE LA BARRIERE
LES MOUTONS SONT PERDUS
```

9.8 Exercices de programmation

EXERCICE 9.3

Solution fournie en annexe

Développer une fonction **calcul_fichier_stats()** qui prend un fichier et retourne la ligne la plus longue dans le fichier. Les espaces en début et en fin de ligne seront pris en compte. On prendra comme exemple le fichier **stats.txt** dont le contenu est le suivant :

```
Le renard saute la barrière.
    Les moutons courent dans tous les sens.
    Le berger siffle et chante sans voir la scène qui se déroule
    sous ses yeux.
```

EXERCICE 9.4

Développer une fonction **traiter_casse()** qui prend deux fichiers et copie le contenu du premier fichier dans le deuxième mais en prenant soin d'enlever les lignes qui commence par une minuscule.

On prendra comme exemple le fichier **stats.txt** dont le contenu est le suivant :

```
Le renard saute la barrière.
    Les moutons courent dans tous les sens.
    Le berger siffle et chante sans voir la scène qui se déroule
    sous ses yeux.
```

EXERCICE 9.5

Calculer le total d'heures travaillées par chacun des employés ainsi que le nombre d'heures moyenne par journée sachant que les employés travaillent 5 jours par semaine. Le fichier est **heures.csv** dont le contenu est le suivant :

```
123 Flouflou 7.5 7.5 7.8 3.0 5.5
456 Flouclair 7.0 7.6 6.6 5.9 8.5
789 Clairclair 8.5 8.0 7.5 5.0 9.5
```

La sortie devrait être dans le format suivant :

Flouflou Code 123 a travaillé XX.XX heures avec une moyenne de XX.XX / jour

Flouclair Code 456 a travaillé XX.XX heures avec une moyenne de XX.XX / jour

Clairclair Code 789 a travaillé XX.XX heures avec une moyenne de XX.XX / jour

Chapitre 10

Gestion d'exceptions

Dans ce chapitre, vous allez :

- ○ Comprendre ce qu'est une exception
- ○ Utiliser la structure try-except-finally
- ○ Utiliser la propagation d'exception
- ○ Créer de nouvelles exceptions

10.1   Introduction

Jusqu'à présent, on a considéré un déroulement nominal de l'exécution du programme, c'est à dire que les données utilisées sont celles requises par les traitements et que le besoin est atteint. Par contre, dans la grande majorité des cas, on doit considérer le déroulement alternatif ou déroulement avec exception. Celui-ci doit nous amener à considérer les alternatives afin d'atteindre le besoin.

Une exception est un objet qui décrit une situation erronée ou anormale et est levée (thrown) par un programme et peut être capturée et gérée par une autre partie du programme.

Pour ceux qui viennent d'un autre langage tel que Java, une erreur est aussi une situation anormale mais qui ne devrait pas être gérée. Du point de vue de Python, une exception et une erreur représentent toutes les deux une situation anormale. Par contre, une exception va représenter beaucoup plus un problèmes de traitement alors qu'une erreur est plus liée à un problème fonctionnel tel qu'un accès à un serveur distant, bases de données ou fichiers par exemple.

Dans tous les cas, on aura à intégrer une gestion d'exception pour gérer une situation d'exception ou d'erreur.

Un programme devrait ainsi être conçu avec un flux d'exécution normal et un flux d'exécution d'exception.

On peut approcher la gestion d'exception de trois façons différentes :

— Ignorer l'exception
— La traiter à l'endroit où elle se produit
— La traiter dans un autre endroit du programme

La manière de traiter l'exception est définie durant la conception du programme. Si une exception est ignorée, le programme se termine anormalement et affiche un message. Celui-ci indique une trace du stack qui contient les informations suivantes :

— La ligne d'occurrence de l'exception
— La succession d'appels de méthodes ayant causée l'exception

La figure 10.1 montre un exemple de sortie affichée lors de l'occurrence d'une exception.

FIGURE 10.1 – Stack d'erreurs.

10.2 Structure try-except-finally

Le programme pouvant être sujet à une exception, l'instruction qui pourrait lever l'exception doit être incluse dans un bloc `try` comme le montre le listing 10.1.

```
Listing 10.1    Bloc try-except
```

```python
try:
    #instructions pouvant générer une exception
except:
    #code à exécuter en cas   d'erreur
```

Dans le bloc `try` et comme bonne pratique, on ne devrait mettre que les instructions qui peuvent causer des exceptions. Ces instructions peuvent être des opérations de traitement comme elles peuvent être des opérations fonctionnelles comme un accès à un fichier.

Dans le bloc `except`, on peut ajouter le code nécessaire pour gérer l'exception qui s'est produite. Idéalement, on devrait fournir les instructions permettant de résoudre le problème. Cela peut être aussi l'affichage d'une alerte ou un log dans un fichier d'erreurs. Il faut noter que la clause `except` est optionnelle.

De manière générale, la forme complète du bloc `try-except` est :

```python
try:
    #instructions pouvant générer une exception
except NomErreur:
    #code à exécuter en cas   d'exception
```

Le code 10.2 utilise un bloc `try-except` pour gérer l'exception `ValueError`.

```
Listing 10.2 - Exemple de bloc try-except
```

```python
try:
    age = int (input('S.V.P, saisir votre age:'))
    print(age)
except ValueError:
    print('Erreur de saisie')
```

Un bloc `try` peut être suivi par une ou plusieurs clauses `except` comme le montre le code 10.3.

Listing 10.3 – Bloc try-except multiple

```python
try:
  #instructions pouvant générer une exception
except Exception1:
  #Traiter cette exception
except Exception2:
 #Traiter cette exception
...
except ExceptionN:
 #Traiter cette exception
```

Chaque clause `except` a un type d'exception associé. On appelle cette section le gestionnaire (handler) d'exception. En effet, puisqu'on peut avoir plusieurs objets exceptions potentiels au niveau du `try`, il est clair que l'on a un choix pour les gestionnaires d'exception.

La première solution est d'utiliser la classe parent `Exception` en tant que gestionnaire principal comme le montre le code 10.4.

Listing 10.4 – Bloc de gestion avec Exception

```python
try:
  #instructions pouvant générer une exception
except Exception:
  #Traiter cette exception
```

L'inconvénient de cette méthode est que toutes les exceptions qui se produisent dans le `try` de la hiérarchie seront capturées avec un seul gestionnaire. On risque donc de perdre des informations intéressantes sur la nature de l'exception.

Reprenons l'exemple 10.2 et modifions le code pour avoir une écriture dans un fichier. On a utilisé un path de fichier qui n'existe pas sur la machine afin de provoquer une exception système.

Listing 10.5 – Bloc try-except avec Exception

```python
try:
    age = int(input('S.V.P, saisir votre age:'))
    f = open('E:\sortie.txt','a')
    f.write(str(age)+'\n')
    f.close()
except Exception as e:
    print(e)
```

L'exécution du code nous donne le résultat suivant lors de la saisie d'un entier :

```
S.V.P, saisir votre age:35
[Errno 2] No such file or directory: 'E:\\sortie.txt'
```

Par contre, si l'on saisit une chaîne de caractères pour l'âge, on aura :

```
S.V.P, saisir votre age:quinze
invalid literal for int() with base 10: 'quinze'
```

On voit que l'on a bien récupéré les messages d'erreurs correspondants aux actions de l'utilisateur. Par contre, la question se pose de savoir si la gestion d'exception est adéquate. Par exemple, Il serait peut être intéressant de notifier différemment l'utilisateur selon le type d'exception.

La deuxième solution implique l'utilisation de gestionnaire spécifique selon le type d'exception. Dans le listing 10.6, on a introduit les gestionnaires d'exception OSError et ValueError.

Listing 10.6 – Bloc try-except avec gestionnaires d'exceptions spécifiques

```python
flag = True
compteur = 0
while flag:
    try:
        age =  int(input('S.V.P, saisir votre age:'))
        f = open('E:\sortie.txt','a')
        f.write(str(age)+'\n')
        f.close()
        flag = False
    except OSError as e:
        print(e)
        print('Erreur accès Fichier. Elle sera notifiée à l'Admin!')
        flag = False

    except ValueError as e:
        print(e)
        compteur += 1
        print('Vous avez essayé:{} fois'.format(compteur))
```

Lorsqu'une exception se produit, le traitement continue à partir du except qui correspond au type d'exception levée. On voit ainsi que pour des exceptions de type OSError, on affiche une notification avec arrêt du programme. Dans le cas où l'on a une exception reliée à une mauvaise saisie, on affiche le nombre d'essais et on permet une nouvelle saisie.

Maintenant, que se passe t-il si l'on a deux gestionnaires d'exception mais qui sont dans une relation d'héritage? Par exemple, on a `FloatingPointError` qui hérite de `ArithmeticError`. Dans cette situation, on va ordonner les gestionnaires du plus spécifique vers le moins spécifique. Si l'on mettait la clause `except` la plus générale en premier, toutes les exceptions de ce type vont être gérées à ce niveau.

L'instruction `try` peut avoir une clause optionnelle désignée par le mot réservé `finally` et une autre clause désignée par `else`.

10.2.1   La clause else

La clause `else` suit les clauses `except` du bloc `try` et permet d'exécuter des instructions si aucune erreur ne se produit dans le bloc `try`. Il faut noter que l'on ne peut avoir qu'un seul bloc `else` dans cette structure.

Listing 10.7 – Bloc try-except avec else

```python
try:
  #instructions pouvant générer une exception
except Exception1:
  #Traiter cette exception
else:
  #serie d'instructions à exécuter
```

Le listing 10.8 montre la modification apportée pour inclure la clause `else`. Celle-ci permet d'afficher l'âge de la personne une fois qu'on a terminé sans erreur la partie `try`.

Listing 10.8 – Bloc try-except avec else

```python
flag = True
compteur = 0
while flag:
    try:
        age =  int(input('S.V.P, saisir votre age:'))
        f = open('D:\sortie.txt','a')
        f.write(str(age)+'\n')
        f.close()
        flag = False
    except OSError as e:
        print(e)
        print('Erreur accès Fichier. Elle sera notifiée à l'Admin!')
        flag = False
```

```
    except ValueError as e:
        print(e)
        compteur += 1
        print('Vous avez essayé:{} fois'.format(compteur))

    else:
        print('Votre age est:{}'.format(age))
```

10.2.2   La clause finally

Les instructions dans la clause `finally` sont toujours exécutés que le bloc `try` ait levé ou non une exception et que celle-ci ait été traitée ou pas dans les clauses `except`.

La structure du bloc sera ainsi modifiée pour avoir :

```
try:
  #instructions pouvant générer une exception
except Exception1:
  #Traiter cette exception
else:
  #serie d'instructions à exécuter
finally:
  #serie d'instructions à exécuter erreur ou pas
```

Si aucune exception n'est générée, les instructions dans la clause `finally` sont exécutés après que les instructions dans le bloc `try` soient complétées.

Si une exception est générée, les instructions dans la clause `finally` sont exécutés après que les instructions dans le bloc `except` approprié soient complétées.

10.3   Propagation d'exception

Une exception peut être gérée à un plus haut niveau si ce n'est pas approprié de la traiter à l'endroit où elle s'est produite.

Les exceptions sont propagées à travers la hiérarchie d'appel de méthodes jusqu'à ce qu'elles soient capturées où bien atteignent la fonction **main()** ou le point d'entrée du programme.

Un bloc `try` qui contient un appel à une méthode dans laquelle une exception est générée peut être utilisé pour capturer cette exception.

Si l'exception remonte complètement jusqu'au **main()** ou le début du programme sans être traitée, on aura soit l'arrêt de l'exécution du programme ou le message associé à l'exception (avec les informations du stack décrites précédemment) est affiché.

10.4 Hiérarchie d'exception

Les classes qui définissent les exceptions sont reliées par héritage. Elles forment une hiérarchie d'exception. Toutes les classes d'erreur et d'exception sont des enfants de la classe `BaseException`.

On peut définir une exception en héritant de la classe `Exception` ou une de ses enfants. La classe parent utilisée dans ce cas dépendra de l'utilité de la nouvelle classe.

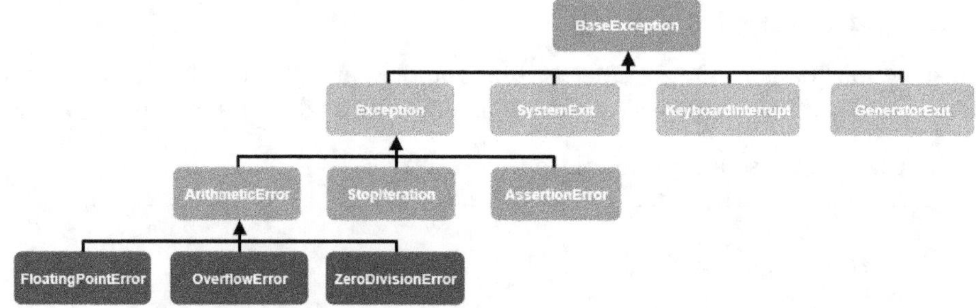

FIGURE 10.2 – Arbre d'héritage d'exceptions en Python.

Quelques exemples de classes d'exception disponibles en Python sont données dans la table 10.1.

Exception	Description
`TypeError`	Une opération ou fonction est appliquée sur un objet de type inapproprié
`ValueError`	Une opération ou fonction reçoit un argument de type correct mais dont la valeur est inappropriée
`OSError`	Une fonction système retourne une erreur en relation avec le système. L'erreur peut être par exemple une erreur de lecture de fichiers.

TABLE 10.1 – Exemples de classe d'exceptions.

Les exceptions sont levées (thrown) en utilisant l'instruction `raise`. Celle-ci est en général exécutée implicitement lors de l'occurrence d'un problème, soit explicitement par exemple, à l'intérieur d'une instruction `if`. Celle-ci évalue une condition pour voir si une exception doit être levée.

La technique pour lever explicitement une exception est la suivante :

— Choisir le type d'exception
— Créer un objet exception sur cette base

— Lancer l'exception à l'aide de `raise`

Listing 10.9 – Exemple d'utilisation de raise

```python
try:
    code = int(input('Saisir la valeur du code:'))
    if code > 100:
        # faire un traitement
        print('Code est corrrect')
    else:
        raise ValueError('Code non valide')
except ValueError as v:
    print(v)
```

10.5 Créer sa classe d'exception

Python offre une vaste panoplie de classes d'exception. On peut donc les utiliser de manière efficace dans n'importe quelle situation.

On peut par contre créer une classe d'exception si l'on constate que les classes prédéfinies n'offrent pas la flexibilité désirée.

On doit dans ce cas hériter de la classe `Exception` ou une de ses sous-classes. On est dans ce cas dans la catégories des exceptions qui sont considérées non fatales. On prendra soin d'eviter d'hériter de la classe `BaseException`, qui englobe toutes les catégories d'exception.

Par convention, le nom de la classe d'exception personnalisée doit se terminer par **Error**.

La syntaxe de base pour la déclaration d'une classe personnalisée est montrée dans le listing 10.10.

Listing 10.10 – Exemple de classe d'exception personnalisée

```python
class MonError(Exception):
    pass
```

On peut redéfinir les membres de cette exception personnalisée en ajoutant par exemple un attribut **valeur**.

```
Listing 10.11 – Exemple de classe d'exception personnalisée avec un attribut
```

```python
class MonError(Exception):
    def __init__(self, valeur):
        self.valeur = valeur

    def __str__(self):
        return self.valeur
```

Une fois cette classe définie, On utilisera l'instruction `raise` pour lever une exception
de ce type.

10.6   Résumé rapide

- Une exception est une condition anormale qui peut se produire lors de L'exécution
  d'un code Python.
- On utilise une structure `try-except-else-finally` pour gérer une exception.
- La clause `else` permet d'exécuter des instructions lorsque le `try` se termine correctement.
- La clause `finally` permet d'exécuter des instructions que l'on passe à travers un
  `try` ou un des `except`.
- On peut créer notre propre exception en héritant d'une des classes de la hiérarchie
  des exceptions.
- On peut lever explicitement une exception en utilisant `raise`.

10.7 Quiz

Répondre aux questions suivantes sachant qu'il peut y avoir une ou plusieurs bonnes
réponses.

1. Si une exception se produit dans un script et que l'on n'a pas prévu de gestion
   d'exceptions, l'exécution s'arrête et le stack d'erreurs est affiché :
   (a) Vrai
   (b) Faux

2. L'instruction `raise` sert à lever une exception :
   (a) Vrai
   (b) Faux

3. Un bloc `try` ne peut être suivi que par un seul bloc `except` :
   (a) Vrai
   (b) Faux

4. Un bloc `finally` permet de regrouper des instructions qui seront exécutées que
   l'on termine un bloc `try` correctement ou un bloc `except` :
   (a) Vrai
   (b) Faux

5. Si l'on veut créer une exception personnalisée, on peut la créer en héritant d'une
   classe d'exception existante :
   (a) Vrai
   (b) Faux

6. L'exécution du code suivant :

```python
age = int(input('Saisir votre age:'))
age += 5
print(age)
```

   donne pour une valeur saisie 'vingt deux' :
   (a) Un message de `TypeError`
   (b) Un message de `ValueError`
   (c) vingt deux 5

7. Le bloc `else` est utile pour regrouper des instructions qui doivent être exécutées

après avoir terminé correctement le bloc `try` :
- (a) Vrai
- (b) Faux

8. L'exécution du code suivant :

```python
age = input('Saisir votre age:')
age += 5
print(age)
```

donne pour une valeur saisie de 10 :
- (a) Un message de `TypeError`
- (b) Un message de `ValueError`
- (c) 15

9. Les instructions qui peuvent causer un problème devraient être placées dans le bloc :
- (a) `else`
- (b) `try`
- (c) `except`
- (d) `finally`

10. On peut ne pas mettre un bloc `finally` après un bloc `try-except` :
- (a) Vrai
- (b) Faux

10.8 Exercices de pratique

EXERCICE 10.1

Développer le code nécessaire pour effectuer la division de deux nombres réels renseignés par l'utilisateur. On fera en sorte de capturer les exceptions liées à la mauvaise saisie ainsi que le cas où la valeur du dénominateur est égale à 0.

```python
try:
    #demander les valeurs
    num = float(input("S.V.P, saisir le numérateur :"))
    denom = float(input("S.V.P, saisir le  dénominateur:"))

    #calcul
    resultat = num / denom
except ValueError:
    print("La valeur saisie n'est pas un nombre ")
except ZeroDivisionError:
    print("Division par zéro")
else:
    print("{} Divisé par {} donne: {}".format(num, denom, resultat))
```

Sortie

Dans le cas où l'on a une mauvaise saisie :

```
S.V.P, saisir le numérateur :douze
La valeur saisie n'est pas un nombre
```

Dans le cas où le dénominateur est égal à 0 :

```
S.V.P, saisir le numérateur :12
S.V.P, saisir le  dénominateur:0
Division par zéro
```

Dans le cas où les valeurs sont correctes :

```
S.V.P, saisir le numérateur :12
S.V.P, saisir le  dénominateur:3
12.0 Divisé par 3.0 donne: 4.0
```

EXERCICE 10.2

Reprendre l'exercice 10.2 mais en faisant en sorte que l'utilisateur puisse corriger sa saisie si un message lui indique une exception.

```python
flag = True
while flag:
    try:
        #demander les valeurs
        num = float(input("S.V.P, saisir le numérateur :"))
        denom = float(input("S.V.P, saisir le  dénominateur:"))

        #calcul
        resultat = num / denom
    except ValueError:
        print("La valeur saisie n'est pas un nombre ")
    except ZeroDivisionError:
        print("Division par zéro")
    else:
        flag = False
        print("{0:5.2f} Divisé par {1:5.2f} donne:
        ↪  {2:5.2f}".format(num, denom, resultat))
```

Sortie

```
S.V.P, saisir le numérateur :douze
La valeur saisie n'est pas un nombre
S.V.P, saisir le numérateur :12
S.V.P, saisir le  dénominateur:0
Division par zéro
S.V.P, saisir le numérateur :12
S.V.P, saisir le  dénominateur:4
12.00 Divisé par  4.00 donne:  3.00
```

EXERCICE 10.3

Développer le code qui permet la saisie de nombre entiers. Ceux-ci ne peuvent être qu'entre 1 et 5 exclusivement. En dehors de cet intervalle, on lève une exception de type `ValueError`. On devra boucler tant que la condition de saisie n'est pas satisfaite.

```
flag=True
while flag:
    try:
        val=int(input("S.V.P, saisir votre valeur:"))
        if not val in range(1,6):
            raise ValueError("Erreur: mauvaise valeur")
    except ValueError as v:
        print(v)
    else:
        print("Votre valeur est:", val)
        flag=False
```

Sortie

```
S.V.P, saisir votre valeur:56
Erreur: mauvaise valeur
S.V.P, saisir votre valeur:3
Votre valeur est: 3
```

EXERCICE 10.4

Reprendre l'exercice 10.3 et améliorer le message en cas d'exception. Celui-ci devrait être **Erreur : saisir votre valeur entre 1 et 5 exclusivement**.

```
flag=True
message="S.V.P, saisir votre valeur entre 1 et 5:"
while flag:
    try:
        val=int(input(message))
        if not val in range(1,6):
            raise ValueError("Erreur: mauvaise valeur")
    except ValueError as v:
        print(v)
        message="Erreur: saisir votre valeur entre 1 et 5
        ↪   exclusivement:"
    else:
        print("Votre valeur est:", val)
        flag=False
```

Sortie

```
S.V.P, saisir votre valeur entre 1 et 5:56
Erreur: mauvaise valeur
Erreur: saisir votre valeur entre 1 et 5 exclusivement:3
Votre valeur est: 3
```

10.9　Exercices de programmation

EXERCICE 10.5

Solution fournie en annexe

On désire prendre en charge la multiplication de deux nombres qui seront saisis par l'usager. Dans notre cas, on aura potentiellement le cas d'une saisie de valeurs non numérique. Cette condition va lever l'exception `ValueError`.

Développer un programme pour :

— Afficher le message : **La valeur saisie n'est pas un nombre** en cas de saisie non numérique.
— Introduire une boucle jusqu'à ce que les valeurs saisies ne causent pas d'exception.

EXERCICE 10.6

Développer une classe qui peut être utilisée pour représenter les nombres complexes.

Ceux-ci ont une partie réelle et une partie imaginaire. Votre classe devrait fournir les attributs, constructeur et méthodes appropriés pour la manipulation d'un nombre complexe.

Si l'usager saisit une chaîne pour une des parties du nombre complexe, lever une exception et la gérer en affichant un message appropriée.

Tester votre classe avec différentes valeurs.

EXERCICE 10.7

Solution fournie en annexe

Développer une fonction **traiter_casse()** qui prend comme paramètres deux fichiers et copie le contenu du premier fichier dans le deuxième. Comme traitement, on prendra soin d'enlever les lignes qui commencent par une minuscule. On prendra comme exemple le fichier **casse.txt** dont le contenu est :

> Le renard saute la barrière de l'enclos. Les moutons ne l'ont pas vu mais le
> berger siffle et chante sans voir la scène qui se déroule sous ses yeux.

S'il y'a un problème d'accès aux fichiers, un message d'erreur devra être affiché à l'usager.

EXERCICE 10.8

Reprendre l'exercice 10.7 et faire en sorte que s'il y'a un problème d'accès aux fichiers, l'adresse IP et le nom d'utilisateur soient inscrits dans un fichier de logs.

On peut utiliser le code suivant pour récupérer le nom d'utilisateur, le nom de la machine et l'adresse IP.

```python
import getpass
import socket

username = getpass.getuser()
hostname = socket.gethostname()
ip = socket.gethostbyname(hostname)
```

EXERCICE 10.9

Développer une classe **Employe**. Chaque employé a un nom, prénom et un age. On utilisera le constructeur qui initialise un employé avec un nom, prénom et un age.

Créer une classe **ListeEmploye** qui sera utilisée pour gérer les employés. On utilisera un attribut de type `list` pour stocker les employés.

Dans la classe **ListeEmploye**, inclure la méthode **ajouter_employe()** pour ajouter un employé à la liste et la méthode **afficher_employes()** pour afficher les employés de la liste, respectivement.

En utilisant les employés **Alain, FlouFlou, 25**, **Abdel, FlouClair, 34** et **Annie, FlouFlou, 22**, développer le code nécessaire pour ajouter ces employés à la liste, puis de les afficher. Notifier l'utilisateur qu'un employé est déjà présent dans la liste lorsqu'on essaye d'ajouter un employé ayant le même nom et prénom. On ne permettra pas l'ajout dans ce cas.

Pour signaler ce doublon, on utilisera une exception. En utilisant les conventions de nommage, celle-ci sera appelée **EmployeDoublonError** et sera levée si l'employé est détecté comme doublon lors de l'ajout.

Chapitre 11

Interfaces graphiques

Contenu de ce chapitre

Dans ce chapitre, vous allez :

- ○ Comprendre le rôle du module tkinter
- ○ Comprendre ce qu'est un composant graphique ou widget
- ○ Utiliser les attributs d'un widget
- ○ Apprendre à positionner un widget
- ○ Apprendre à gérer les évènements

11.1 Module tkinter

Dans les chapitres précédents, on a fait en sorte de développer des programmes en Python sans se soucier de la manière avec laquelle on va recevoir et écrire les données. Mais dans certains cas, il est intéressant de fournir une interface graphique pour permettre à l'utilisateur de réaliser son travail correctement.

Il existe un grand nombre de modules permettant de développer des interfaces graphiques en Python ou GUI [1]. Parmi les plus populaires, on a :

— tkinter
— PyQt
— WxPython

---

1. Graphical User Interface à prononcer comme Gooey

— PyGUI

Le langage Python inclut de manière native le module `tkinter`. Celui-ci est conçu pour le développement rapide d'interfaces graphiques. Le module `tkinter` a comme origine **Tcl/Tk** , une librairie populaire dans le milieu des développeurs du langage C et Linux au début des années 90.

Elle permet le développement rapide d'interfaces graphiques. Deux parties définissent `tkinter` : TCL ou tool command language et Tk ou toolkit.

L'avantage de `tkinter` est qu'il fonctionne sur toutes les plateformes OS du marché.Par contre, le rendu peut dépendre de la plateforme et peut ne pas être approprié pour des applications modernes.

Le module `tkinter` est donc un ensemble de classes, représentant les composants ou widgets, les fenêtres et autres classes de support pour la réalisation des interfaces GUI.

Évidemment, il y'a une très grande variété de composants qu'on peut trouver dans le module `tkinter`. Il est important dans ce cadre de consulter la documentation du module pour l'utiliser efficacement.

11.1.1   Développer une interface GUI

Le processus de développement d'une interface GUI est standard et on peut le résumer dans les étapes suivantes :

— Importer le module tkinter
— Créer un objet top-level ou root window qui va devenir notre application
— Créer tous les composants graphiques et les disposer sur la fenetre top-level
— Connecter les composants au code applicatif
— Démarrer la boucle d'évènements principale

Dans les sections qui vont suivre, on passe en revue chacune de ces étapes.

Composants et containers

On aura besoin de deux types de composants pour réaliser une interface GUI : les composants graphiques ou widgets et les containers.

Un widget aura pour tâche de fournir un support visuel tel que la saisie et l'affichage de données alors qu'un container sera utilisé pour grouper des composants. Ces derniers peuvent être des widgets ou même des containers.

Un widget sera lié à un container avant d'être affiché. Cela peut être par exemple la fenêtre principale qui est nommée par convention **root**.

De ce fait, la réalisation d'une interface GUI implique la conception d'une hiérarchie de widgets et de containers comme le montre l'exemple de la figure 11.1.

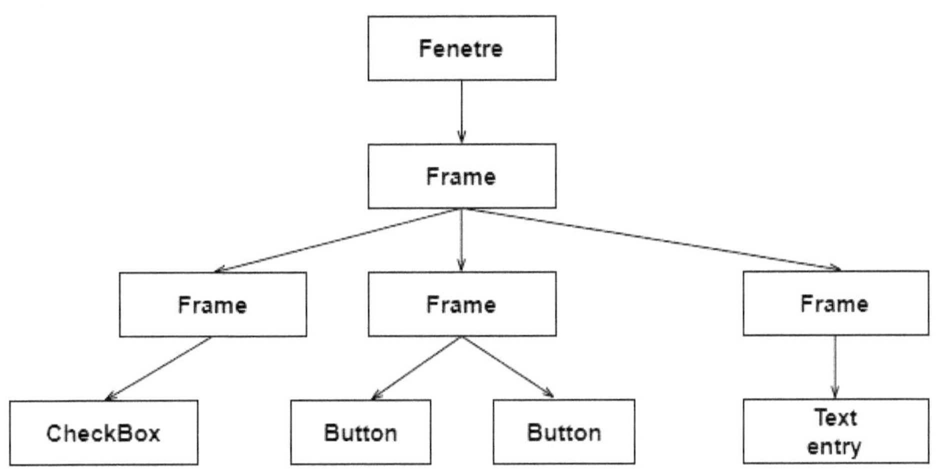

FIGURE 11.1 – Structure d'une interface GUI.

Cette approche nous amène à utiliser un gestionnaire de placement de ces composants.

Fenêtre root

C'est la fenêtre qui va contenir tous les autres composants graphiques. On peut avoir plusieurs fenêtre top-level qui peuvent s'afficher. Par contre, une seule de ces fenêtres devrait être la fenêtre **root**.

On aura besoin de seulement trois lignes pour afficher **root**, comme le montre le listing 11.1.

Listing 11.1 – Affichage de fenêtre

```python
import tkinter as tk
root = tk.Tk()
root.mainloop()
```

Le code commence par l'importation du module **tkinter** avec un alias **tk** qui est celui utilisé par convention. La deuxième ligne de code permet l'instantiation de la fenêtre **root** de **tkinter** et de l'affecter à la variable **root**. La troisième ligne a un rôle important. Elle permet d'exécuter la méthode **mainloop()** de **root**. Celle-ci permet de garder la fenêtre visible jusqu'à ce que l'on clique sur le bouton de fermeture.

L'exécution de ce code nous donne une fenêtre vide. Trois boutons de base, **minimiser**,

maximiser et **fermer** sont disponibles par défaut et le titre est **tk**.

11.2   Composant ou widget

on a besoin de composants graphiques de base pour réaliser des interfaces graphiques GUI. Quelques uns des plus utilisés au niveau de Python sont :

— Button
— CheckBox
— RadioButton
— ComboBox
— Entry
— Label
— Canvas

Attributs de widget

Un widget possède des attributs qui sont utilisés pour définir son apparence visuelle. Ces attributs sont stockés dans un dictionnaire et possèdent des valeurs par défaut.

Ces valeurs peuvent aussi être attribuées au moment de la création du widget ou par la suite en utilisant le dictionnaire et l'index de l'attribut.

Le code du listing 11.2 montre la création d'un widget de type `Label` et son positionnement au niveau de la fenêtre **root**.

```python
import tkinter as tk
root = tk.Tk()
lbl_bien = tk.Label(root, text='Bonjour  monde!')
lbl_bien['text'] = 'Au revoir monde!'
lbl_bien.pack()
root.mainloop()
```

Une fois la fenêtre **root** obtenue, on instancie un objet de type `Label`. Le label obtenu, soit **lbl_bien** est contenu dans **root**. Le paramètre `text` permet de fixer le texte du label. Les autres paramètres de l'objet ont les valeurs par défaut.

La ligne suivante, en utilisant l'indexation par rapport à la clé `text`, change le texte de **lbl_bien**. Pour placer le label sur la fenêtre, on a fait appel au gestionnaire de positionnement de type `pack`. Celui-ci est utilisé suite à l'appel de la méthode `pack()`. Pour le moment, on utilise les valeurs par défaut des paramètres de cette méthode.

Finalement, on fait appel à la méthode `mainloop()` de **root**.

De manière générale, l'ajout d'un widget au niveau d'un container sera fait selon le code du listing 11.3.


```python
variable_widget = Nom_widget(container, **param)
```

Le paramètre **container** désigne ici un objet container tel que **root**. Le paramètre ****param** désigne le dictionnaire d'attributs que l'on peut configurer.

Positionnement de widget

Une fois le widget créé, on a besoin de le placer physiquement au niveau de la fenêtre visible à l'utilisateur. Pour cela, on a besoin d'utiliser des gestionnaires de placement ou layout manager.

Le module `tkinter` dispose des trois gestionnaires suivants :

— **Place geometry** : On donne la dimension du widget et son emplacement exact sur l'interface GUI.

— **Pack geometry** : Il place le widget dans le container désigné selon l'espace disponible.

— **Grid geometry** : Il place le widget sur l'interface GUI selon une grille ayant des lignes et colonnes.

Dans ce chapitre, on utilisera les gestionnaires `pack` et `grid`. Bien qu'il soit très précis, le gestionnaire `place` est de moins en moins utilisé en raison de la variété d'écrans d'affichage. Leurs tailles variées fait que l'interface développée pour une taille d'écran donnée risque de s'afficher incorrectement sur un écran d'une taille différente.

Positionnement de widget avec pack

C'est le gestionnaire le plus facile à utiliser pour le positionnement des widgets. Ceux-ci seront placés dans le container au fur et à mesure de leur placement. Pour cela, l'espace disponible est calculé et le widget sera placé dans la position où il y'a de l'espace.

C'est à ce niveau que l'on peut avoir des problèmes de qualité car le gestionnaire peut effectuer une modification de la géométrie pour accommoder le placement.

Pour placer un widget, le gestionnaire `pack` évalue :

— l'espace libre du GUI
— l'espace réservé par un autre widget mais laissé libre
— l'espace utilisé par un autre widget

De ce fait, il est important de configurer les paramètres de placement. Ceux-ci sont décrits dans la table 11.1.

Paramètre	Description	Valeurs
`side`	Alignement du widget	`LEFT, TOP, RIGHT, BOTTOM`
`fill`	Indique si le widget peut augmenter de taille dans les directions `X` et `Y`	`X, Y, BOTH`
`anchor`	Positionnement du widget	`nw, n, ne, e, se, s, sw, w, center`
`expand`	Indique si le widget peut prendre de l'expansion	1/0 ou True/False

TABLE 11.1 – Paramètres du gestionnaire `pack`

Considérons le prototype de la fenêtre de la figure 11.2. Les widgets utilisés sont du type **Entry**, **Label** et **Button**, respectivement.

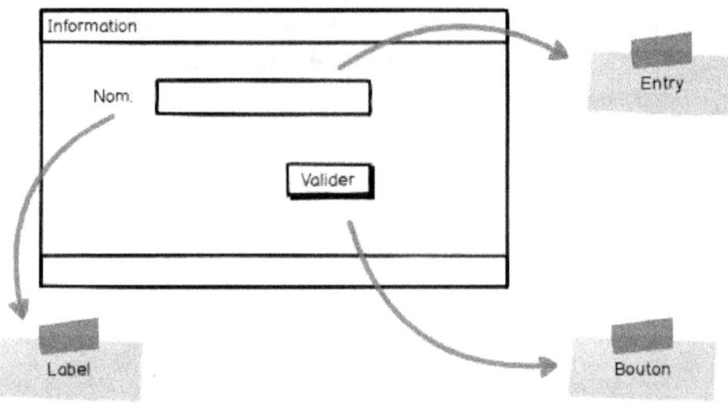

FIGURE 11.2 – Prototype de la fenêtre de saisie.

Le code du listing 11.4 permet de réaliser l'interface demandée en utilisant les valeurs par défaut de chaque widget.

Listing 11.4 – Interface basique avec tkinter

```python
import tkinter as tk
root = tk.Tk()
# Creer label
lbl_nom = tk.Label(root, text='Nom:')
lbl_nom.pack()
#Créer Zone de saisie de texte
txt_nom = tk.Entry(root)
txt_nom.pack()
#Créer bouton
btn_valider = tk.Button(root, text='Valider')
btn_valider.pack()
root.mainloop()
```

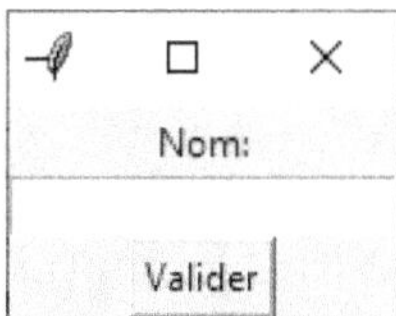

FIGURE 11.3 – Prototype réalisé.

Même si la fenêtre 11.3 contient les widgets demandés, la disposition ne correspond pas au prototype de la figure 11.2. En effet, le gestionnaire de placement **pack** a dans ce cas, utilisé les valeurs par défaut des attributs des widgets. Le gestionnaire a donc placé chaque élément en dessous du précédent dans l'ordre qui a été indiqué dans le code.

On introduit un container de type **Frame** qui permet de regrouper des widgets ensemble. Cela va nous faciliter le positionnement simultané de plusieurs widgets, dans notre cas **lbl_nom** et **ent_nom**. Cela donne le code du listing 11.5.

Listing 11.5 – Utilisation de frame

```python
import tkinter as tk
root = tk.Tk()
#taille de la fenetre
root.geometry('200x100')
# Creer container frame pour label et entry
row = tk.Frame(root)
row.pack(side=tk.TOP, fill=tk.X, padx=5, pady=5)
# Creer label
lbl_nom = tk.Label(row, text='Nom:')
lbl_nom.pack(side=tk.LEFT, anchor='w')
#Créer Zone de saisie entry
ent_nom = tk.Entry(row)
ent_nom.pack(side=tk.RIGHT, expand=tk.YES, fill=tk.X,padx=10, pady=5)
#Créer bouton
btn_valider = tk.Button(root, text='Valider')
btn_valider.pack(side=tk.TOP, anchor='e', padx=15, pady=5)
root.mainloop()
```

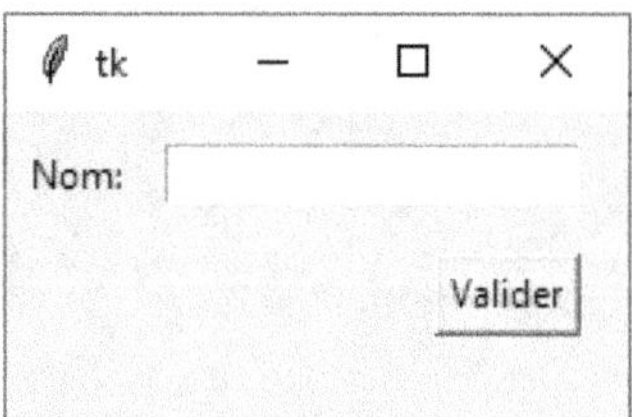

FIGURE 11.4 – Prototype final.

Ce code appelle plusieurs remarques concernant l'utilisation des paramètres de widget indiqués dans le tableau 11.1.

Tout d'abord, on a fixé la taille de la fenêtre en utilisant la méthode **geometry()**. Celle-ci reçoit la taille comme chaîne de caractères ayant la largeur et la hauteur, soit dans le cas présent 200 et 300, respectivement.

Un container de type **Frame** est créé avec les paramètres suivants :

— **side** : l'alignement choisi est **TOP** afin de laisser le label et la zone de saisie alignés

vers le haut de **root**.
— `fill` : la valeur choisie est X afin de faire en sorte que **row** soit étirée selon la largeur lorsque la fenêtre est redimensionnée à l'horizontale.
— `padx` et `pady` : on a pris la valeur 5 pour ajouter un espace vide sur X et Y.

Pour le label **lbl_nom**, les paramètres choisis sont :

— `side` : l'alignement choisi est LEFT par rapport au container **row**.
— `anchor` : on fait en sorte que la label ne bouge pas de sa position lorsque la fenêtre est redimensionnée. La valeur choisie est `w`.

La zone de saisie **ent_nom** est légèrement compliquée car elle vient juste après **lbl_nom**. On a donc choisi les valeurs suivantes :

— `side` : l'alignement choisi est RIGHT par rapport au container **row**.
— `expand` : on fait en sorte que la zone de saisie augmente de taille lorsque la fenêtre est redimensionnée. La valeur choisie est YES.
— `fill` : on indique que l'expansion de la zone se fait dans la direction
— X.
— `padx` et `pady` : on a pris la valeur 10 pour ajouter un espace vide sur X et 5 pour Y.

Le bouton **btn_valider** est lui positionné par rapport à la fenêtre **root**. Il faut noter que l'on aurait pu le mettre dans un container `Frame` avant de l'ajouter dans **root**. Mais étant donné qu'il n'y a qu'un seul bouton, on n'a pas besoin de container supplémentaire.

Les paramètres utilisés ont les valeurs suivantes :

— `side` : l'alignement choisi est TOP par rapport au container **root**.
— `anchor` : on fait en sorte que la bouton ne bouge pas de sa position lorsque la fenêtre est redimensionnée. La valeur choisie est `e`.
— `padx` et `pady` : on a pris la valeur 15 pour ajouter un espace vide sur X et 5 pour Y. Pour que bouton soit aligné à gauche avec la zone de saisie, on a utilisé la valeur 15 (soit 10 pour le frame et 5 pour la zone de saisie)

La fenêtre réalisée est conforme au prototype. On voit ainsi que cela peut prendre plusieurs essais sur les valeurs des paramètres avant d'arriver à maîtriser le placement des widgets.

Positionnement de widget avec grid

Pour des interfaces GUI rapides à réaliser, le gestionnaire `pack` est adéquat. Pour des interfaces plus fournies en termes de widgets, le gestionnaire `grid` serait plus approprié.

En effet, dans celui-ci le container est divisé en une grille à deux dimensions ayant un certain nombre de lignes et colonnes.

Chaque cellule à l'intersection d'une ligne et colonne pourra ainsi être utilisé pour recevoir un widget. De plus, si une cellule n'est pas assez large pour contenir un widget, on fera en sorte que le widget s'étende sur plusieurs cellules comme le montre la figure 11.5.

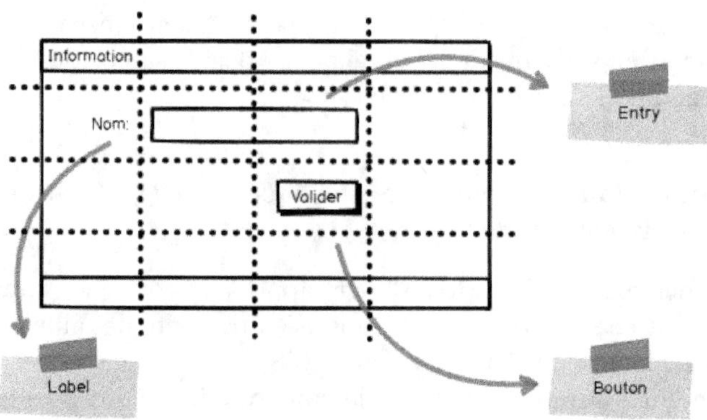

FIGURE 11.5 – Prototype avec grid.

On voit que le widget `Entry` est sur deux colonnes alors que le `Button` est sur une colonne.

Les paramètres utilisés avec le gestionnaire `grid` sont listés dans la table 11.2.

Utilisons maintenant ces propriétés pour réaliser le prototype de la figure 11.5.

Listing 11.6 – Utilisation de grid

```python
import tkinter as tk
root = tk.Tk()
#taille de la fenetre
root.geometry('200x100')
lbl_nom = tk.Label(root, text='Nom:')
lbl_nom.grid(row=0,column =0,padx=5, pady=5)
#Créer Zone de saisie entry
ent_nom = tk.Entry(root)
ent_nom.grid(row=0,column =1, columnspan=2,padx=5, pady=5)
#Créer bouton
btn_valider = tk.Button(root, text='Valider')
btn_valider.grid(row=1, column =2, padx=5, pady=5, sticky='e')
root.mainloop()
```

Paramètre	Description	Valeurs

`sticky`	Indique la direction d'expansion du widget si la cellule est plus grande	`ne, n, nw, e`
		
		`sw, s, se`
		`w, center`

`rowspan`	Indique si le widget peut s'etendre sur plusieurs lignes	numérique
`colspan`	Indique si le widget peut s'etendre sur plusieurs colonnes	numérique
`padx`	Indique l'espace externe au (**X**) widget	numérique
`ipadx`	Indique l'espace interne (**X**) au widget	numérique
`pady`	Indique l'espace externe (**Y**) au widget	numérique
`ipadx`	Indique l'espace interne (**Y**) au widget	numérique

TABLE 11.2 – Paramètres du gestionnaire `grid`

Il est à noter que l'on pouvait ne pas utiliser la propriété `colspan` dans ce prototype vu qu'il y'a seulement le bouton en dessous de la zone de saisie et que celui-ci est positionné sur `sticky='e'`.

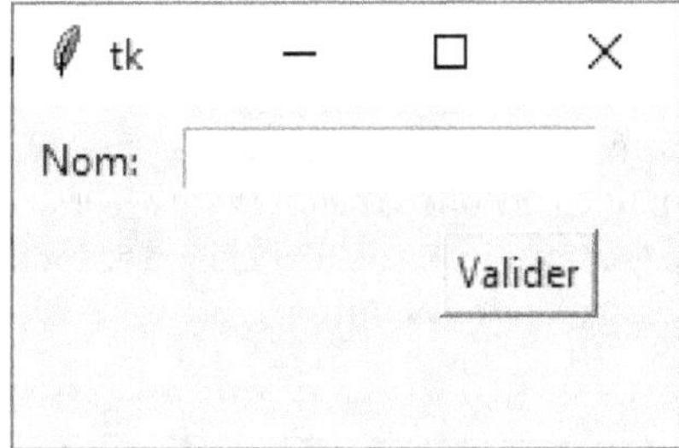

FIGURE 11.6 – Prototype avec gestionnaire grid.

11.3 Évènements

Les évènements constituent une part importante de la réalisation d'une interface graphique dans le sens que que toutes les interfaces sont basées sur la notion de gestion des évènements.

En effet, l'utilisateur a la possibilité d'interagir avec les différents composants de l'interface. Par exemple, l'utilisateur cliquera sur le bouton **Valider** dans l'interface de la figure 11.6 afin de signifier la demande d'exécution de la tache de validation du nom. De ce fait, lorsque l'utilisateur clique sur le bouton, il y'a un évènement qui est déclenché.

L'application devra donc réagir à cet évènement utilisateur. Il faut noter aussi que l'application peut aussi réagir à d'autres types d'évènements qui eux sont générés par d'autres voies que celles de l'utilisateur. Par exemple, on peut avoir un objet timer qui déclenchera un évènement au moment où il expire.

Dans le modèle que l'on utilise, il y'aura donc 3 objets participants, à savoir :

— Source de l'évènement (event source)
— Objet évènement (event object)
— Objet écouteur (event listener)

Bien que très simple dans son approche, ce modèle cause beaucoup de problèmes au débutant dans le sens où l'on confond en général la source avec l'évènement. Ainsi, on pense à tort que la source ne peut être liée qu'avec un seul type d'évènement et de ce fait il doit exister une paire d'objets (source, évènement) liés pour chaque source widget de notre interface.

Évidemment, ceci n'est pas vrai dans le sens où une source peut générer plusieurs évènements et ainsi il faudra prévoir plusieurs écouteurs pour capturer les évènements de cette source.

On utilisera alors les étapes suivantes dans la gestion des évènements au niveau de l'interface GUI.

— Déclarer et instancier le widget
— Attacher (affecter) un écouteur au composant widget selon le type d'évènement qui peut être généré par ce composant et qui est d'un intérêt pour l'utilisateur.
— Développer le code de gestion de la tache à exécuter lorsque l'évènement se produit. Le code sera pris en charge par l'écouteur.

Un objet évènement est créé selon la nature de l'évènement. Dans Python, il y'a un certain nombre de types d'évènements possibles. Certains des plus connus sont le **click Event**, **Mouse Event**, **Focus Event** par exemple.

Dans la suite de cette section, on développe le concept de la gestion des évènements en introduisant des fonctions appelées communément **callbacks**. Celles-ci sont associées aux évènements à traiter.

Deux stratégies sont utilisées pour les callbacks :

— **Command binding** : on utilise le paramètre `command` pour indiquer le callback à utiliser. Cette technique est applicable pour les widgets qui disposent de ce paramètre.

— **Event binding** : on utilise la méthode `bind()` pour relier l'évènement et le callback de traitement.

11.3.1 Command binding

Pour les widgets qui disposent du paramètre `command`, on indique le callback à utiliser à ce niveau.

💡Peut-on utiliser le paramètre `command` pour n'importe quel évènement ?

Les évènements pris en charge sont le clic sur le bouton gauche de la souris et la barre d'espacement. La touche RETURN ou Entrée n'est pas prise en charge au niveau de ce paramètre.

Imaginons que pour l'interface de la figure 11.6, le texte saisi soit converti en majuscule lorsque l'utilisateur clique sur le bouton. Dans ce cas, on développe le callback **changer_texte()** dont le code est indiqué dans le listing 11.7.

Listing 11.7 – Utilisation de callback

```python
import tkinter as tk
#command event
def changer_text():
    res = ent_nom.get().upper()
    ent_nom.delete(0,tk.END )
    ent_nom.insert(0,res)
root = tk.Tk()
#taille de la fenetre
root.geometry('200x100')
lbl_nom = tk.Label(root, text='Nom:')
lbl_nom.grid(row=0,column =0,padx=5, pady=5)
#Créer Zone de saisie entry
ent_nom = tk.Entry(root)
ent_nom.grid(row=0,column =1, columnspan=2,padx=5, pady=5)
#Créer bouton
btn_valider = tk.Button(root, text='Valider', command=changer_text)
btn_valider.grid(row=1, column =2, padx=5, pady=5, sticky='e')
root.mainloop()
```

Si l'utilisateur saisit une chaîne, par exemple 'flouflou' comme dans la figure 11.7 et clique sur le bouton, la chaîne est transformée en majuscule au niveau de la zone de saisie.

Le résultat de l'appel au callback est montré au niveau de la figure 11.8.

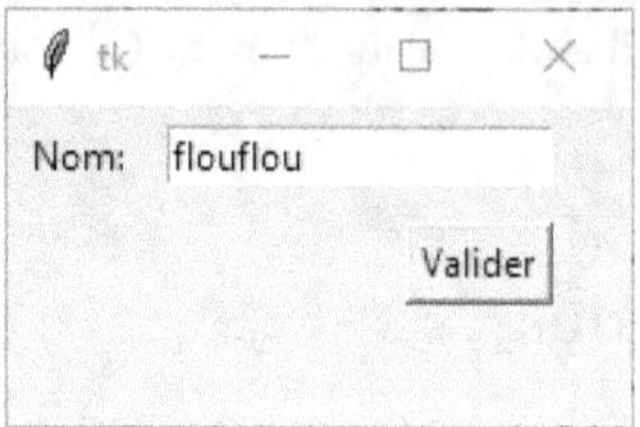

FIGURE 11.7 – Utilisation de callback.

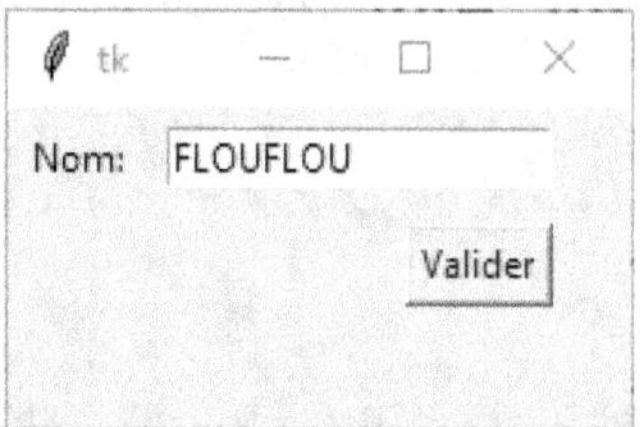

FIGURE 11.8 – Résultat obtenu après callback.

Au niveau du code du listing 11.7, on remarque que l'appel au callback s'est fait en utilisant `command=changer_text`. Il faut aussi remarquer que l'on n'a pas mis les parenthèses car on n'a pas fait un appel de fonction ici mais par contre on a passé au paramètre `command` une référence vers la fonction callback **changer_text**.

On remarque aussi que la fonction **changer_text()** ne prend pas de paramètres. Si c'était le contraire, on devra utiliser une fonction **Lambda**[2] au niveau du paramètre `command`.

11.3.2   Event binding

Si le widget ne dispose pas du paramètre `command` ou bien on désire gérer d'autres évènements que le clic du bouton gauche de la souris ou la barre d'espacement, on devra passer par la technique du **event binding**. Celle-ci utilise la méthode `bind()` sur le widget à gérer.

La forme générale d'utilisation est la suivante :

```
nom_widget.bind(evenement, gestionnaire)
```

Les paramètres sont :

— evenement : le type d'évènement à écouter
— gestionnaire : le callback à appeler lorsque l'évènement se produit

---

2. https ://python101.pythonlibrary.org/chapter26_lambda.html

On reprend l'interface de la figure 11.7 mais cette fois-ci, on désire que le texte saisi soit transformé en rouge lorsque la touche droite de la souris est cliquée.

Listing 11.8 – Utilisation de callback sur le clavier

```python
import tkinter as tk
#command event
def changer_couleur(event):
    ent_nom.configure(fg='red')


root = tk.Tk()
#taille de la fenetre
root.geometry('200x100')
lbl_nom = tk.Label(root, text='Nom:')
lbl_nom.grid(row=0,column =0,padx=5, pady=5)
#Créer Zone de saisie entry
ent_nom = tk.Entry(root)
ent_nom.grid(row=0,column =1, columnspan=2,padx=5, pady=5)
#Créer bouton
btn_valider = tk.Button(root, text='Valider')
btn_valider.bind('<Button-3>',changer_couleur)
btn_valider.grid(row=1, column =2, padx=5, pady=5, sticky='e')
root.mainloop()
```

En cliquant avec la touche droite de la souris, on verra le texte saisi être transformé en rouge comme le montre la figure 11.9.

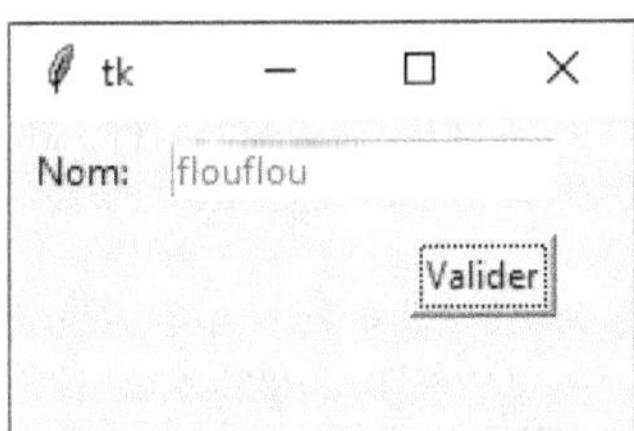

FIGURE 11.9 – Utilisation de callback avec event binding.

La fonction callback, dans ce cas **changer_couleur()** prend comme paramètre un objet **event**. De plus, au niveau de la méthode **bind()**, le paramètre utilisé '<Button-3>' correspond à la touche droite de la souris.

Les bindings les plus courants sont listés dans la table 11.3. On voit ainsi qu'il y'a une variété d'évènements qu'on pourra lier aux widgets d'une interface.

Évènement	Type	Description
<Button-1>	Souris	Clic sur bouton gauche
<Button-2>	Souris	Clic sur bouton milieu ou molette
<Button-3>	Souris	Clic sur bouton droit
<ButtonRelease-1>	Souris	Bouton gauche relaché
<Double-Button-1>	Souris	clic double bouton gauche
<Enter>	Souris	Souris entre dans le widget
<Leave>	Souris	Souris sort du widget
<FocusIn>	Clavier	Focus sur un widget à travers le clavier
<FocusOut>	Clavier	Focus en dehors du widget à travers le clavier
<Return>	Clavier	La touche Entrée est appuyée
<Key>	Clavier	Une touche est appuyée

TABLE 11.3 – Évènements liés au event binding

11.4 Résumé rapide

- Le module standard pour réaliser des interfaces GUI dans python est `tkinter`.
- Une interface graphique est constituée d'un certain nombre de widgets ou composants graphiques.
- Les widgets sont disposés sur une fenêtre en utilisant un gestionnaire de placement.
- Les gestionnaire de placement les plus utiles dans `tkinter` sont `pack` et `grid`.
- Si l'on veut qu'un widget soit actionnable, on utilise un gestionnaire d'évènement.

11.5 Quiz

Répondre aux questions suivantes sachant qu'il peut y avoir une ou plusieurs bonnes réponses.

1. Le module `tkinter` est disponible nativement dans Python et on n'a donc pas besoin de l'installer :
   (a) Vrai
   (b) Faux

2. L'exécution du code suivant :

```python
import tkinter as tk

root = tk.Tk()
```

   donne :
   (a) Une fenêtre vide
   (b) Une fenêtre avec un widget `Label`
   (c) Aucun résultat

3. Le gestionnaire de placement `grid` utilise une structure de matrice de cellules pour placer les composants :
   (a) Vrai
   (b) Faux

4. L'exécution du code suivant :

```python
import tkinter as tk

root = tk.Tk()
root.mainloop()
```

   donne :
   (a) Une fenêtre vide
   (b) Une fenêtre avec un widget `Label`
   (c) Aucun résultat

5. La méthode `mainloop()` peut s'utiliser sur d'autres composants que la fenêtre principale :
   (a) Vrai

    (b) Faux

6. Chaque composant graphique dans **tkinter** dispose d'un certain nombre de paramètres qui ont des valeurs par défaut adaptées à la plupart des situations :
   (a) Vrai
   (b) Faux

7. Il est obligatoire d'utiliser des fonctions lambda pour le paramètre **command** d'un bouton :
   (a) Vrai
   (b) Faux

8. L'exécution du code suivant :

```python
import tkinter as tk

def afficher():
    print('Bouton activé')

root = tk.Tk()
btn = tk.Button(root, text='Afficher', command=afficher())
btn.pack()
root.mainloop()
```

   ne donne pas le résultat attendu car :
   (a) On a passé le résultat de l'appel la fonction **afficher()** au paramètre **command**
   (b) On n'a pas prévu de paramètres pour la fonction **afficher()**
   (c) Il aurait fallu passer une référence à la fonction **afficher()** en enlevant les parenthèses au niveau du paramètre **command**

9. On peut utiliser dans la même fenêtre les gestionnaires de placement **place**, **pack** et **grid** :
   (a) Vrai
   (b) Faux

10. La méthode **config()** permet de modifier les caractéristiques d'un widget :
    (a) Vrai
    (b) Faux

11.6 Laboratoires

11.6.1 Développement d'une interface graphique

Objectif

Mettre en place une interface graphique de base pour un jeu de sélection de fruits.

Contexte

On se propose de réaliser l'interface graphique permettant d'afficher le nom d'un fruit.

Fonctionnalités

On développe l'interface graphique suivante. On veillera à respecter les points suivants :

— on utilisera la liste de nom de fruits suivante : [**'pomme', 'banane', 'orange', 'mangue', 'kiwi'**]
— L'affichage se fait d'une manière aléatoire en utilisant la fonction **changer_fruit**().
— Le bouton de vérification ne sera pas activé dans ce laboratoire. On le reliera par contre à la fonction **verifier_reponse**().

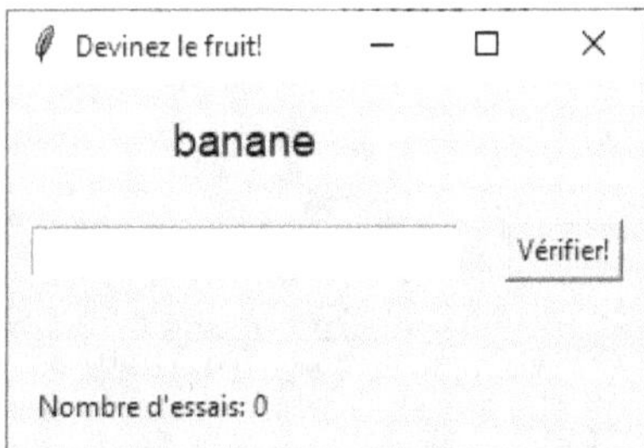

Compétences utilisées

— Utilisation du module tkinter
— Utilisation du gestionnaire de placement `grid` de composantes graphiques
— Appel de fonctions

Solution

```python
import tkinter as tk
import random

# Liste de fruits
fruits = ["pomme", "banane", "orange", "mangue", "kiwi"]

# Fonction pour vérifier la réponse
def verifier_reponse():
    pass

# Fonction pour changer le fruit
def changer_fruit():
    global fruit_actuel
    global essais
    essais = 0
    fruit_actuel = random.choice(fruits)
    lbl_fruit.config(text=fruit_actuel)
    entry.delete(0, tk.END)

# Création de la fenêtre principale
root = tk.Tk()
root.title("Devinez le fruit!")

# Création des widgets
lbl_fruit = tk.Label(root, text="", font=("Arial", 14))
lbl_fruit.grid(row=0, column=0, columnspan=2, padx=10, pady=10)

entry = tk.Entry(root, font=("Arial", 12))
entry.grid(row=1, column=0, columnspan=2, padx=10)

btn_verifier = tk.Button(root, text="Vérifier!",
 ↪   command=verifier_reponse)
btn_verifier.grid(row=1, column=2, columnspan=2, padx=10, pady=10)

lbl_resultat = tk.Label(root, text="")
lbl_resultat.grid(row=3, column=0, columnspan=3, padx=10, sticky="w")
```

```python
essais = 0
lbl_nb_essais = tk.Label(root, text="Nombre d'essais: " + str(essais))
lbl_nb_essais.grid(row=4, column=0, columnspan=3, padx=10, pady=10,
↪    sticky="w")

# Lancement du jeu
changer_fruit()

# Boucle principale de la fenêtre
root.mainloop()
```

11.6.2   Intégration de fonctions dans une interface graphique

Objectif

Mettre en place le code de base pour un jeu de sélection de fruits.

Contexte

On se propose de réaliser un programme permettant d'apprendre le nom d'un fruit affiché sur l'écran. On demandera à l'usager de saisir le nom du fruit en français.

Fonctionnalités

On développe l'interface graphique suivante. On veillera à respecter les points suivants :

— On affichera un fruit à l'usager
— Celui-ci devra saisir le nom du fruit
— Si l'usager devine correctement le nom du fruit, on lui affichera 'Bravo ! Vous avez deviné le fruit.' et on lui donne le nombre d'essais qu'il a fait. Si la réponse est incorrecte, on lui afficher le message d'erreur **Désolé, ce n'est pas le bon fruit. Réessayez !**.
— Si la réponse est correcte, on affiche un autre fruit.

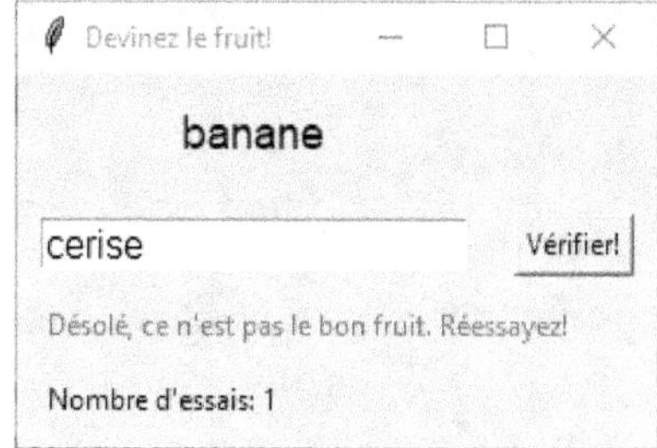

Compétences utilisées

— Utilisation de variables
— Utilisation du module graphique tkinter
— Utilisation de structure mémoire list
— Utilisation de fonctions pré-définies de Python
— Structure de test

Solution

```python
import tkinter as tk
import random

# Liste de fruits
fruits = ["pomme", "banane", "orange", "mangue", "kiwi"]

# Fonction pour vérifier la réponse
def verifier_reponse():
    global essais
    fruit_dev = entry.get().lower()
    if fruit_dev == fruit_actuel:
        lbl_resultat.config(text="Bravo! Vous avez deviné le fruit.",
        ↪ fg="green")
        changer_fruit()
    else:
        lbl_resultat.config(text="Désolé, ce n'est pas le bon fruit.
        ↪ Réessayez!", fg="red")
        essais += 1

    lbl_nb_essais.config(text="Nombre d'essais: " + str(essais))

# Fonction pour changer le fruit
def changer_fruit():
    global fruit_actuel
    global essais
    essais = 0
    fruit_actuel = random.choice(fruits)
    lbl_fruit.config(text=fruit_actuel)
    entry.delete(0, tk.END)


# Création de la fenêtre principale
root = tk.Tk()
root.title("Devinez le fruit!")

# Création des widgets
lbl_fruit = tk.Label(root, text="", font=("Arial", 14))
lbl_fruit.grid(row=0, column=0, columnspan=2, padx=10, pady=10)

entry = tk.Entry(root, font=("Arial", 12))
entry.grid(row=1, column=0, columnspan=2, padx=10)
```

```python
btn_verifier = tk.Button(root, text="Vérifier!",
↪   command=verifier_reponse)
btn_verifier.grid(row=1, column=2, columnspan=2, padx=10, pady=10)

lbl_resultat = tk.Label(root, text="")
lbl_resultat.grid(row=3, column=0, columnspan=3, padx=10, sticky="w")

essais = 0
lbl_nb_essais = tk.Label(root, text="Nombre d'essais: " + str(essais))
lbl_nb_essais.grid(row=4, column=0, columnspan=3, padx=10, pady=10,
↪   sticky="w")

# Lancement du jeu
changer_fruit()

# Boucle principale de la fenêtre
root.mainloop()
```

11.7 Exercices de pratique

EXERCICE 11.1

Développer le code pour afficher la fenêtre qui contient un `Label`.

```python
import tkinter
root = tkinter.Tk()
label = tkinter.Label(root, text='Bienvenue Monde!')
label.pack()
root.mainloop()
```

EXERCICE 11.2

En utilisant la méthode `config()` du widget `Label`, modifier le texte de l'exercice 11.1 vers 'Bienvenue Alain'.

```python
import tkinter
root = tkinter.Tk()
label = tkinter.Label(root, text='Bienvenue Monde!')
label.pack()
label.config(text="Bienvenue Alain")
root.mainloop()
```

EXERCICE 11.3

Afficher la fenêtre suivante qui contient un label et un bouton. En cliquant sur le bouton, on ferme la fenêtre (command est `quit`)

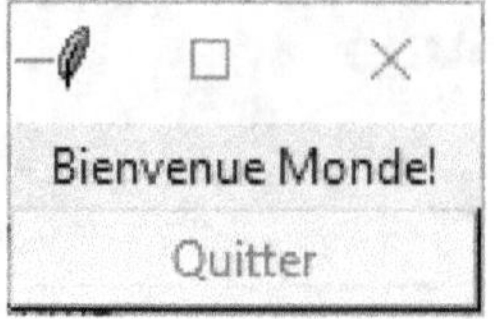


```python
import tkinter
root = tkinter.Tk()
label = tkinter.Label(root, text='Bienvenue Monde!')
label.pack()
quitter=tkinter.Button(root, text='Quitter', command=root.quit,
bg='yellow', fg='red')
quitter.pack(fill=tkinter.X, expand=1)
root.mainloop()
```

EXERCICE 11.4

Afficher la fenêtre de la figure 11.10 qui permet la saisie de valeurs. En cliquant sur le bouton, on fait sortir la valeur sur la console. On utilisera le widget **Entry** et sa méthode get().

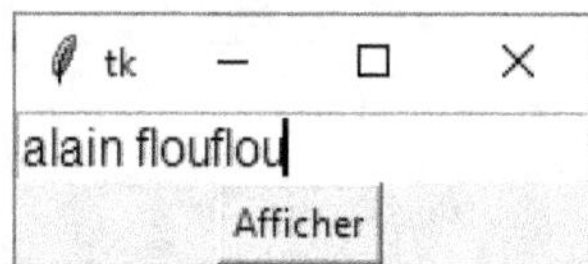

FIGURE 11.10 – Widget Entry.

```python
import tkinter

def imprimer():
    print(txt.get())
root= tkinter.Tk()
txt = tkinter.Entry(root)
txt.config(font=('arial',12))
txt.pack()
afficher=tkinter.Button(root, text='Afficher', command=imprimer)
afficher.pack()
root.mainloop()
```

11.8 Exercices de programmation

EXERCICE 11.5

Créez une fenêtre avec deux zones de texte et un bouton. Lorsque le bouton est cliqué, le texte de la première zone de texte doit être copié dans la deuxième zone de texte.

EXERCICE 11.6

Créez une fenêtre avec une liste déroulante qui affiche une liste de couleurs. Lorsqu'une couleur est sélectionnée dans la liste déroulante, le fond de la fenêtre doit changer pour cette couleur. On utilisera le widget `Combobox`.

EXERCICE 11.7

Solution fournie en annexe

Afficher la fenêtre de la figure 11.11 qui permet de saisir le nom et le salaire. Lorsqu'on clique sur le bouton, la valeur du salaire sera lue et on affichera la valeur augmentée de 1000 comme le montre la figure 11.12. De plus, le nom sera transformé en majuscule.

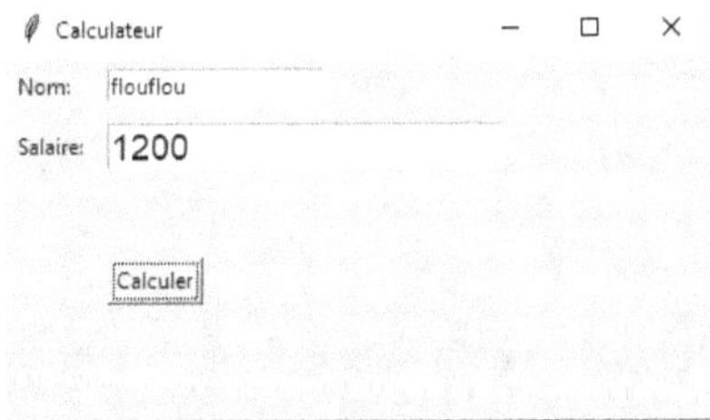

FIGURE 11.11 – Fenêtre initiale.

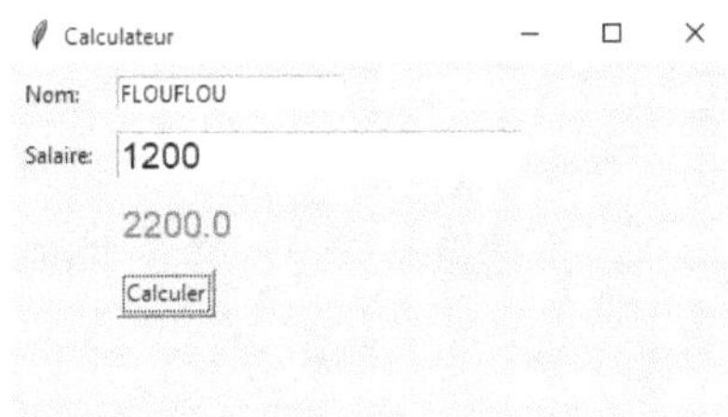

FIGURE 11.12 – Action sur le bouton.

EXERCICE 11.8

Solution fournie en annexe

Afficher la fenêtre de la figure 11.13 qui permet de saisir le nom d'un chandail, sa taille
et la quantité demandée. Les tailles disponibles sont : large, medium et small. Lorsqu'on

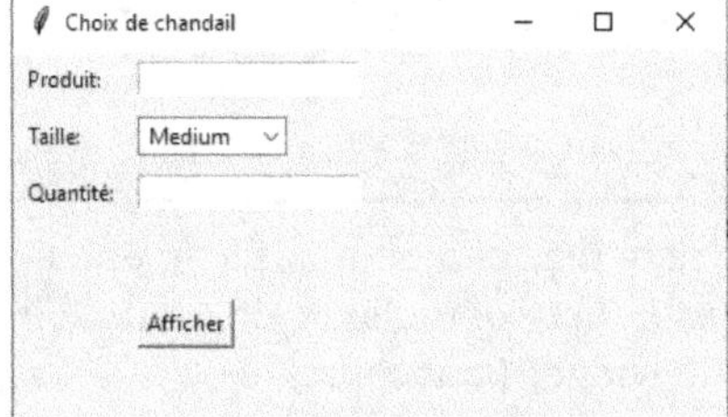

FIGURE 11.13 – Fenêtre initiale avec combobox.

clique sur le bouton **Afficher**, on affiche la chaîne représentant les informations comme
le montre la figure 11.14. On utilisera le gestionnaire de layout `grid` ainsi que le widget
Combobox.

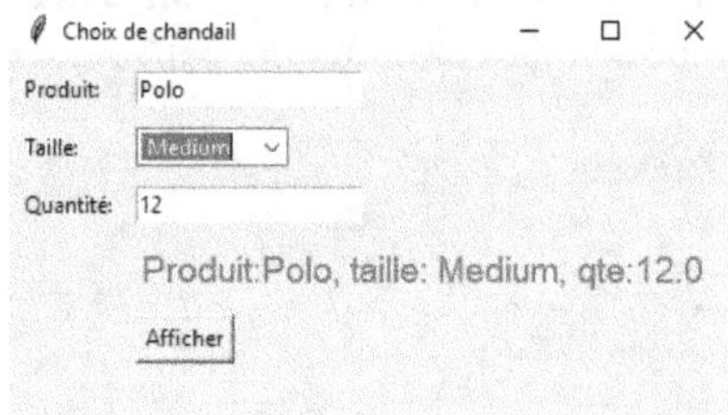

FIGURE 11.14 – Fenêtre avec résultat de sélection.

EXERCICE 11.9

 Soit la fenêtre de la figure 11.15.

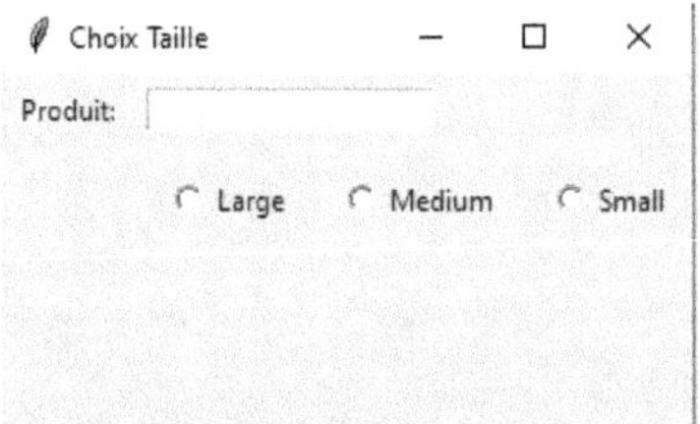

FIGURE 11.15 – Fenêtre initiale avec boutons radio.

Développer le code qui permet de saisir le nom d'un chandail et sa taille en cliquant sur
un des boutons radio.

Les tailles disponibles sont : large, medium et small. Lorsqu'on clique sur un des boutons radio, on affiche la chaîne représentant les informations comme le montre la figure 11.16.

On utilisera le gestionnaire de layout `grid` ainsi que le widget `RadioButton`.

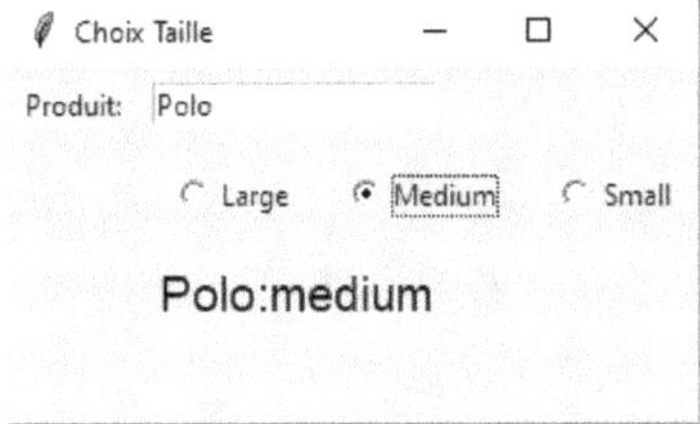

FIGURE 11.16 – Fenêtre avec résultat de sélection.

EXERCICE 11.10

Développer le code qui permet de modifier la taille du texte en utilisant le widget `Scale` comme le montre la figure 11.17.

On utilisera le paramètre `orient` avec valeur `HORIZONTAL`. Pour lire la valeur du widget, on utilisera la méthode `get()`.

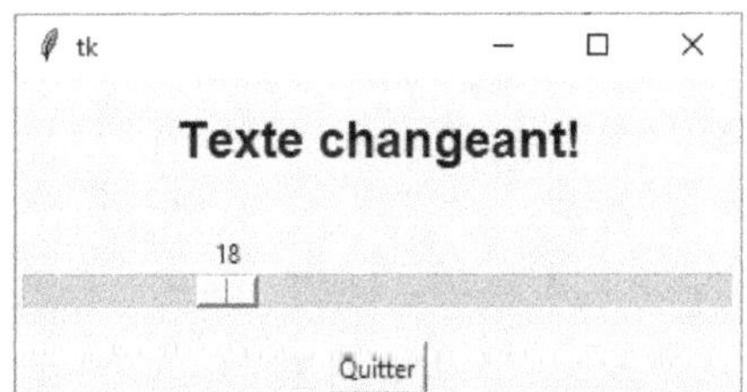

FIGURE 11.17 – Fenêtre avec widget Scale.

EXERCICE 11.11

Créez une fenêtre avec une zone de texte et un bouton **Enregistrer**. Lorsque le bouton est cliqué, le texte de la zone de texte doit être enregistré dans un fichier texte.

EXERCICE 11.12

Créez une fenêtre avec une zone de texte et un bouton **Ouvrir**. Lorsque le bouton est cliqué, une boîte de dialogue de sélection de fichier doit apparaître. Une fois qu'un fichier texte est sélectionné, le contenu du fichier doit être affiché dans la zone de texte. On pourra utiliser le fichier de l'exercice 11.11.

Chapitre 12

Projet d'intégration

12.1 Contexte

On se propose de réaliser un système simple qui permet de calculer l'indice de masse corporel. Celui-ci est donné par la formule suivante :

$$IMC = poids(kg)/taille^2(m) \tag{12.1}$$

Selon le site de santé canada [1], les risques de santé peuvent être évalués selon le tableau 12.1.

Classification	Intervalle IMC	Risque de développer des problèmes de santé
Poids insuffisant	< 18.5	Accru
Poids normal	18.5 - 25.0	Moindre
Excès de poids	25.0 - 30.0	Accru
Obésité, classe I	30.0 - 35.0	Élevé
Obésité, classe II	35.0 - 40.0	Très élevé
Obésité, classe III	> 40,0	Extrêmement élevé

TABLE 12.1 – Classification et risque

---

1. http://www.hc-sc.gc.ca/fn-an/nutrition/weights-poids/guide-ld-adult/bmi_chart_java
-graph_imc_java-fra.php

Fonctionnalités

On veut réaliser un prototype de ce calculateur. On veillera à respecter les points suivants :

— On affichera l'indice de masse corporel
— On affichera le message concernant le risque ainsi que la classification
— Si l'utilisateur n'entre pas de valeur pour la taille ou le poids, on lui affiche un message lui indiquant que la saisie de ces valeurs est obligatoire.
— L'utilisateur pourra choisir dans un premier temps de sauvegarder la valeur calculée avec un timestamp dans un fichier texte.
— L'application devra être livrée comme GUI et sera développée avec le module `tkinter`.

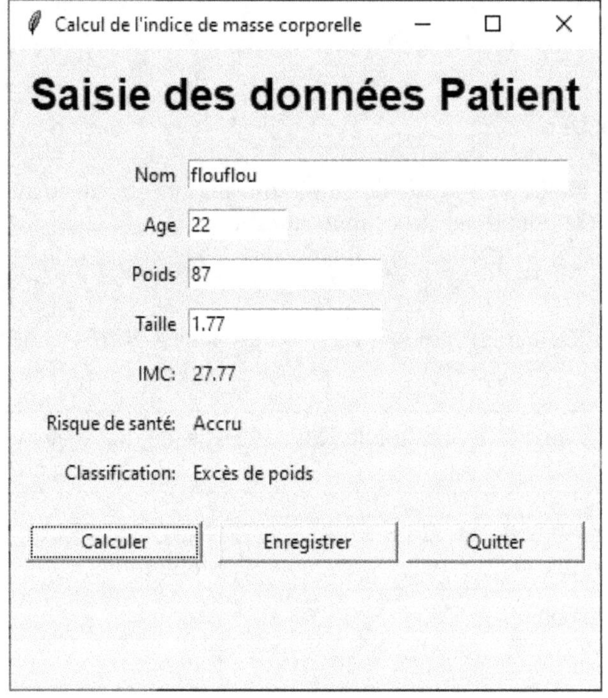

FIGURE 12.1 – Calculateur IMC

12.2　Module de base : calculateur IMC

Démarche

— Dans un premier temps, on procède au développement du module de base en demandant à l'usager la saisie de son poids et sa taille. À partir de ces 2 valeurs, on effectue le calcul et l'affichage de l'IMC.

Solution

Puisque les valeurs du poids et de la taille peuvent être des réels, on va convertir les données saisies en `float` avant de les utiliser dans la règle de calcul de l'IMC. Pour l'affichage, on va choisir deux décimales. Le code est montré dans le listing 12.1.

Listing 12.1 – Script de base IMC

```python
poids = float(input("Saisir votre poids:"))
taille = float(input("Saisir votre taille:"))
#Calcul imc selon la regle
imc = poids / (taille ** 2)
print("Votre imc est:{0:7.2f}".format(imc))
```

En éxécution, on aura la sortie suivante :

Sortie en mode exécution

```
Saisir votre poids:95
Saisir votre taille:1.75
Votre imc est:  31.02
```

12.3   Tests et boucles

12.3.1   Pratique test, affichage du risque et classification

Objectif

Développer la partie affichage du risque et classification associés avec une valeur IMC.

Fonctionnalités

On affichera l'indice de masse corporel ainsi que les messages concernant le risque et la classification.

Démarche

- Dans un premier temps, on a procédé au test de l'application en demandant à l'usager la saisie de son poids et sa taille. À partir de ces 2 valeurs, on a effectué le calcul de l'IMC.
- On passe maintenant à l'affichage de la classification et du risque sur la base de la valeur IMC.

Solution

On peut obtenir la valeur du risque et de la classification en utilisant une variable de type chaîne. Selon la valeur obtenue de l'IMC, on va affecter une valeur spécifique que ce soit pour le risque ou la classification.

On peut aussi considérer que les valeurs de la classification et du risque sont disponibles au niveau de listes qu'on devra initialiser au préalable. C'est ce qu'on a fait dans le code du listing 12.2.

On a obtenu l'indice correspondant afin de récupérer les valeurs de risque et classification directement des listes.

Listing 12.2 – Affichage du risque et classification

```
risque=['Accru','Moindre','Accru','Élevé','Très élevé','Extrêmement
↪    élevé']
```

```python
classification=['Poids insuffisant','Poids normal',
'Excès de poids','Obésité, classe I','Obésité, classe II','Obésité,
↪  classe III']

poids = float(input("Saisir votre poids:"))
taille = float(input("Saisir votre taille:"))
#Calcul imc selon la regle
imc = poids / (taille ** 2)
print("Votre imc est:{0:7.2f}".format(imc))
#Determination risque et classification
if imc < 18.5:
    index  = 0
elif imc < 25:
    index = 1
elif imc < 30:
    index  =2
elif imc < 35:
    index = 3
elif imc < 40:
    index = 4
else:
    index = 5

print('Classfication:{}'.format(classification[index]))
print('Risque:{}'.format(risque[index]))
```

En éxécution, on aura la sortie suivante :

Sortie en mode exécution

```
Saisir votre poids:95
Saisir votre taille:1.75
Votre imc est:  31.02
Classfication:Obésité, classe I
Risque:Élevé
```

12.3.2   Pratique boucle, validation de la saisie

Objectif

Développer la partie de validation de la taille qui doit être différente de 0.

Fonctionnalités

Si l'utilisateur entre une valeur inférieure ou égale à 0 pour la taille ou le poids, on lui
indiquera que la valeur doit être strictement positive pour ces deux paramètres.

Démarche

Utiliser une boucle pour éviter que l'usager ne puisse saisir une valeur inférieure ou égale
à 0 pour la taille ou le poids.

Solution

Pour forcer l'utilisateur à saisir une valeur supérieure à 0 que ce soit pour le poids ou
la taille, on va d'abord initialiser la variable à la valeur 0 puis ensuite on utilise une
boucle avec la condition adéquate qui est dans notre cas que la variable soit > 0. Ceci
donne le code du listing 12.3.

Listing 12.3 – Affichage du risque et classification

```python
risque=['Accru','Moindre','Accru','Élevé','Très élevé','Extrêmement
↪    élevé']
classification=['Poids insuffisant','Poids normal',
'Excès de poids','Obésité, classe I','Obésité, classe II','Obésité,
↪    classe III']
poids = 0
while poids <= 0:
    poids = float(input("Saisir votre poids:"))
```

```python
taille = 0
while taille <= 0:
    taille = float(input("Saisir votre taille:"))
#Calcul imc selon la regle
imc = poids / (taille ** 2)
print("Votre imc est:{0:7.2f}".format(imc))
#Determination risque et classification
if imc < 18.5:
    index  = 0
elif imc < 25:
    index = 1
elif imc < 30:
    index  =2
elif imc < 35:
    index = 3
elif imc < 40:
    index = 4
else:
    index = 5

print('Classfication:{0:20s}'.format(classification[index]))
print('Risque:{0:20s}'.format(risque[index]))
```

En éxécution, on aura la sortie suivante :


```
Saisir votre poids:0
Saisir votre poids:95
Saisir votre taille:-10
Saisir votre taille:1.75
Votre imc est:  31.02
Classfication:Obésité, classe I
Risque:Élevé
```

12.4   Fonctions

Objectif

Développer la partie affichage du risque et classification ainsi que le calcul IMC en utilisant des fonctions.

Démarche

On procède au refactoring de notre code en introduisant les fonctions suivantes :

- **saisir_valeur()** : permet la saisie de valeurs
- **afficher_valeur()** : affichage IMC
- **afficher_classification()** : classification et risque
- **calculer_imc()** : calcul de la valeur IMC
- **main()** : déroulement du programme

Solution

Le code développé dans les sections précédentes sera maintenant découpé en fonctions. Celles-ci seront placées dans le module **mod_fonctions**. Le code est montré dans le listing 12.4.

Listing 12.4 – Script de base IMC avec fonctions

```python
# Calcul IMC
classification=["Poids insuffisant",
"Poids normal","Excès de poids",
"Obésité, classe I","Obésité, classe II","Obésité, classe III"]
risque=["Accru","Moindre",
"Accru","Élevé","Très élevé","Extrêmement élevé"]

def saisir_valeur(msg, msg_error ):
    valeur = float(input(msg))
    while valeur <= 0:
        valeur = float(input(msg_error))
    return valeur

def calculer_imc(poids, taille):
    return poids / (taille ** 2)

def afficher_imc(valeur):
    print("Votre imc est :{0:7.2f}".format(valeur))
```

Les fonctions pour déterminer et afficher le risque et classification sont indiquées dans le code suivant :

```python
def determiner_risque_classe(imc):
    if imc < 18.5:
        indice = 0
    elif imc < 25:
        indice = 1
    elif imc < 30:
        indice = 2
    elif imc < 35:
        indice = 3
    elif imc < 40:
        indice = 4
    else:
        indice = 5

    return indice

def afficher_risque_classe(indice):
    print("Classification:{0:20s}".format(classification[indice]))
    print("Risque:{0:20s}".format(risque[indice]))
```

Finalement, le code d'appel sera le suivant :

Fonction main()

```python
def main():
    #saisir le poids
    poids = saisir_valeur("Saisir le poids:", "Saisir le poids > 0:")
    #saisie la taille
    taille = saisir_valeur("Saisir la taille:", "Saisir la taille >
     ↪ 0:")
    #calculer imc
    imc = calculer_imc(poids, taille)
    #afficher imc
    afficher_imc(imc)
    #determiner indice
    indice = determiner_risque_classe(imc)
    #afficher risque et classification
    afficher_risque_classe(indice)

if __name__ == '__main__':
    main()
```

12.5   Classe

Objectif

Développer une classe qui nous permettra de modéliser un IMC.

Démarche

On procède en premier par développer la classe de modélisation d'un patient. Pour cela, on considère les attributs suivants :

— nom : str
— age : int
— poids : float
— taille : float

On ajoutera la méthode `__str__()` pour avoir l'état de l'objet. Le nom de la classe sera **Patient**.

— Procéder au refactoring du code pour le calcul en faisant en sorte que la méthode **calculer_imc()** soit disponible au niveau de l'objet de type **Patient**.
— Dérouler le programme en procédant à l'instantiation d'un objet de type **Patient**. En utilisant cet objet, procéder au calcul de la valeur de l'IMC.

Solution

On intègre maintenant une classe modèle **Patient**. Celle-ci sera placée dans le module **mod_classes**. Les attributs sont ceux définis dans l'initialisateur. Le code est montré dans le listing 12.5.

Listing 12.5 – Classe modèle

```python
class Patient:#Classe entité ou domaine
    def __init__(self, nom:str, age:int, poids:float, taille:float):
        self.nom = nom
        self.age = age
        self.poids = poids
        self.taille = taille

    def __str__(self):
        return "Nom:{}, age:{}, poids:{}, taille:{}".format(self.nom,
                                   self.age, self.poids, self.taille)

    def calculer_imc(self):
        return self.poids / self.taille ** 2
```

On modifie la fonction **main()** pour la création d'un objet de type **Patient**, soit

```
Listing 12.6 – Fonction main()
```

```python
def main():
    poids = saisir_valeur("S.V.P, votre poids:","S.V.P, votre poids en
        ↪  numérique   sup à 0:")
    taille = saisir_valeur("S.V.P, votre taille:", "S.V.P, votre
        ↪  taille en numérique   sup à 0:")
    nom = input("S.V.P, votre nom:")
    age = int(input("S.V.P, votre age:"))

    #Creer un objet de type Patient
    patient = Patient(nom ,age , poids , taille )
    # calculer imc
    imc = patient.calculer_imc()
     # afficher imc
    afficher_imc(imc)
    # determiner indice
    indice = determiner_risque_classe(imc)
    # afficher risque et classification
    afficher_risque_classe(indice)

if __name__ == '__main__':
    main()
```

12.6 Fichier

Objectif

Développer une approche pour le stockage dans un fichier csv.

Démarche

— On utilisera le module **csv** pour être capable d'écrire le contenu de l'objet comme une chaîne **csv** (comma separated values). Une ligne sera représentée par la suite de valeurs suivantes :

— nom : str
— age : int
— poids : float
— taille : float

— Développer la méthode **enregistrer_imc(nom_fichier, personne)** qui prend le nom du fichier ainsi qu'un objet de type **Patient** et écrit le contenu dans le fichier correspondant.
— On procédera en premier par l'ouverture du fichier par la fonction open() en mode **append**. L'objet pour l'écriture sera obtenu par la fonction writer du module **csv**.
— L'écriture se fera par la méthode writerow() de l'objet d'écriture.

Solution

On intègre maintenant le code d'écriture en utilisant le module **csv**. La fonction sera placée dans le module **mod_fichiers**.

Listing 12.7 – Fonction de persistance

```python
import csv
def enregistrer_imc(nom_fichier,pat):
    with open(nom_fichier,"a", newline="\n") as fouc:
        writeur = csv.writer(fouc, quoting=csv.QUOTE_NONNUMERIC)
        writeur.writerow( (pat.nom, pat.age, pat.poids, pat.taille))
```

On modifie de ce fait la fonction **main()** pour intégrer l'appel vers la fonction **enregistrer_imc()**, soit :

Listing 12.8 – Fonction main() modifiée

```python
def main():
    poids = saisir_valeur("S.V.P, votre poids:","S.V.P, votre poids en
    ↪ numérique   sup à 0:")
    taille = saisir_valeur("S.V.P, votre taille:", "S.V.P, votre
    ↪ taille en numérique  sup à 0:")
    nom = input("S.V.P, votre nom:")
    age = int(input("S.V.P, votre age:"))

    #Creer un objet de type Patient
    patient = Patient(nom ,age , poids , taille )
    # calculer imc
    imc = patient.calculer_imc()
     # afficher imc
    afficher_imc(imc)
    # determiner indice
    indice = determiner_risque_classe(imc)
    # afficher risque et classification
    afficher_risque_classe(indice)
    #Sauvegarder dans un fichier
    enregistrer_imc("sortie_imc.csv",patient)

if __name__ == '__main__':
    main()
```

12.7   Interface GUI avec tkinter

Objectif

Développer le module graphique GUI pour la saisie et affichage.

Démarche

— Dans un premier temps, on procède au codage de l'interface pour fournir les fonctionnalités suivantes :

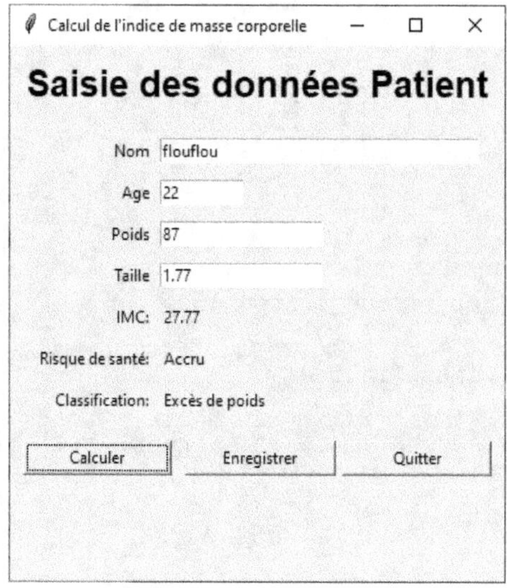

FIGURE 12.2 – Interface graphique finale

— On utilisera le manager de type `grid` pour la mise en place de l'interface.

Solution

On développe maintenant l'interface graphique en se basant sur le module tkinter.

On aura besoin d'importer les différents modules nécessaires pour l'interface. On a aussi les fonctions qui seront appelées lorsque l'utilisateur clique sur les différents boutons.

On utilise ici une approche procédurale pour développer l'interface GUI. Les fonctions qui seront appelées sont décrites dans le listing 12.9.

Listing 12.9 – Code GUI

```python
from tkinter import *

from mod_classes import Patient
from mod_fichiers import enregistrer_imc
from mod_fonctions import determiner_risque_classe, risque,
↪   classification

def quit():
    root.destroy()

def main_calcul():
    patient = Patient(nom.get(), int(age.get()), float(poids.get()),
    ↪   float(taille.get()))
    #Appel pour le calcul IMC
    imc = patient.calculer_imc()
    #Affciher IMC, risque et classification
    lbl_imc.config(text="{0:5.2f}".format(imc))
    indice = determiner_risque_classe(imc)
    lbl_risque.config(text=str(risque[indice]))
    lbl_classification.config(text=str(classification[indice]))

def enregistrer():
    personne = Patient(nom.get(), int(age.get()), float(poids.get()),
    ↪   float(taille.get()))
    #Sauvegarde csv
    enregistrer_imc("bmi_annuel.csv", personne)
```

Le code de création de l'interface utilise le **grid** manager. On crée pour cela un objet **Frame** pour contenir le titre de la fenêtre, soit :

```python
#Creation de la fenetre principale
root = Tk()
root.title("Calcul de l'indice de masse corporelle")
root.geometry("380x400")

#Creation d'un frame pour le titre
frame_titre = Frame(root)
titre_font = ('arial', 20, 'bold')
label_titre = Label(frame_titre, text='Saisie des données Patient',
↪   font=titre_font)
label_titre.grid(row=1, column=1,   padx=5, pady=5 )
```

Un deuxième **Frame** est créé pour contenir les objets graphiques, soit :

```
Listing 12.10 – Code GUI
```

```python
#Creation d'un frame pour les composants graphiques
frame_compo = Frame(root)
Label(frame_compo , text='Nom').grid(row=1, column=1, sticky=E, padx=5,
↪    pady=5)
Label(frame_compo , text='Age').grid(row=2, column=1, sticky=E, padx=5,
↪    pady=5)
Label(frame_compo , text='Poids').grid(row=3, column=1, sticky=E,
↪    padx=5, pady=5)
Label(frame_compo , text='Taille').grid(row=4, column=1, sticky=E,
↪    padx=5, pady=5)
Label(frame_compo , text='IMC:').grid(row=5, column=1, sticky=E,
↪    padx=5, pady=5)
Label(frame_compo , text='Risque de santé:').grid(row=6, column=1,
↪    sticky=E, padx=5, pady=5)
Label(frame_compo , text='Classification:').grid(row=7, column=1,
↪    sticky=E, padx=5, pady=5)
nom = Entry(frame_compo , width=40)
nom.grid(row=1, column=2, columnspan=4, sticky=W)
age = Entry(frame_compo , width=10)
age.grid(row=2, column=2, columnspan=4, sticky=W)
poids = Entry(frame_compo , width=20)
poids.grid(row=3, column=2, columnspan=4, sticky=W)
taille = Entry(frame_compo , width=20)
taille.grid(row=4, column=2, columnspan=4, sticky=W)
lbl_imc = Label(frame_compo  )
lbl_imc.grid(row=5, column=2,  sticky=W)
lbl_risque = Label(frame_compo )
lbl_risque.grid(row=6, column=2, sticky=W)
lbl_classification = Label(frame_compo )
lbl_classification.grid(row=7,  column=2, sticky=W)
```

Un troisième **Frame** est créé pour contenir les boutons, soit :

```
Listing 12.11 – Code GUI
```

```python
#Creation d'un frame pour les boutons
frame_boutons = Frame(root)
btn_calculer = Button(frame_boutons, text='Calculer', width=15,
↪   command=main_calcul)
btn_calculer.grid(row=1, column=1, padx=5, pady=5)
btn_enregistrer = Button(frame_boutons, text='Enregistrer', width=15,
↪   command=enregistrer)
btn_enregistrer.grid(row=1, column=2, padx=5, pady=5)
btn_cancel = Button(frame_boutons, text='Quitter', width=15,
↪   command=quit)
btn_cancel.grid(row=1, column=3)
```

Finalement, les différents objets **Frame** sont ajoutés dans la fenêtre principale.

```
Listing 12.12 – Code GUI
```

```python
#Placement des frames
frame_titre.grid(row=1, column=1,columnspan=3,   padx=5, pady=5 )
frame_compo.grid(row=2, column=1,   padx=5, pady=5 )
frame_boutons.grid(row=3, column=1,   padx=5, pady=5 )

root.mainloop()
```

L'exécution de ce module donne la fenetre désirée.

Chapitre 13

Débogage avec pycharm

13.1 Introduction

Quelque soit l'environnement de développement utilisé, il est important de savoir comment effectuer le débogage de code. Cela peut se faire soit pour trouver la cause d'une erreur dans le code ou tout simplement pour évaluer la qualité du code en l'exécutant pas à pas.

Soit le code 13.1 incluant une fonction pour le calcul de la factorielle.

```
Listing 13.1 – Calcul de la factorielle avec erreur

def factorial(n):
    f=1
    for i in range(0,n+1):
        f *= i
    return f
```

On a introduit une erreur au niveau de ce code. L'objectif est de voir comment utiliser les fonctionnalités de débogage de pycharm afin de trouver et ensuite corriger cette erreur.

On va procéder à l'appel de la fonction de la manière suivante :

Listing 13.2 – Code d'appel de la fonction

```python
####Code d'appel###
if __name__=='__main__':
    num=int(input('S.V.P, saisir une valeur pour factoriel:'))
    while num > 0 or num < 10:
        facto=factorial(num)
        print('Factorielle de {} est {}'.format(num,facto))
        num=int(input('S.V.P, saisir une valeur pour factoriel:'))
```

Exécuter le script et vérifier que le résultat n'est pas correct.

13.2   Débogage avec des breakpoints

Pour trouver la source de l'erreur, on va utiliser un ou plusieurs breakpoints (points d'arrêt) que l'on devra poser sur les instructions suspectées d'être la cause du problème.

On commence par mettre un **breakpoint** sur la ligne qui nous intéresse. Dans notre cas, on est intéressé par la fonction de calcul de la factorielle, soit :

```python
8  ▶    if __name__ == '__main__':
9           num = int(input('S.V.P, saisir une valeur pour factoriel:'))
10          while num > 0 or num < 10:
11              facto = factorial(num)
12              print('Factorielle de {} est {}'.format(num, facto))
13              num = int(input('S.V.P, saisir une valeur pour factoriel:'))
```

FIGURE 13.1 – Breakpoint avant l'appel de la fonction.

Le breakpoint est activé simplement en cliquant avec la touche gauche de la souris dans la colonne de numéro de ligne de pycharm.

À partir de la documentation pycharm, il faut noter les points concernant les breakpoints :

> *Line breakpoints can be set on executable lines. Comments, declarations and empty lines are not valid locations for the line breakpoints.*

Pour démarrer le débogage, cliquer sur l'option de débogage comme le montre la figure 13.2, soit :

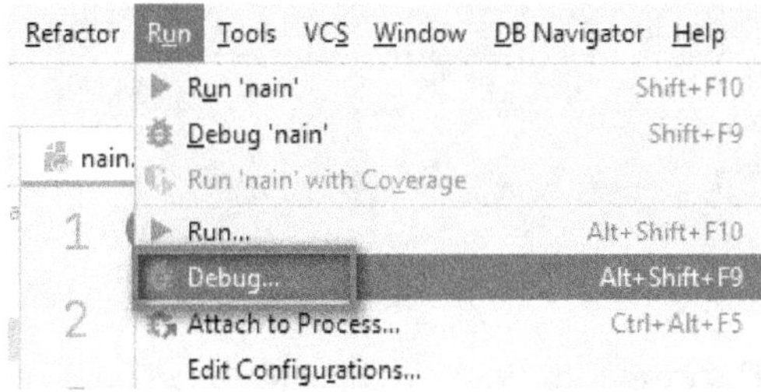

FIGURE 13.2 – Lancement du débogage à travers le menu.

On peut aussi lancer le débogage à travers l'icône de la barre d'outils comme montré sur la figure 13.3 :

FIGURE 13.3 – Lancement du débogage à travers l'icône.

L'exécution va s'interrompre au niveau du breakpoint. La ligne devient bleue et à ce niveau, on pourra alors explorer le comportement de notre code en utilisant le déroulement pas à pas expliqué dans les lignes qui suivent.

```
 8   if __name__ == '__main__':
 9       num = int(input('S.V.P, saisir une valeur pour factoriel:'))    num: 8
10       while num > 0 or num < 10:
11           facto = factorial(num)
12           print('Factorielle de {} est {}'.format(num, facto))
13           num = int(input('S.V.P, saisir une valeur pour factoriel:'))
```

FIGURE 13.4 – Arrêt sur breakpoint.

On utilisera maintenant les icônes de la section **stepping toolbar** Celle-ci est maintenant activée. La figure 13.5 montre les icônes disponibles pour accéder aux commandes de débogage.

Si l'on n'a pas redéfini le mappage du clavier, on aura les commandes suivantes (de gauche à droite) :

— **Show execution point ou Alt+F10** : mettre en relief le point d'exécution courant
— **Step over ou F8** : exécute l'instruction courante. S'il y a une méthode, elle sera exécutée sans que l'on l'on soit dirigée dans son corps

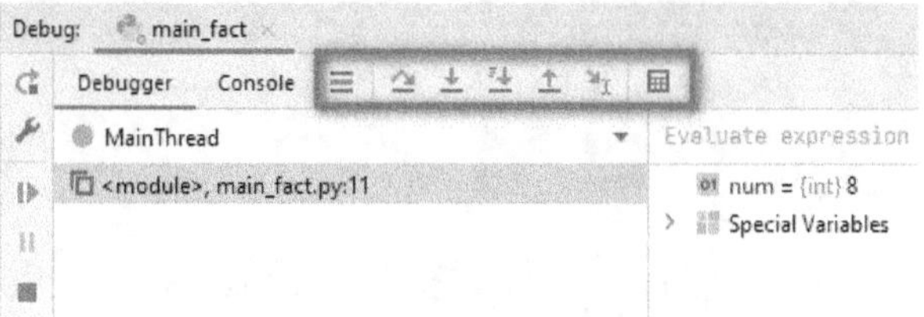

FIGURE 13.5 – Barre d'icônes de débogage.

— **Step into ou F7** : lorsqu'on est sur une instruction d'appel de méthode ou fonction, on sera redirigé à l'intérieur de la méthode ou fonction
— **Step into my code ou Alt+Shift+F7** : on évite de rentrer dans le code d'une librairie par exemple
— **Step out ou Shift +F8** : exécute la ligne courante et toutes les lignes jusqu'à ce que la méthode ou fonction est terminée
— **Run to cursor ou Alt +F9** : exécute toutes les lignes jusqu'à la ligne où le curseur est placé
— **Evaluate expression ou Alt+F8** : permet d'évaluer une expression. Intéressant lorsqu'on pose un watch

Dans le cas présent, on veut détecter la raison pour laquelle la factorielle n'est pas calculée correctement. Le breakpoint a été posé au niveau de l'appel de la fonction **facto = factorial(num) :**

On utilisera aussi le **watch** sur les variables **i** et **f**. Pour cela, lancer le débogage et ensuite sélectionner la variable et avec la touche droite de la souris, sélectionner l'option comme le montre la figure 13.6 :

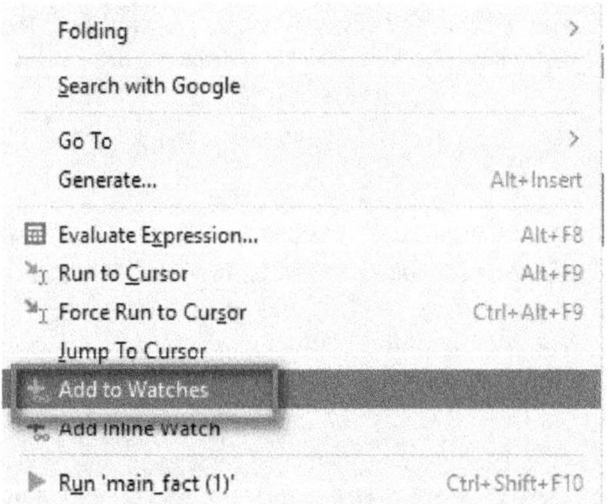

FIGURE 13.6 – Ajout de watch sur une variable.

Utiliser ensuite **step into ou F7** pour exécuter les instructions de la fonction pas à pas. On vérifiera au niveau du watch comme montré sur la figure 13.7.

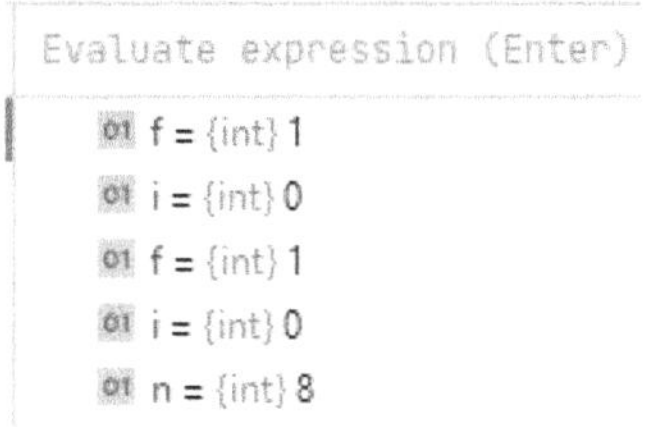

FIGURE 13.7 – Vérification du watch sur variables.

En répétant plusieurs fois, on remarque que la variable **f** ne bouge pas comme le montre la figure 13.8 :

FIGURE 13.8 – Vérification du watch sur variables.

De ce fait, la cause du mauvais calcul est identifié par le fait que **f** a comme valeur initiale 0. Cela fait que le produit sera toujours égal à 0.

Modifier votre code pour avoir :

```
def factorial(n):
    f=1
    for i in range(2,n+1):
        f *= i
    return f
```

Vérifier une nouvelle fois et on voit clairement maintenant que la factorielle est correcte.

13.3 Utilisation de watch sur une variable

On veut identifier maintenant la raison pour laquelle l'intervalle dans lequel la valeur doit être, soit entre 1 et 9, n'est pas pris en compte. Pour cela, on va mettre un watch sur la variable **num** et les expressions **num > 0** et **num < 10**.

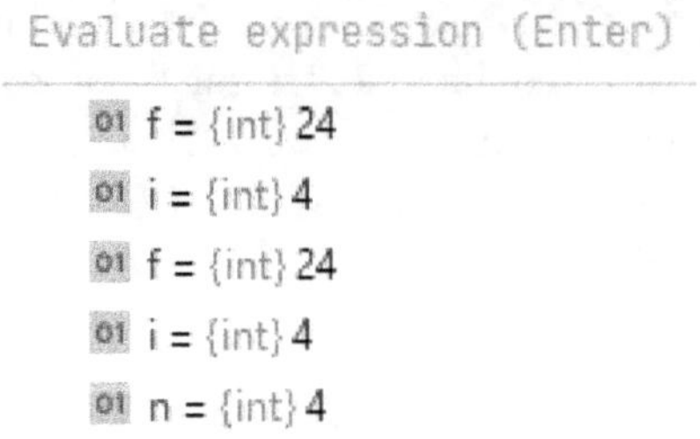

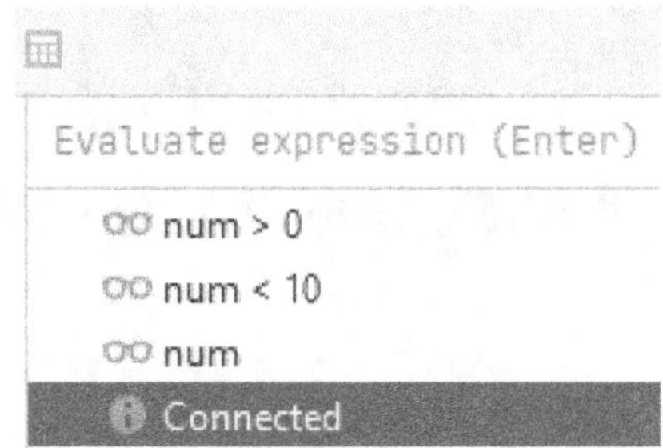

FIGURE 13.9 – Vérification du watch sur variables.

On répète la même opération pour l'autre membre de l'expression logique. On aura alors les watchs indiqués sur la figure 13.10.

FIGURE 13.10 – Vérification du watch sur variable.

On met ensuite un breakpoint sur la ligne 11 pour la boucle **while**, soit :

```
 9    if __name__=="__main__":
10        num=int(input("S.V.P, saisir une valeur pour factoriel:"))
11        while num > 0 or num < 10:
12            facto=factorial(num)
13            print('Factorielle de {} est {}'.format(num,facto))
14            num=int(input("S.V.P, saisir une valeur pour factoriel:"))
```

FIGURE 13.11 – Breakpoint sur la boucle while.

Dérouler votre script avec la valeur de **num** égale à 0. On aura alors le résultat indiqué dans la figure 13.12.

```
Evaluate expression (Enter) or add a watch
    01  num > 0 = {bool} False
    01  num < 10 = {bool} True
    01  num = {int} 0
    01  num = {int} 0
 >  ::  Special Variables
```

FIGURE 13.12 – Vérification du watch sur variable.

On voit que l'expression logique du **while** sera True puisqu'on a utilisé l'opérateur or. Si l'on répète l'opération pour **num** égale à 15, on aura :

```
Evaluate expression (Enter) or add a watch
    01  num > 0 = {bool} True
    01  num < 10 = {bool} False
    01  num = {int} 15
    01  num = {int} 15
 >  ::  Special Variables
```

FIGURE 13.13 – Vérification du watch sur variable.

On peut tester pour une valeur dans l'intervalle entre 0 et 10 et on verra que cela donne True pour les 2 cas. De ce fait, l'opérateur que l'on devrait utiliser serait donc and. Modifier votre code pour avoir :

```
while num > 0 and num < 10:
```

Répéter les cas de tests précédents. Cela donne pour 0 les watchs de la figure 13.14.

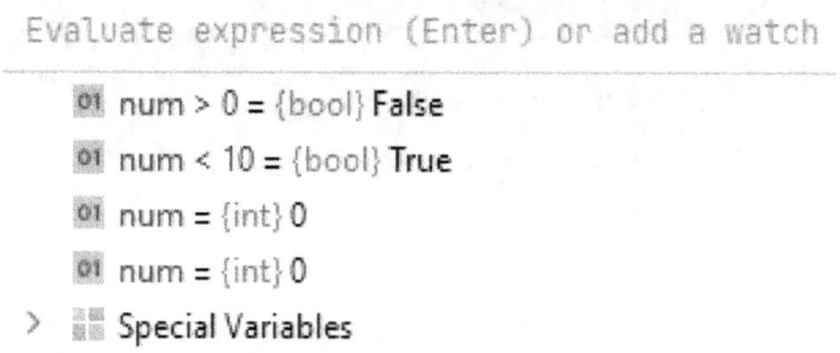

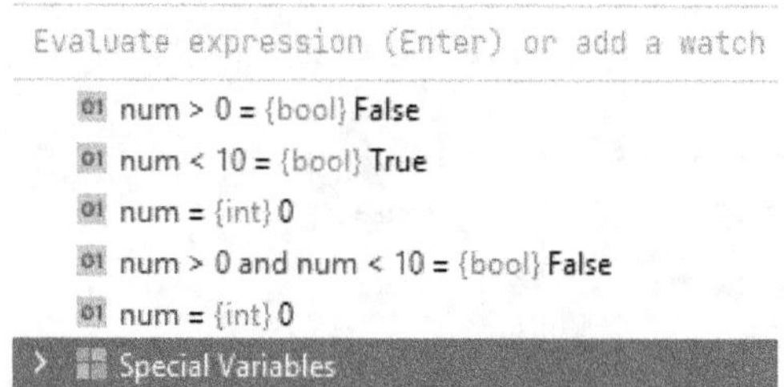

FIGURE 13.14 – Vérification du watch sur variable.

Si l'on devait ajouter un watch pour l'ensemble de l'expression logique, on aurait.

FIGURE 13.15 – Ajout de watch sur l'expression logique.

On voit donc à travers cet exercice l'utilité d'effectuer un débogage en utilisant les fonctionnalités de pycharm.

Annexe A

Précédence des opérateurs

Dans la section 2.4.2, on a indiqué brièvement l'ordre de précédence des opérateurs arithmétiques. Néanmoins, il faut avoir en tête que dans un grand nombre de cas, les expressions à évaluer consistent en plusieurs opérations qui peuvent combiner différents types d'opérateurs.

De ce fait, l'ordre d'évaluation sera déterminé par les règles de précédence et d'associativité des opérateurs utilisés. La table A.1 montre les opérateurs Python par catégorie de précédence. Les opérateurs sont classés du plus haut niveau de précédence vers le plus bas.

Soit l'exemple du listing A.1.

Listing A.1 – Précédence d'opérateurs dans une expression

```python
# precedence d'opérateurs dans une expression
parent = "flouclair"
nbre_enfants = 1
if parent == "flouclair" or parent == "flouflou" and nbre_enfants >=
↪   3:
    print("Parent a droit à un bonus")
else:
    print("Parent n'a pas droit au bonus")
```

La sortie nous donne le résultat suivant :

Sortie en mode exécution

```
Parent a droit à un bonus
```

Ceci ne correspond pas vraiment à ce qu'on avait l'intention d'accomplir. En effet, on voulait offrir un bonus au parent, soit Flouflou ou Flouclair mais à condition que le nombre d'enfants soit supérieur ou égale à 3. Le résultat attendu dans ce cas et selon les valeurs des variables **parent** et **nbre_enfants** serait que le parent n'a pas droit au bonus.

Catégorie	Opérateurs
Primaire	()
Multiplicative	`*`, `/`, `//`, `%`
Additive	`+`, `-`
Shift	`«`, `»`
Relationnel	`==`, `!=`, `>`, `>=`, `<`, `<=`
Logique AND	`and`
Logique OR	`or`
Logique NOT	`not`
Bitwise AND	`&`
Bitwise XOR	`^`
Bitwise OR	`|`

Table A.1 – Table de précédence des opérateurs.

https ://fr.overleaf.com/project/5dd2f5f91f94470001c90b4c

Ce qu'il s'est passé en réalité est que l'opérateur `and` a eu la précédence et donc c'est l'opération logique **parent == "flouflou" and nbre_enfants >= 3** qui a été exécutée en premier avant que l'opération logique avec l'opérateur `or` ne soit effectuée.

Dans ce cas, on va ajouter les parenthèses sur l'expression `or` afin de lui donner une précédence. Le code modifié sera alors celui indiqué par le listing A.2.

Listing A.2 – Précédence d'opérateurs dans une expression

```python
# precedence d'opérateurs dans une expression
parent = "flouclair"
nbre_enfants = 1
if (parent == "flouclair" or parent == "flouflou") and nbre_enfants >=
↪   3:
    print("Parent a droit à un bonus")
else:
    print("Parent n'a pas droit au bonus")
```

La sortie nous donne maintenant le résultat attendu :

Sortie en mode exécution

```
Parent n'a pas droit au bonus
```

Lorsque plusieurs opérateurs de la même catégorie sont présents dans une expression, on utilise le principe de l'associativité. Dans ce cas, la plupart des opérateurs ont une précédence de gauche à droite.

Soit l'exemple du listing A.3.

Listing A.3 – Précédence d'opérateurs dans une expression

```python
# precedence gauche-droite d'opérateurs dans une expression
nombre1 = 15
nombre2 = 4
nombre3 = 12
resultat = nombre1 + nombre2 * nombre3 / 3
print(resultat)
```

La sortie nous donne le résultat suivant :

Sortie en mode exécution

```
31.0
```

L'ordre des opérations sera donc *,/, + et ensuite l'affectation.

Annexe B

Solutionnaires des quiz

Chapitre 1 - Introduction

1. a	4. a	7. d	10. b
2. b,c,d	5. b	8. a	
3. a,b,d	6. a	9. d	

Chapitre 2 - Syntaxe de base

1. a	4. b	7. b	10. b
2. a	5. b	8. c	
3. b	6. c	9. b	

Chapitre 3 - Structures de test

1. a,b	4. b	7. b	10. a
2. b	5. c	8. b	
3. a	6. a	9. a,c	

Chapitre 4 - Structures de boucles

1. a,c	4. a	7. b	10. b
2. a	5. c	8. d	
3. a	6. b	9. b	

Chapitre 5 - Fonctions

1. a,c	4. a	7. c	10. b
2. b	5. b	8. a	
3. b	6. b	9. b	

Chapitre 6 - Séquences et Collections

1. a,b,d,e	4. b	7. b,c	10. b
2. a	5. b	8. a	
3. a	6. b	9. a	

Chapitre 7 - Classes et Objets

1. a,b	4. a	7. a	10. b
2. a	5. a	8. a	
3. a	6. a	9. c	

Chapitre 8 - Héritage

1. a,b	4. a	7. b	10. b
2. b	5. a	8. b	
3. a	6. b	9. a	

Chapitre 9 - Fichiers

1. a,b,c	4. a	7. a	10. b
2. a	5. a	8. b	
3. a	6. b	9. a	

Chapitre 10 - Gestion d'exceptions

1. a	4. a	7. a	10. a
2. a	5. a	8. a	
3. b	6. b	9. b	

Chapitre 11 - Interfaces graphiques

1. a	4. a	7. b	10. a
2. c	5. b	8. a c	
3. a	6. a	9. b	

Annexe C

Solutionnaires par chapitre

Chapitre 2

Exercice 2.8, page 48

```python
nom_utilisateur = input('Saisir votre nom:')
print('Bonjour {}'.format(nom_utilisateur))
```

Exercice 2.9, page 48

```python
salaire = float(input('Saisir votre salaire:'))
salaire += 500
print('Votre nouveau salaire est: {0:7.2f}'.format(salaire))
```

Exercice 2.10, page 48

```python
#Conversion et calcul
nom_etudiant = input('Saisir le nom étudiant:')
examen_intra = float(input('Saisir la note intra:'))
examen_final = float(input('Saisir la note du final:'))
moyenne_etudiant = 0.4 * examen_intra + 0.6 * examen_final
print('Nom etudiant: {} Moyenne:{}'.format(nom_etudiant,
    moyenne_etudiant))
```

Exercice 2.11, page 49

```python
#Initialisation des variables
var_1 = 0
var_2 = 1000000000000
var_3 = -10
var_4 = 10.10
var_5 = '10'
var_6 = True

#Vérification des types de variables
print(type(var_1))
print(type(var_2))
print(type(var_3))
print(type(var_4))
print(type(var_5))
print(type(var_6))
```

Exercice 2.12, page 49

```python
var_1 = 48.5
resultat = isinstance(var_1, float)
print(resultat)
```


```python
var_1 = 48.5
resultat = isinstance(var_1, float)
print(resultat)
```

Chapitre 3

Exercice 3.4, page 64

```python
###### Solution 1 ######
#Saisie des données
a = int(input('Saisir a:'))
b = int(input('Saisir b:'))
c = int(input('Saisir c:'))
max = a
min = b

if b > a:
    max = b
    min = a

#Déterminer min et max
if max < c:
    max = c
elif min > c:
    min = c

print(min, max)
```

Une autre solution qui utilise l'affectation simultanée est la suivante :

```python
###### Solution 2 ######
#Saisie des données
a = int(input('Saisir a:'))
b = int(input('Saisir b:'))
c = int(input('Saisir c:'))
max, min = a, b

if b > a:
    max, min = b, a

#Déterminer min et max
if max < c:
    max = c
elif min > c:
    min = c

print(min, max)
```

Exercice 3.5, page 64

```python
#conversion de mètres vers pieds, solution 1
distance = float(input('Saisir la distance en metres:'))
distance_convertie = distance /.3048
print('La distance en pieds est:{0:7.2f}'.format(distance_convertie))
```

Une solution plus élaborée qui offre un menu de choix de conversion est la suivante :

```python
#conversion de mètres vers pieds et pied en metres
distance = float(input('Saisir la distance à convertir:'))
option = int(input('Saisir option 1 ou 2 \n1. Convertir metres en
↪  pieds\n2. Convertir pieds en metres\n'))
if option == 1:
    distance_convertie = distance /.3048
    print('La distance en pieds
    ↪  est:{0:7.2f}'.format(distance_convertie))
elif option == 2:
    distance_convertie = distance * .3048
    print('La distance en metres
    ↪  est:{0:7.2f}'.format(distance_convertie))
else:
    print('Option choisie est invalide')
```

Chapitre 4

Exercice 4.6, page 81

```python
#Générer un nombre aléatoire
import random
inconnu = random.randint(1, 100)
print(inconnu)
# Trouver le nombre
essai = 1
nombre = int(input('Deviner le nombre:'))
while nombre != inconnu:
    if nombre > inconnu:
        print('votre nombre est plus grand!')
    else:
        print('votre nombre est plus petit!')
    essai += 1
    nombre = int(input('Deviner le nombre:'))

print('Vous avez reussi à trouver le nombre {} en {}
↪   fois'.format(inconnu, essai))
```

Exercice 4.8, page 81

```python
# Déterminer le total de nombres pairs pour obtenir un nombre donné
a = int(input('Saisir a:'))
sum = 0
i = 1
while sum < a:
    print(2 * i)
    sum += 2 * i
    i += 1

print('On a besoin des {} premiers nombres pairs'.format(i - 1))
```

Chapitre 5

Exercice 5.7, page 104

```python
def saisir_valeur(message):
    '''
    Retourne une valeur saisie par l'usager

    :param message: Le message à afficher à l'usager
    :return: La valeur saisie par l'usager
    '''
    return input(message)

#Appel de la fonction
resultat = saisir_valeur("Saisir une valeur:")
print(resultat)
```

Exercice 5.8, page 104

```python
def convertir_secondes(secondes):
    '''
    Calcul le nombre d'heures, minutes et secondes

    :param secondes: Le nombre de secondes à convertir
    :return: Le tuple comprenant les nombres d'heures, minutes
    et secondes
    '''
    nb_heures = secondes // 3600
    nb_minutes = (secondes % 3600) // 60
    nb_secondes = ((secondes % 3600) % 60)
    return nb_heures, nb_minutes, nb_secondes

#Appel de la fonction
resultat = convertir_secondes(89568578)
print('Heures: {0}, Minutes: {1}, Secondes:{2}'.format(
    resultat[0], resultat[1], resultat[2]))
```

Chapitre 6

Exercice 6.29, page 142

Une approche sans utilisation de fonctions est donnée par le code suivant :

```python
listing = []
#Saisir des données
for i in range(0, 10):
    listing.append(float(input('Saisir une valeur réelle:')))

# Afficher les valeurs
print('Éléments dans la liste:{}'.format(listing))

# Moyenne
moyenne = sum(listing) / len(listing)
print('La moyenne des valeurs est:{:7.2f}'.format(moyenne))
```

Une approche avec utilisation de fonctions est la suivante :

```python
def saisir_valeurs(nombre_valeurs, message):
    liste = []
    for i in range(0, nombre_valeurs):
        liste.append(float(input(message)))
    return liste

def calcul_moyenne(liste):
    #On utilise la fonction sum
    return sum(liste) / len(liste)

def main():
    #Saisir des données
    listing = saisir_valeurs(10, 'Saisir une valeur réelle:')

    # Afficher les valeurs
    print('Éléments dans la liste:{}'.format(listing))

    # Moyenne
    moyenne = calcul_moyenne(listing)
    print('La moyenne des valeurs est:{:7.2f}'.format(moyenne))

if __name__ == '__main__':
    main()
```

Exercice 6.30, page 142

```python
# version 1

def saisir_valeurs(nombre_valeurs, message):
    liste = []
    for i in range(0, nombre_valeurs):
        liste.append(float(input(message)))
    return liste

def calculer_produit_liste(liste1, liste2):
    # Vérifier la longueur des 2 listes
    if len(liste1) != len(liste2) or liste1 == 0:
        print('Calcul impossible')
        return None
    else:
        resultat = []
        for i in range(0, len(liste1)):
            resultat.append(liste1[i] * liste2[i])
        return resultat

def calculer_somme_liste(liste1, liste2):
    # Vérifier la longueur des 2 listes
    if len(liste1) != len(liste2) or liste1 == 0:
        print('Calcul impossible')
        return None
    else:
        resultat = []
        for i in range(0, len(liste1)):
            resultat.append(liste1[i] + liste2[i])
        return resultat
```

Le code d'appel de cette fonction est le suivant :

```python
def main():
    liste_1 = saisir_valeurs(5, 'Saisir une valeur réelle:')
    print('Éléments dans la liste:{}'.format(liste_1))
    liste_2 = saisir_valeurs(5, 'Saisir une valeur réelle:')
    print('Éléments dans la liste:{}'.format(liste_2))
    # Liste avec chaque élément la somme
    liste_somme = calculer_somme_liste(liste_1, liste_2)
    # Afficher le résultat
    print('Liste avec chaque élément la somme:{}'.format(liste_somme))
    # Liste avec chaque élément le produit
    liste_produit = calculer_produit_liste(liste_1, liste_2)
    # Afficher le résultat
    print('Liste avec chaque élément le
    ↪   produit:{}'.format(liste_produit))


if __name__ == '__main__':
    main()
```

Chapitre 7

Exercice 7.5, page 166

La classe modèle est donnée par le code suivant :

```python
#classe Etudiant
class Etudiant:
    """initialisateur"""
    def __init__(self, nom, prenom, sexe, adresse, code_etudiant,
    ↪ note_finale):
        self.nom = nom
        self.prenom = prenom
        self.sexe = sexe
        self.adresse = adresse
        self.code_etudiant = code_etudiant
        self.note_finale = note_finale

    def __str__(self):
        return "Étudiant  nom:{:<10} prénom: {:<10} " \
               "sexe: {:<7} adresse: {:<20} code: {:<8} " \
               "note finale: {:<8}".format(self.nom, self.prenom,
               ↪ self.sexe,
                                    self.adresse,
                                    ↪ self.code_etudiant,
                                    ↪ self.note_finale)
    def faire_devoir(self):
        print("je suis un eleve assidu")
```

Le code qui permet de créer l'objet et d'utiliser ses membres est le suivant :

```python
def main():
    """instancier les objets"""
    obj1 = Etudiant(prenom="Alain", nom="Flouflou", sexe="M",
    ↪ adresse="14 rue des pins", code_etudiant="118907",
                    note_finale=78)
    print(obj1)

    # demander à faire devoir
    obj1.faire_devoir()

if __name__ == '__main__':
    main()
```

Exercice 7.6, page 166

```python
# class Action et manipulation
class Action:
    """initialisateur"""
    def __init__(self, symbole, titre, prix_cloture, prix_courant):
        self.symbole = symbole
        self.titre = titre
        self.prix_cloture = prix_cloture
        self.prix_courant = prix_courant


    def __str__(self):
        return "Action  symbole:{:<5} titre: {:<20} " \
               "prix cloture: {:7.2f} prix courant: {:7.2f} " \
               .format(self.symbole, self.titre, self.prix_cloture,
               ↪   self.prix_courant)

    def changement_pourcentage(self):
        return (self.prix_courant / self.prix_cloture - 1) * 100
```

Le code qui permet de créer l'objet et d'utiliser ses membres est le suivant :

```python
def main():
    """instancier objet"""
    obj1 = Action(titre="Microsoft", symbole="MSFT",
    ↪   prix_cloture=123.24, prix_courant=127.04)
    print(obj1)
    # afficher le pourcentage de changement
    pourcentage = obj1.changement_pourcentage()
    print('Pourcentage de changement est:{:7.3f}'.format(pourcentage))

if __name__ == '__main__':
    main()
```

Exercice 7.9, page 168

La classe modèle est donnée par le code suivant :

```python
# class Voiture
class Voiture:
    """initialisateur"""
    def __init__(self, titre, distance, consommation, cout_essence):
        self.titre = titre
        self.distance = distance
        self.consommation = consommation
        self.cout_essence = cout_essence

    def __str__(self):
        return "titre:{:<10s} distance: {:7.2f}, consommation:{:7.2f}," \
                   "cout essence: {:7.2f}  " \
            .format(self.titre, self.distance, self.consommation,
                    self.cout_essence)

    def calculer_cout_voyage(self):
        return self.distance * self.consommation * self.cout_essence / \
            100.0
```

Le code qui permet de créer l'objet et d'utiliser ses membres est le suivant :

```python
def main():
    """instancier objet"""
    titre = input('Saisir le nom de la voiture:')
    distance = float(input('Saisir la distance:'))
    cout = float(input('Saisir le cout essence:'))
    consommation = float(input('Saisir la consommation de la
        voiture:'))

    obj1 = Voiture(titre=titre, distance=distance,
                consommation=consommation, cout_essence=cout)
    print(obj1)
    # Calculer le cout du voyage
    cout_total = obj1.calculer_cout_voyage()
    print('Le cout total du voyage est:{}'.format(cout_total))

if __name__ == '__main__':
    main()
```

Chapitre 8

Exercice 8.4, page 199

```python
# Gestion de contact avec Héritage
class Contact:
    def __init__(self, nom, email):
        self.nom = nom
        self.email = email

    def __str__(self):
        return "nom: {0:<15s} et email: {1:<15s}".format(self.nom,
        ↪  self.email)

class Fournisseur(Contact):
    def __init__(self, nom, email, code_scn):
        Contact.__init__(self, nom, email)
        self.code_scn = code_scn

    def passer_commande(self, commande):
        print('La commande est pour: {}'.format(commande))

    def __str__(self):
        return "nom: {0:<15s} et email: {1:<15s},
        ↪  code:{2:25s}".format(self.nom, self.email, self.code_scn)


obj1 = Contact("Alain Clairflou", "a.flouflou@monsite.com")
print(obj1)

objF = Fournisseur("Annie Clairclair Inc", "a.clairclair@monsite.com",
↪  "1234")
print(objF)
```

Exercice 8.5, page 199

Les classes **Contact** et **Fournisseur** sont reprises ici.

```python
# Gestion de contact avec Héritage
class Contact:
    def __init__(self, nom, email):
        self.nom = nom
        self.email = email

    def __str__(self):
        return "nom: {0:<15s} et email: {1:<15s}".format(self.nom,
        ↪  self.email)

class Fournisseur(Contact):
    def __init__(self, nom, email, code_scn):
        super().__init__(nom, email)
        self.code_scn = code_scn

    def passer_commande(self, commande):
        print('La commande est pour: {}'.format(commande))

    def __str__(self):
        return "nom: {0:<15s} et email: {1:<15s},
        ↪  code:{2:25s}".format(self.nom, self.email, self.code_scn)
```

La classe **RegistreContacts** fournit les méthodes de manipulation d'un objet de type
Contact, soit :

```python
class RegistreContacts():
    def __init__(self, nom, registre=()):
        self.nom = "liste des contacts"
        self.registre=list()

    def rechercherContacts(self, motcle):
        resultats - list()
        for contact in self.registre:
            if motcle in contact.nom:
                resultats.append(contact)
        return resultats

    def afficher_contact(self):
        print("Nombre de contacts: {:<4d}".format(len(self.registre)))
        for tmp in self.registre:
            print(tmp)

    def ajouter_contact(self, contact):
        self.registre.append(contact)
```

Le code d'appel de création et manipulation des objets est le suivant :

```python
# créer le registre de contacts
listing = RegistreContacts("liste des contacts")

obj1 = Contact("Alain Clairflou", "a.flouflou@monsite.com")
# print(obj1)
listing.ajouter_contact(obj1)

objF = Fournisseur("Annie Clairclair Inc", "a.clairclair@monsite.com",
    ↪  "1234")
# print(objF)
listing.ajouter_contact(objF)

# Afficher le contenu du registre
listing.afficher_contact()

# rechercher un contact
mot = "Clair"
resultats = listing.rechercherContacts(mot)
print("*" * 25)
print("Elements trouvés")
print("*" * 25)
for res in resultats:
    print(res)
```

Chapitre 9

Exercice 9.3, page 221

```python
# solution avec retour de la longueur
def calcul_fichier_longueur(fichier):
    maximum = ""
    for ligne in open(fichier):
        if len(ligne) > len(maximum):
            maximum = ligne
    return len(maximum)

# solution avec retour de la longueur et la phrase elle meme
def calcul_fichier_stats(fichier):
    ligne_maximum = ""
    for ligne in open(fichier):
        if len(ligne) > len(ligne_maximum):
            ligne_maximum = ligne
    return len(ligne_maximum), ligne_maximum

def main():
    maximus = calcul_fichier_longueur("stats.txt")
    print("Longueur maximum:", maximus)

    maximus, ligne_max = calcul_fichier_stats("stats.txt")
    print("Longueur maximum:", maximus)
    print("Ligne avec longueur maximum:", ligne_max)

if __name__ == '__main__':
    main()
```

Chapitre 10

Exercice 10.5, page 239

La première solution n'inclut pas la gestion d'exception.

```python
#Multiplication de deux nombres sans gestion d'exception
nombre_1 = float(input('Saisir nombre 1:'))
nombre_2 = float(input('Saisir nombre 2:'))
resultat = nombre_1 * nombre_2
print('Le produit de {} par {} est:{}'.format(nombre_1, nombre_2,
↪   resultat))
```

Dans la deuxième solution, on inclut une gestion d'exception. Par contre, si une exception se produit, l'usager n'a pas la possibilité de saisir de nouveau les valeurs.

```python
#Multiplication de deux nombres avec gestion d'exception de base
try:
    nombre_1 = float(input('Saisir nombre 1:'))
    nombre_2 = float(input('Saisir nombre 2:'))
except ValueError as e:
    print('La valeur saisie n'est pas un nombre !')
else:
    resultat = nombre_1 * nombre_2
    print('Le produit de {} par {} est:{}'.format(nombre_1, nombre_2,
    ↪   resultat))
```

Une solution plus complète incluant une boucle permet à l'usager de saisir de nouveau les valeurs en cas d'occurrence d'une exception.

```python
#"Multiplication de deux nombres avec gestion d'exception et boucle
flag = True
while flag:
    try:
        nombre_1 = float(input('Saisir nombre 1:'))
        nombre_2 = float(input('Saisir nombre 2:'))
    except ValueError as e:
        print('La valeur saisie n'est pas un nombre !')
    else:
        resultat = nombre_1 * nombre_2
        print('Le produit de {} par {} est:{}'.format(nombre_1,
        ↪   nombre_2, resultat))
        flag = False
```

Exercice 10.7, page 239

```python
def traiter_casse(ficin, ficout):
    with open(ficin) as fi:
        with open(ficout, 'w') as fo:
            for ligne in fi:
                if not ligne.strip().islower():
                    fo.write(ligne)


if __name__ == '__main__':
    traiter_casse('casse.txt', 'sortie.txt')
```

Une autre solution qui prend en compte l'exception sur le fichier est donnée par le code
suivant :

```python
#Prise en charge de FileNotFoundError
def traiter_casse(ficin, ficout):
    try:
        with open(ficin) as fi:
            with open(ficout, 'w') as fo:
                for ligne in fi:
                    if not ligne.strip().islower():
                        fo.write(ligne)
    except FileNotFoundError as e:
        print('Probleme de fichiers')

if __name__ == '__main__':
    traiter_casse('casse.txt', 'sortie.txt')
```

Chapitre 11

Exercice 11.7, page 267

Le prototype réalisé en utilisant le gestionnaire de placement **grid** est le suivant :

```python
import tkinter as tk

def calculer():
    texto=txt_nom.get().upper()
    txt_nom.delete(0, tk.END)
    txt_nom.insert(0,texto)
    salaire = float(txt_salaire.get()) + 1000
    lbl_resultat.config(text=str(salaire))

#Creer la fenetre root
root = tk.Tk()
root.geometry('400x200')
root.title('Calculateur')

#ajout section du nom
lbl_nom = tk.Label(root, text='Nom:')
lbl_nom.grid(row=1, column=1, sticky='w', padx=5, pady=5)
txt_nom = tk.Entry(root)
txt_nom.grid(row=1, column=2, sticky='w', padx=5, pady=5)

#ajout section du salaire
lbl_salaire = tk.Label(root, text='Salaire:')
lbl_salaire.grid(row=2, column=1, sticky='w', padx=5, pady=5)
txt_salaire = tk.Entry(root, font=('arial', 14))
txt_salaire.grid(row=2, column=2, sticky='w', padx=5, pady=5)

#resultat
lbl_resultat = tk.Label(root, font=('arial', 14), fg='red')
lbl_resultat.grid(row=3, column=2, sticky='w', padx=5, pady=5)

#Ajout du bouton calculer
btn_calculer = tk.Button(root, text='Calculer', command=calculer)
btn_calculer.grid(row=4, column=2, sticky='w', padx=5, pady=5)


#Afficher la fenetre
root.mainloop()
```

Exercice 11.8, page 268

```python
import tkinter as tk
from tkinter import ttk

def afficher():
    produit = txt_produit.get()
    qte = float(txt_qte.get())
    taille = tailleC.get()
    resultat = 'Produit:{}, taille:{}, qte:{}'.format(produit, taille,
    ↪ qte)
    lbl_resultat.config(text=resultat)
```

Le code de création de la fenêtre est le suivant :

```python
#Creer la fenetre root
root = tk.Tk()
root.geometry('400x200')
root.title('Choix de chandail')
#ajout section du produit
lbl_produit = tk.Label(root, text='Produit:')
lbl_produit.grid(row=1, column=1, sticky='w', padx=5, pady=5)
txt_produit = tk.Entry(root)
txt_produit.grid(row=1, column=2, sticky='w', padx=5, pady=5)


#ajout section taille
lbl_taille = tk.Label(root, text='Taille:')
lbl taille.grid(row=2, column=1, sticky='w', padx=5, pady=5)
# Combobox creation
n = tk.StringVar()
tailleC = ttk.Combobox(root, width=10, textvariable=n)
# valeurs
tailleC['values'] = (' Large',
                     ' Medium',
                     ' Small')

tailleC.current(1)
tailleC.grid(row=2, column=2, sticky='w', padx=5, pady=5)
```

```python
#ajout section qte
lbl_qte = tk.Label(root, text='Quantité:')
lbl_qte.grid(row=3, column=1, sticky='w', padx=5, pady=5)
txt_qte = tk.Entry(root)
txt_qte.grid(row=3, column=2, sticky='w', padx=5, pady=5)

#resultat
lbl_resultat = tk.Label(root, font=('arial', 14), fg='red')
lbl_resultat.grid(row=4, column=2, sticky='w', padx=5, pady=5)
#Ajout du bouton calculer
btn_calculer = tk.Button(root, text='Afficher', command=afficher)
btn_calculer.grid(row=5, column=2, sticky='w', padx=5, pady=5)
#Afficher la fenetre
root.mainloop()
```

Index Alphabetique

COMMENTAIRES

Merci d'avoir pris le temps de lire ce livre. J'espère que vous l'avez apprécié autant que j'ai aimé l'écrire. Pourriez-vous envisager de laisser une critique ? Même quelques mots aideraient les autres à décider si le livre leur convient.

J'ai rendu cela très simple : il vous suffit d'utiliser le lien ci-dessous et vous serez dirigé vers la page de commentaires d'Amazon pour ce livre, Vous pourrez ainsi laisser votre avis.

http ://tinyurl.com/5f98dkbd

Si vous avez une application pouvant lire les codes QR, vous pouvez scanner le code suivant pour être redirigé vers la page de commentaires.

Meilleures salutations et merci d'avance.